BIG
POTENTIAL

빅 포텐셜

BIG
POTENTIAL

손 아처 지음 | 박세연 옮김

빅 포텐셜

잠재력의 한계를 깨는 최강의 관계 수업

청림출판

한 그루의 나무가 모여 푸른 숲을 이루듯이
청림의 책들은 삶을 풍요롭게 합니다.

반딧불이가 알려준 관계의 힘

천 개의 숲도 한 알의 도토리에서 시작되었다.
- 랠프 월도 에머슨

동남아시아 지역의 정글을 따라 끝없이 늘어선 맹그로브
(mangrove, 열대 지역의 바닷가나 강가에서 서식하는 나무 군락-옮긴이) 지대로
서서히 땅거미가 드리울 무렵, 워싱턴에서 멀리 떠나온 한 생물학
자가 뱀이 우글대는 강물 위로 천천히 노를 저어가며 이국적인 숲
의 풍광을 살피고 있다. 휴 스미스Hugh Smith라는 이름의 생물학자
는 동굴 속 둥지에서 날아올라 밤 사냥을 떠나는 야행성 조류의 울
음소리를 똑똑히 들었다. 도시의 화려한 조명에서 멀리 떨어진 강
물 위로 수많은 별빛이 투명하게 어른거렸다.

1935년의 어느 습한 날, 스미스 교수는 생물학자로서 역사적인
순간을 목격했다. 그가 맹그로브 지대의 나무를 올려다보고 있을
때 번개가 치듯 갑자기 하늘이 번쩍였다. 그리고 곧바로 짙은 암흑

이 다시 찾아왔다. 그러나 스미스의 망막에는 강렬한 불빛의 잔상이 그대로 남았다.

그리고 또 한 번, 맹그로브 숲은 번쩍 하고 빛을 발했고 다시 3초간 완벽한 어둠이 찾아왔다.[1] 그러고는 마치 마술쇼가 펼쳐지듯 강둑을 따라 300미터가량 늘어선 나무들이 일순간에 빛을 발했다가 정확하게 똑같이 깜깜해지기를 반복했다.

세상을 향한 뜨거운 호기심으로 일상을 떠나 태평양 북서부 오지를 찾아온 끈기 있고 성실한 생물학자 스미스는 그날 자연이 연출한 마법 같은 순간으로부터 그동안의 온갖 고난에 대한 충분한 보상을 받았다. 그때 그가 느꼈을 벅찬 감동을 떠올리면 내 가슴 속에도 뭉클한 감정이 느껴진다.

정신을 차렸을 때 스미스는 빛을 내고 있는 것이 나무가 아니라는 사실을 깨달았다. 맹그로브 숲을 점령한 엄청나게 많은 곤충의 무리가 똑같은 순간에 발광을 시작한 것이다. 스미스는 고향으로 돌아오는 길에 자신이 봤던 광경을 글로 썼다. 그 글은 믿기 어려울 만큼 환상적이었다. 그러나 안타깝게도 그 이야기의 후반부는 내 예상을 벗어나지 않았다. 사람들은 그의 말을 믿지 않았다. 동료 생물학자들은 지어낸 이야기라며 그를 비웃었다. 반딧불이가 어떻게 똑같이 박자를 맞춰 빛을 내뿜을 수 있단 말인가? 설령 그럴 수 있다 하더라도, 그렇게 해서 어떻게 장래의 짝짓기 상대에 자신의 존재를 드러낼 수 있단 말인가?

수학자들 역시 회의적이었다. 지휘자가 없는 상태에서 어떻게 그런 패턴을 보일 수 있단 말인가? 곤충학자들의 반응도 다르지 않았다. 어떻게 수백만 마리의 반딧불이가 동료를 따라 정확하게 똑같이 발광할 수 있단 말인가? 그것도 사방이 제대로 보이지 않는 정글에서? 스미스가 들려준 이야기는 이들에게 물리적, 수학적, 생물학적으로 불가능한 현상일 뿐이었다.

그러나 스미스의 이야기는 사실이었다. 오늘날 우리는 현대과학 덕분에 그 현상이 어떻게 가능한지, 왜 일어나는지 알고 있다. 결론적으로 말해서 이 신비한 현상은 반딧불이가 진화 과정에서 발명해낸 패턴이다. 권위 있는 학술지 〈사이언스〉에 게재된 논문에서, 앤드루 모이세프Andrew Moiseff와 조너선 코플랜드Jonathan Copeland는 반딧불이가 무작위하게 빛을 뿜을 때 그 신호가 깊고 어두운 맹그로브 숲속의 암컷에게 전달될 가능성은 3퍼센트에 불과하다고 설명했다. 반면, 수컷이 집단적으로 빛을 발산할 때 암컷에게 도달할 확률은 무려 82퍼센트로 높아진다.[2] 오타가 아니다. **반딧불이는 개체가 아니라 서로 연결된 집단으로서 빛을 발할 때 전달 성공률이 79퍼센트 포인트나 상승했다.**

오늘날 우리 사회는 무리가 아닌 개체로서 빛을 발하라고 가르친다. 이러한 생각은 모든 학교와 기업이 성공을 바라보는 일반적인 관점이다. 우리 모두는 1등으로 졸업하길 원한다. 일류 대기업에 취직해서 동료의 부러움을 받는 프로젝트를 맡고 싶어한다. 자녀가 학교에서 가장 똑똑하고, 동네에서 가장 인기 많고, 스포츠팀에서 최고의 선수가 되기를 바란다. 유명 대학이나 일류 대기업, 혹은 스포츠팀이든 간에 자리가 한정되어 있을 때 우리는 경쟁을 뚫고 그 자리를 차지하기 위해 자신을 차별화해야 한다고 배운다.

그러나 내가 수행했던 다양한 연구 결과는 다른 이야기를 들려준다. 곤충학자들은 반딧불이가 서로 경쟁하지 않고도 정확한 타이밍으로(1/1,000초 단위로!) 동료들과 똑같이 빛을 발한다는 사실을 확인했다. 마찬가지로 나는 우리 인간도 경쟁에서 벗어나 서로 도움을 주고받을 때 성공 가능성이 더 높아진다는 사실을 확인했다. 반딧불이처럼 주변 사람과 공생하는 기술을 익힐 때 우리는 집단적으로, 그리고 개별적으로 더 밝게 빛난다.

잠깐 생각해보자. 반딧불이는 대체 어떻게 그렇게 했을까? 시야가 제한된 정글에서 어떻게 완벽하게 똑같은 시점에 발광할 수 있는 것일까? 보스턴칼리지의 레나토 미로요Renato E. Mirollo와 MIT의 스티븐 스트로가츠Steven H. Strogatz는 〈응용수학저널Journal of Applied Mathematics〉에 게재한 논문에서 반딧불이는 다른 모든 동료를 보지 않고서도 발광의 시점을 정확하게 조율할 수 있다고 주장했다. 동료 무리에서 완전히 벗어나지 않는 한 반딧불이는 기준이 되는 인근의 동료를 보고 타이밍을 정확하게 맞춘다.[3] 다시 말해, 소

수의 교점이 시스템 전체를 조율하는 것이다.[4]

'긍정적 시스템positive system'이라는 새로운 개념은 똑같은 원리가 인간에게도 해당한다는 사실을 말해준다. 나중에 자세히 살펴보겠지만, 학교나 기업, 혹은 공동체 내에서 '긍정적 교점positive node'으로 기능함으로써, 다시 말해 창조성, 생산성, 잠재력의 차원에서 주변 사람들에게 도움을 줌으로써, 우리는 집단의 성과를 끌어올릴 수 있을 뿐 아니라 자신의 성공 가능성도 높인다.

흥미진진한 이야기는 여기서 끝이 아니다. 마지막으로 중요한 사실이 남았다. 정글을 탐험한 생물학자들은 맹그로브 숲속의 반딧불이 무리가 발산하는 빛이 수 킬로미터 밖에서도 보인다는 사실을 확인했다. 이 말은 그 무리에 속하지 않은 다른 반딧불이가 그 빛을 보고 쉽게 합류할 수 있다는 뜻이다. 반딧불이 무리가 더 밝게 빛을 발산할수록 새로운 동료가 더 많이 합류하게 되고 그에 따라 무리의 빛은 점점 더 밝아진다. 이러한 원리는 인간에게도 그대로 적용된다. 다른 사람이 빛을 발견하도록 도움을 줄 때 우리 역시 더 밝은 빛을 발할 수 있다.

2부　빅 포텐셜 원칙: 다른 사람의 힘을 활용하는 법

3장　긍정적인 사람들로 주변을 둘러싼다
: 함께 스타가 되는 관계

4장　권한을 확장한다
: 모두가 이끄는 조직

1부.

스몰 포텐셜의 한계

: 개인은 집단을
넘어설 수 없다

1장 다른 사람의 힘

가장 관계를 잘 맺는 사람이 살아남는다

: 혼자 이룬 성공의 한계

영화감독 조지 루카스가 수십억 달러를 벌어들이게 될 〈스타워즈〉 시리즈의 첫 작품을 완성했을 때 영화 역사상 가장 인상적인 대사인 "포스가 함께하길May the Force be with you"이라는 말은 없었다. 원래 대본은 이랬다.

"다른 사람의 포스가 함께하길May the Force of Others be with you."

이 놀라운 얘기는 잠재력의 과학과 무슨 관계가 있을까? 아동작가 로알드 달Roald Dahl은 이렇게 말했다.

"최고의 비밀은 항상 뜻밖의 장소에 숨겨져 있다."

나는 이 짧은 문장 속에 공동체의 차원에서 잠재력을 실현하고, 성공 가능성과 행복을 크게 높일 수 있는 비결이 담겨 있다고 믿는다.

오늘날 우리 사회는 '개인의 능력'과 '다른 사람의 도움'을 완전히 상반된 것으로 치부한다. 할리우드 세상은 슈퍼스타 개인을 숭배한다. 심지어 그곳의 도로에는 슈퍼스타의 이름으로 가득하다. 그러나 이러한 차원에서 학교나 기업이 개인의 성공에만 주목하며 전체 방정식에서 '다른 사람'을 제거할 때 우리 사회는 진정한 잠재력을 실현하지 못한다. 다른 사람의 힘에 주목할 때 우리는 비로소 숨겨진 잠재력을 깨울 수 있다.

3년 전 숨겨진 네트워크의 힘을 연구하던 무렵, 나는 놀라운 경험을 했다. 아버지가 된 것이다.

아들 레오가 세상에 나왔을 때 아이는 말 그대로 아무것도 할 줄 몰랐다. 혼자서 몸을 뒤집지도 못했다. 그러나 레오는 점차 많은 것을 배워나갔다. 나는 긍정심리학 전문가로서 레오가 새로운 기술을 습득할 때마다 이렇게 칭찬했다.

"레오, 혼자서 해냈어. 대단해!"

얼마 후 레오는 어눌하면서도 뿌듯한 목소리로 이렇게 따라 했다.

"혼자서."

그때 나는 깨달았다. 우리는 어린 시절 부모로부터, 그리고 성인이 되어서는 직장으로부터 혼자서 일구어낸 성취에 대해 높은 평가를 받는 것에 익숙해졌다는 사실을 말이다. 물론 내가 아버지로서 그런 칭찬을 하지 않는다면, 레오는 혼자서 이룩한 성취를 그렇게 중요하게 생각하지 않을 것이다. 그러나 우리가 살아가는 세상은 그렇지 않다. 현실은 완전히 다른 방식으로 돌아간다.

모든 일은 어릴 적에 시작된다. 학교에서 아이들은 열심히 공부해서 1등이 되라고 배운다. 친구의 도움을 받아 숙제를 했을 때 부정을 저질렀다고 비난 받는다. 집에 돌아와서는 늦게까지 공부와 숙제를 해야 하기 때문에 친구들과 놀 시간은 그만큼 줄어든다. 아이들은 표준화된 시험 성적과 같은 개인적인 성과가 인생의 성공을 결정한다고 배운다.

그러나 통계적 관점에서 이는 사실이 아니다. 그럼에도 개인주의 접근방식은 아이들에게서 사회적 관계와 수면 시간, 집중력, 행복, 건강을 빼앗고 스트레스를 높인다. 우리 사회는 이러한 교육 시스템을 의심하지 않고, 점점 더 치열해지는 경쟁에서 낙오된 아이들을 나무란다. 집으로 돌아온 아이들은 지치고 외롭다. 그리고 한참 세월이 흘러서야 어른들이 약속했던 성공과 행복이 무지개가 끝나는 곳에 있지 않다는 사실을 알게 된다.

이러한 교육 시스템에서 좋은 평가를 받았던 아이들은 나중에 직장에 들어가 신제품을 출시하거나 팀의 목표를 달성하기 위해 다른 동료와 협력하는 과정에서 갑자기 어려움을 겪는다. 조직에서 성공하려면 혼자서 모든 것을 해치우는 방식이 아니라 다른 사람과 협력하고 서로 도움을 주고받아야 한다. 성공을 추구하는 과정에서 균형 잡힌 관계적 접근방식을 강조한 부모는 그들의 인내심에 충분한 보상을 받을 것이다. 반면 관계를 희생하면서 개인의 성취만을 강요한 부모는 나중에 자녀가 힘들고 외롭다고 호소할 때 아무런 조언도 들려주지 못할 것이다.

우리는 태어나서 20년 넘게 개인적인 역량과 혼자서 이룩한 성취로 평가와 칭찬을 받는다. 그러나 이후의 삶에서 성공은 다른 이들의 성공과 밀접하게 연결되어 있다.

: 최고보다 더 중요한 것

지난 10년 동안 나는 〈포천〉 100대 기업 중 절반 가까운 기업들과 함께 일했다. 또, 50여 개국을 돌아다니며 다른 지역 사람들이 성공, 행복, 잠재력에 어떻게 접근하는지 살펴보았다. 대부분 국가에서 내가 확인할 수 있었던 것은 학교나 기업을 포함한 많은 사회적 조직이 매출, 수상 경력, 시험 성적 등 개인이 이룩한 '높은 성과'를 기준으로 보상을 제공한다는 사실이었다. 이러한 접근방식은 우리가 '적자생존'이라는 과학적으로 검증된 개념의 세상에서 살아가고 있다는 믿음에서 비롯되었다. 이러한 믿음은 성공이란 제로섬 게임이며, '최고' 점수를 받은 자가, '가장' 화려한 이력서를 가진 자가, 혹은 '최고' 득점을 기록한 선수가 성공을 거둔 '유일한' 사람이라고 말한다. 그 원칙은 매우 간단하다. 다른 동료보다 더 잘

하고, 더 똑똑하고, 더 창조적이어야만 성공할 수 있다는 것이다. 그러나 이 공식이 언제나 옳은 것은 아니다.

앞으로 소개할 획기적인 연구들은 '**가장 잘 적응하는 사람이 살아남는다**'가 아니라 '**가장 관계를 잘 맺는 사람이 살아남는다**'라는 새로운 사실을 말해준다. 다시 말해, 성공은 개인이 얼마나 창조적이고, 똑똑하고, 열정적인가에 달려 있지 않고, 자신을 둘러싼 생태계와 어떤 관계를 맺고, 그 생태계에 어떤 기여를 하고 그 과정에서 어떤 이익을 얻는지에 달려 있다는 뜻이다. 중요한 것은 대학과 직장에서 얼마나 높은 평가를 받느냐가 아니라, 조직 안에서 어떻게 어울려 지내느냐다. 또한 얼마나 높은 점수를 받는가가 아니라, 팀의 성과에 얼마나 효과적으로 기여했느냐다.

우리는 더 열심히, 더 빨리, 더 효과적으로 노력하면 더 높은 잠재력을 실현할 수 있다고 믿는다. 그러나 현대과학은 잠재력을 실현하는 과정에서 결정적인 요소는 우리가 중요하게 생각하는 개인의 노력과 효율성, 혹은 지능이 아니라고 말한다. 잠재력을 실현하는 과정은 고독한 길이 아니다. 최근 10년간의 연구 결과는 분명한 답을 들려준다. 혼자 더 빨리 가는 것이 아니라, 함께 더 잘하는 것이 중요하다.

우리는 과거의 성공 원칙에 집착함으로써 엄청난 잠재력을 허비하고 있다. 하버드대학교에서 12년을 보내면서 나는 수많은 학생이 치열한 경쟁에 직면해서 자기 의심과 스트레스에 힘들어 하는 모습을 지켜보았다. 그들은 하버드에선 자신이 유일한 슈퍼스타가 될 수 없다는 사실에 충격을 받는다. 그런 뒤 더욱 거세게 자신을 채찍질하면서 경쟁에서 이기고자 한다. 하버드 무리에서도 가장 밝은 빛이 되고자 안간힘을 쓴다. 그러나 대부분의 결과는 절망이다. 하버드 대학생의 80퍼센트가 학창 시절에 우울증을 경험한 적이 있다는 보고도 있다.

전 세계 다양한 지역을 대상으로 연구를 하는 과정에서, 나는 이러한 현상이 아이비리그에만 국한된 문제가 아니라는 사실을 알게 되었다. 1978년을 기준으로 우울증 환자가 처음 우울증 진단을 받는 평균 나이는 29세였다. 그러나 2009년에는 14세 6개월로 크게 낮아졌다.[1] 지난 10년간 성인 우울증 발병률은 두 배로 증가했고, 여덟 살 무렵의 아이들이 자살 시도로 병원에 입원한 경우도 두 배로 늘었다.[2] 문제가 뭘까? 어떻게 이 흐름을 거꾸로 돌릴 수 있을까?

: 혼자서는 잠재력을 실현할 수 없다

개인의 성취를 강조하는 현대 문화에서 두 가지 요인이 그 흐름을 가속화하고 있다. 첫째, IT 기술과 소셜미디어의 발달로 사람들은 자신이 이룩한 성취를 매일 24시간 널리 자랑할 수 있게 되었다. 이러한 현상은 사람들의 경쟁심과 불안감을 자극한다. 둘째, 학교와 기업이 개인의 성취에 집중하면서 압박과 경쟁이 심해지고, 일하는 시간은 길어진 반면 쉬는 시간은 줄어들면서 스트레스는 높아졌다. 그나마 다행스러운 소식은 이러한 문제를 해결하기 위한 노력이 시작되고 있다는 점이다.

나 또한 행복에 관한 연구를 통해 새로운 접근방식을 모색하고 있다. 전작인 《행복의 특권The Happiness Advantage》에서 나는 감사하고, 낙관주의를 유지하고, 명상을 실천함으로써 행복감을 크게 높일 수 있다고 주장했다. 그러나 자신의 행복만을 위해 노력한다면 어느 순간 한계에 부딪히고 말 것이다. 성장을 가로막는 유리 천장을 들어올리기 위해서는 자신의 행복을 원동력으로 다른 사람의 행복을 높여야 한다. 나는 연구를 통해 **행복은 개인의 선택이 아니라 집단의 선택으로 비롯된다**는 사실을 깨달았다. 우리가 고마움과 기쁨의 대상을 발견할 때 다른 사람들 역시 고마움과 기쁨을 발견하도록 도움을 줄 수 있다. 그리고 다른 사람이 발견한 고마움과 기쁨은 다시 우리 자신의 고마움과 기쁨을 강화한다.

이러한 깨달음을 기반으로 나는 새로운 연구에 착수했다. 그리고 그 과정에서 개인의 행복은 행복이라는 빙산의 일각에 불과하다는 사실을 분명히 이해하게 되었다. 또한 빅데이터 기술의 등장에 힘입어, 나는 지금까지 드러나지 않았던 연결 고리를 발견하게 되었다. 우리는 지금껏 "얼마나 똑똑한가?" 혹은 "얼마나 창조적인가?"라는 질문에만 주목했다. 그러나 이제 우리는 더 중요한 질문을 던져야 한다.

"어떻게 주변 사람을 더 똑똑하게 만들어줄 수 있을까?"

"어떻게 창조적인 영감을 주변 사람에게 전할 수 있을까?"

"어떻게 주변 사람이 더욱 유연하게 행동하도록 도움을 줄 수 있을까?"

나는 많은 이에게 이러한 질문을 던짐으로써 성공은 절대 혼자의 힘으로 이뤄지지 않는다는 사실을 확인했다. 나는 다양한 연구를 통해 **지능, 창조성, 리더십, 성격, 대인 관계 등 잠재력을 실현하기 위한 자질들 대부분이 서로 연결되어 있다**는 것을 확인했다. 그러므로 신체적, 감성적, 영적으로 성숙하고자 한다면, 행복 추구와 마찬가지로 잠재력을 추구하는 방식도 바꿔야 한다. 혼자서 더 빨리 달리려는 노력을 중단하고, 함께 더 강해지기 위한 노력으로 눈길을 돌려야 한다.

: 선순환이라는 숨겨진 연결고리

기업과 학교는 개인의 성과에만 주목하는 치열한 경쟁 환경을 조성함으로써 우리 사회의 재능과 생산성, 창조성을 엄청나게 낭비하고 있다. 개인에 집중하고 다른 사람을 방정식에서 제거하는 접근방식은 잠재력의 성장 과정에 '가벼운 뚜껑'을 씌움으로써 성공 가능성을 인위적으로 억제한다. 내가 '가벼운'이라는 표현을 썼는데, 그만한 이유가 있다. 여기서 '가볍다'는 얼마든지 들어올릴 수 있다는 뜻이다. 다른 사람이 성공하도록 도우면 우리는 집단 전체의 성과를 높일 뿐 아니라, 자기 자신의 잠재력까지 높일 수 있다.

나는 이러한 접근방식을 종종 '선순환Virtuous Cycle'이라는 용어로 설명한다. 이 긍정적인 피드백 시스템은 다른 사람에게 풍부한 자원과 에너지, 경험을 제공하고, 이는 다시 우리의 역량을 강화하는 방향으로 돌아온다. 다시 말해, 다른 이의 성공에 기여함으로써 우리 자신의 성공을 한 단계 높이는 것이다. 이러한 개념을 이렇게 표현할 수도 있겠다.

'스몰 포텐셜SMALL POTENTIAL'은 개인이 혼자서 성취할 수 있는 제한된 성공이다.
'빅 포텐셜BIG POTENTIAL'은 다른 사람들과 함께 선순환을 이루어야만 얻을 수 있는 성공이다.

이 책에서는 내가 다른 동료들과 함께 수행했던 여덟 가지 연구 프로젝트와 더불어 신경과학자, 심리학자, 네트워크 분석가 등 다양한 학자들이 긍정적 시스템이라고 부르는 새로운 연구 분야를 개척하기 위해 추진했던 최신 연구를 소개하고 있다. 물론 나는 여러분이 학술적 연구를 공부하기 위해 이 책을 집어들었다고 생각하지는 않는다. 그렇다면 더 나은 선택이 있을 것이다.

여러분은 지금 당장 실천할 수 있는 방법이 궁금할 것이다. 나는 지난 3년 동안 과학적 연구 성과는 물론, NASA, 미국프로미식축구연맹NFL, 백악관 등 다양한 조직에서 수행했던 실험, 일상에서 빅 포텐셜의 원칙을 실천하여 성공을 거둔 윌 스미스Will Smith, 오프라 윈프리Oprah Winfrey, 미식축구 선수 마이클 스트라한Michael Strahan 등 다양한 스타들과의 인터뷰를 바탕으로 빅 포텐셜을 실현하기 위한 실용적 접근방식을 만들기 위해 노력했다.

빅 포텐셜의 접근방식은 'SEEDS'라는 다섯 단계로 구성된다. 첫째, 긍정적인 영향력을 발휘하는 사람들로 이뤄진 스타 시스템Star System으로 자기 주변을 '둘러싸기SURROUND', 둘째, 조직 내 모든 구성원이 각자의 자리에서 주도적으로 업무를 추진하도록 함으로써 자신의 영향력을 '확장하기EXPAND', 셋째, 스스로 '칭찬 프리즘Prism of Praise'으로 기능함으로써 자신의 역량을 '향상하기ENHANCE', 넷째, 부정적인 공격으로부터 시스템을 '방어하기DEFEND', 마지막으로 '선순환'을 기반으로 빅 포텐셜을 '유지하기SUSTAIN'가 그것이다. 또한 SEEDS라는 표현에는 씨앗seed이 발아하기 위해서 토양, 물, 햇볕의 도움이 필요하다는 의미도 담겨 있다. 우리는 절대 혼자의 힘으로 잠재력을 실현하지 못한다. 최고의 성공은 주변 사람의 잠재력을 활용할 때에만 비로소 달성할 수 있다.

이제 우리는 스몰 포텐셜의 부스러기를 주워 담기 위한 경쟁에서 벗어나야 한다. 잠재력을 실현한 선구자를 발견하고, 사람들을 그곳으로 초대해야 한다. 오늘날 도전적인 세상은 '다른 사람의 힘'을 방정식 안으로 집어넣어야 한다고 말한다. 이 책에서 여러분은 반딧불이의 발광 현상, 하버드의 벌거숭이, 깃털 빠진 닭, 오프라와 함께 추었던 이상한 춤 등에서 빅 포텐셜의 숨겨진 연결고리를 발견하게 될 것이다.

2장 유리 천장 들어올리기

다른 사람이 잘되면 나도 잘된다

: **벌거벗은 하버드 신입생이 깨달은 것**

1월의 어느 눈 내리는 밤, 하버드대학교 신입생이었던 나는 시험을 앞두고 늦게까지 공부에 몰두하고 있었다. 그날은 이른바 2주일 동안의 '읽기 기간Reading Period'이 끝나갈 때였다. 읽기 기간 동안에 강의는 없다. 대신 학생들은 명목상이나마 시험에 대비하여 다양한 자료를 읽기 위한 시간을 갖게 된다. 그러나 일반적으로 교수들은 그 기간에 시험 준비에 더하여 무지하게 많은 과제를 내준다. 학생들이 역량을 입증하기 위해 최선을 다하는 읽기 기간 동안 도서관과 구내식당은 그들이 뿜어내는 스트레스로 가득하다.

그날 나는 자정까지 여섯 시간 내내 교과서를 들여다보고 있었다. 흐리멍덩한 눈으로 창밖을 바라보았을 때 나는 이상한 광경을 목격했다. 기숙사 앞에 모여 있던 수백 명의 학생들이 갑자기 옷을 벗기 시작한 것이다. 나는 그게 실제 상황인지, 아니면 오랜 스트레스로 내 머리가 어떻게 된 것은 아닌지 의심스러웠다. 옷을 벗은 학생들은 일제히 함성을 지르기 시작했다.

앞에서 우리는 캄캄한 밤에 화려한 불빛을 동시에 내뿜어서 암컷을 유혹하려 했던 맹그로브 숲속의 반딧불이를 만났다. 이제 조금 다른 형태의 '집단적 발광'에 대해 얘기해볼까 한다.

매년 시험 기간이 시작되기 하루 전날 하버드에서는 '프라이멀 스크림Primal Scream'이라는 행사가 열린다. 사실 이 행사는 조신하지 못한 행동을 했던 옛날 선배들로부터 시작되었다. 미국 건국의 아버지 존 애덤스는 독립선언문에 서명함으로써 역사에 발자취를 남긴 반면, 그의 아들 찰스는 하버드 야드Harvard Yard에서 친구들과 함께 옷을 벗고 달리기를 하다가 발각되어 하버드 역사에 발자취를 남겼다.[1] 그 사건으로 그들 모두 퇴학을 당했지만, 나중에 다시 복학 허가를 받았다(찰스의 아버지가 건국의 아버지라는 사실도 면책권을 얻는 데 작용했을 것이다).

어쨌든 이 기괴한 전통은 그렇게 시작해서 지금까지 이어져 내려오고 있다. 찰스의 시절로부터 300년이 흘렀으나 아직도 하버드의 용감하고 열정적인 학생들은 모워홀Mower Hall 앞에 모여서 옷을 벗는다. 그러고는 반 쯤 언 몸으로 유서 깊은 하버드 야드의 싸늘한 거리를 무리지어 달린다. 기숙사 건물 안에 있는 수백 명의 관중이 창문 밖으로 소리를 지를 때면 행사에 참여한 학생들은 달리기를 마치고 추위를 이기기 위해 옹기종기 모여든다. 행사가 벌어지는 동안 그들은 실제로 동상에 걸릴까봐 걱정하고 서로 벌거벗은 모습을 보는 민망함으로 잠시나마 시험에 대한 스트레스를 잊는다.

내가 프라이멀 스크림을 직접 본 것은 그때가 처음이었다. 여기서 잠시, 나에 관한 배경 설명이 필요하겠다. 우선 나는 하버드대학교에 들어오기 전 대부분 시간을 텍사스주 웨이코에서 보냈다. 그곳 사람들은 비교적 옷을 잘 갖춰 입는다. 눈길에서 옷을 벗고 달린다는 것은 상상조차 하지 못한다. 무엇보다 눈이 안 내리기 때문이다. 둘째, 나는 수줍음이 많다. 클럽에 가본 적도, 바에서 여성에게 말을 걸어본 적도, 옷을 벗고 물에 뛰어들어본 적도 없다.

그날 밤 1층 기숙사 창문으로 프라이멀 스크림 광경을 지켜보면서, 내가 대학 시절의 소중한 경험을 놓치고 있는 게 아닌가 하는 불안감이 엄습했다. 동료들은 밖에서 뜨거운 젊음을 만끽하고 있는데, 기숙사에 틀어박혀 아우구스투스의 로마에 관한 글이나 읽고 있다니…… 그 순간, 나도 동참해야겠다는 결심을 했다.

피로에 찌든 나의 두뇌는 방 안에서 옷을 벗고 기다리다가, 프라이멀 스크림 무리가 달리기를 시작할 때 어둠을 틈타 합류하는 것이 가장 좋은 방법이라고 결론을 내렸다. 그러나 기숙사 현관문이 꽝 닫혔을 때 나는 첫 번째 실수를 저질렀다는 사실을 깨달았다.

텍사스 출신이다 보니 옷을 벗었어도 눈길을 달리려면 신발을 신어야 한다는 생각을 하지 못했다. 실수는 그것만이 아니었다. 학생증을 방에 두고 온 것이다. 기숙사 현관문을 열려면 학생증이 꼭 필요했다. 그러나 그 소중한 신분증은 기숙사 방바닥에 널브러진 바지 주머니 속에 고이 들어 있을 터였다. 게다가 나는 혼자였다. 사람들의 시선을 끌지 않고 무리 속으로 몰래 잠입하는 것은 불가능해 보였다. 벌거벗고 있어도 무리 안에 있으면 눈에 띄지 않는다. 그러나 혼자서 옷을 벗고 달리면 모두들 나를 알아볼 것이다.

강추위 속에서 벌벌 떨며 그나마 나은 방법이 뭘까 궁리하는 사이, 역시 나만큼이나 수줍음이 많은 기숙사 여자 동기가 도서관에 가기 위해 책을 한 가득 안고서 현관을 걸어나왔다. 그녀는 나를 보고 비명을 질렀다. 우리 두 사람은 그 순간을 모면하기 위해 가장 일반적인 전략을 택했다. 즉, 서로 못 본 척했다. 얼굴은 벌겋게 달아오르고 발가락은 시퍼렇게 얼어붙은 나는 현관문이 닫히기 전에 잽싸게 기숙사로 들어갔다. 그리고 곧장 방문을 열고 들어가자마자 인간이 할 수 있는 가장 빠른 속도로 옷을 입었다. 내가 기숙사에 살았던 4년 동안 그녀는 300년 역사를 자랑하는 하버드 전통에 참여하려다가 실패로 끝난 나의 시도를 단 한 번도 입 밖에 꺼내지 않았다. 그렇게 나의 프라이멀 스크림은 기숙사 밖 60센티미터 거리에서 끝이 났다. 물론 나 역시 그녀가 내 알몸을 본 유일한 여학생이라는 사실을 졸업할 때까지 한 번도 이야기하지 않았다.

내가 굳이 프라이멀 스크럼 얘기를 꺼낸 것은 그 행사의 외설스러움을 묘사하기 위한 것이 아니라, 내가 그 사건을 계기로 깊고 중요한 진실을 깨달았기 때문이다. 이 세상에는 절대 혼자서는 할 수 없는 일, 다른 사람의 참여가 반드시 필요한 일이 있다. 자신의 잠재력을 실현하겠다고 혼자서 열심히 노력하는 것은 하버드 야드에 뛰어들지 못한 벌거벗은 신입생과 같다. 춥고 외롭다. 그리고 멀리 나가지도 못한다. 반면 무리 지어 알몸으로 달리는 것은 빅 포텐셜의 위력을 활용하는 것과 같다. 극한의 환경에서도 사람들은 혼자일 때보다 훨씬 더 멀리 달려갈 수 있다.

링크드인LinkedIn의 공동 설립자이자 회장인 리드 호프먼Reid Hoffman은 이러한 생각을 잘 요약해주었다.

"아이디어와 전략이 아무리 뛰어나다 해도 혼자 나간다면 언제나 팀에게 지고 말 것이다."

가장 경쟁력 있는 세계적 기업인 애플의 설립자이자 CEO였던 고故 스티브 잡스는 이렇게 말했다.

"비즈니스 세계에서 위대한 성공은 절대 혼자의 힘으로 이뤄지지 않는다. 반드시 팀으로만 가능하다."

미 해군 특수부대 네이비실Navy SEAL 대원들은 체력 훈련 동안에 극한의 고통을 '함께' 이겨나가기 위해 서로 팔짱을 낀다. 네이비실에는 이런 격언이 있다.

"개인은 게임을 하지만 팀은 게임을 이긴다."

하버드 프라이멀 스크림 행사는 극단적인 상황에서 동료의 힘이 필요하다는 진실을 뚜렷하게 보여준다. 〈네이처〉에 게재된 한 논문은 대학생을 대상으로 한 8만 건의 관계 분석을 통해 '최고 성취자는 가장 많은 사회적 관계를 바탕으로 다양하게 정보를 공유하는 이들'이라고 주장함으로써 나의 결론을 뒷받침해 주었다.[2]

〈실험사회심리학저널Journal of Experimental Social Psychology〉에 발표된 또 다른 논문에 따르면, 사람들이 언덕의 경사를 눈으로 측정할 때 주변에 누가 있는가에 따라 판단이 달라진다고 한다. 예를 들어 친구가 옆에 있을 때 사람들은 혼자 있을 때보다 경사가 10~20퍼센트 더 낮다고 판단했다.[3] 이는 대단히 충격적인 결과다. **객관적이고 물리적인 대상을 평가하는 데도 곁에 누가 있느냐에 따라 결과가 달라진다는 것이다.** 친구가 1미터 거리에서 딴 곳을 쳐다보며 아무 말 하지 않아도 결과는 달라지지 않았다!

우리는 이러한 결과를 진화론의 관점에서 이해할 수 있다. 우리는 다른 사람의 존재로부터 자원과 지지를 얻는다. 그래서 누군가 옆에 있을 때 언덕은 더 완만하게 보이고, 성공 가능성은 더 높아 보이고, 장애물은 충분히 극복할 수 있는 대상으로 보인다.

그런데 왜 사람들은 직장에서 스트레스를 받을 때 동료를 멀리한 채 사무실 파티션 안으로 혼자 틀어박히는가? 왜 대학생들은 홀로 도서관 구석에 앉아 카페인이나 각성제나 항우울제로 버티면서 중압감을 떨쳐내려 하는가?

내가 하버드 신입생 학생감 자격으로 수백 명의 입학생 서류를 살펴보았을 때 놀랍게도 기숙사 독방을 요구하는 학생이 압도적으로 많았다. 그 이유는 독방이 더 넓거나 고급스럽기 때문이 아니었다. 단지 다른 사람의 존재가 방해가 되거나 학업 성과에 도움이 되지 않을 것이라는 잘못된 믿음 때문이다. 독방을 선택한 이들은 장기적인 성공과 행복감을 위한 중요한 요인, 즉 '다른 사람'이라는 기회를 놓치게 된다. 그래서 하버드는 '신입생들을 위한 심리학 강의(Psych1504)'를 개설하기로 결정했다.

: 하버드에서는 어떤 사람이 성공하는가

이 강의를 담당했던 탈 벤 샤하르Tal Ben-Shahar 박사는 당시 앞서가는 심리학자였다. 그는 하버드에서 이름마저 생소한 '긍정심리학'을 처음으로 가르쳤다. 앞서 소개한 프라이멀 스크림 행사가 있고 얼마 지나지 않아, 하버드에서 가장 권위 있고 신중한 교수 중 하나인 탈은 실험적인 세미나를 추진했다. 그리고 이듬해에는 내게 새로운 심리학 강의의 수석 조교로 와달라는 제안을 했다.

그 강의는 하버드의 모든 학생에게 긍정심리학의 문을 활짝 열어놓는 역할을 했다. 탈 교수는 그 수업을 위해 캠퍼스에서 가장 큰 강의실을 배정받았음에도 강의 첫날부터 자리가 부족할 만큼 많은 학생이 몰려들었다. 이후로 2년 동안 하버드생 다섯 명 중 한 명이 탈 교수의 강의를 들었다. 하버드생들은 치열한 경쟁 속에서 심리적 행복감을 유지하는 방법에 특히 많은 관심을 보였다.

그 무렵 나는 하버드에서 잠재력을 주제로 대규모 연구 프로젝트를 시작했다. 나는 하버드생 1,600명을 대상으로 여러 가지 검증된 심리검사 및 설문을 담은 자료를 나누어주었고, 학생들은 약 한 시간 동안 답변을 작성해주었다. 이 연구의 목표는 하버드에서 성공과 행복을 모두 누리는 학생들의 개인적인 자질을 확인하는 것이었다. 누가 하버드에서 최고의 성공을 거둘지 예상할 수 있을까? 설문조사에서 얻은 데이터의 규모는 실로 어마어마했다. 그 데이터를 처리하는 과정에서 내 값싼 컴퓨터는 종종 고장을 일으켰다. 어쨌든 나는 자료 분석을 통해 가구 소득, 고등학교 성적, SAT 점수, 수면 시간, 수강중인 과목 수, 동아리 활동 등 학생들에 대한 다양한 데이터베이스를 구축했다.

그런데 분석 과정에서 이상한 사실을 발견했다. 학생의 개인적 자질이 학업 성적이나 행복감과 직접적인 연관성이 없었던 것이다! SAT에서 만점을 받은 학생이 전 과목에서 C를 받았던 경우도 있었다. 그리고 가난한 학생도 부유한 학우 못지않게 높은 학점과 행복감을 보고했다. 페이스북 친구 수도 외향성과 같은 성격적 자질과 상관관계가 없는 것으로 나타났다. 연구를 계속 추진하는 과정에서 의미 있는 상관관계는 계속해서 발견되지 않았고, 나는 점차 혼란에 빠졌다. 그리고 결국 가장 중요한 요인을 발견하게 되었다. 그것은 다름 아닌 사회적 관계였다.

널리 알려진 검증된 방식으로 얼마나 많은 관계를 맺고, 그리고 얼마나 많은 사람의 지지를 받는지를 측정함으로써, 나는 사회적 관계야말로 하버드생들의 개인적, 학문적 성공 가능성과 가장 밀접한 관련이 있는 요소임을 확인했다.

사회적 관계는 심리적인 행복감과 낙관주의, 우울감 극복을 예측해주는 최고의 기준이었다. 또한 시험이나 학술적 경쟁에서 얼마나 많은 스트레스를 받는지와 졸업 후 사회에 진출해서 장기적인 성공을 이뤄낼 수 있을지도 정확하게 예측해주는 요소로 드러났다. 이러한 사실을 바탕으로 나는 이렇게 결론을 내렸다.

하버드에서 성공을 결정하는 것은 개인적인 특성이 아니라, 그 문화와 동료들과의 관계에 부드럽게 융화될 수 있는 능력이다. 혹은 이렇게도 말할 수 있다. **하버드에서 성공은 '가장 잘 적응하는 자'가 아니라 '관계를 가장 잘 유지하는 자'가 살아남는다는 말과 일맥상통한다.**

성공한 인물은 가장 밝게 빛나는 슈퍼스타처럼 보인다. 그러나 우리가 살아가는 세상 속에서 성공을 거둔 인물은 밝게 빛나는 별자리 안에서 자신의 자리를 발견한 사람이다. 곧 깨닫게 되었던 것처럼, 이러한 진리는 하버드의 벽을 넘어서도 그대로 적용된다. 이는 우리가 일과 삶에서 자신의 잠재력을 바라보는 방식과 밀접한 관련이 있다.

: **개인의 능력과 성공은 아무런 관계가 없다**

이 책을 쓰기 1년 전, 나는 '리:워크re:Work'라는 제목의 구글 컨퍼런스에서 강연을 하게 되었다. 컨퍼런스의 목적은 조직 변화를 위한 실질적인 아이디어를 오픈 소스 방식으로 구하기 위한 것이었다. 컨퍼런스가 열리기 하루 전, 나는 어두침침한 조명에 삼나무 장식으로 가득한 채식주의자 레스토랑(캘리포니아, 혹은 구글 인근에서 쉽게 찾으리라 예상했던)에서 저녁을 먹고 있었다. 식사를 하던 중 옆 테이블에 앉은 한 남성이 미소를 지으며 내 연구와 관련된 흥미로운 질문을 했다. 다음 날 아침, 나는 어제의 그 남자가 누구인지 알게 되었다. 연단 위에 올라선 그는 이번 컨퍼런스의 주최자이자 세계적으로 유명한 비즈니스 리더였다.

라즐로 복Laszlo Bock은 세계적으로 유명한 구글 인사관리 조직인 '피플 오퍼레이션People Operations'의 책임자다. 그는 리더십과 통찰력을 동시에 갖춘 보기 드문 인재다. 그의 뛰어난 재능은 구글이 매년 일하기 가장 좋은 회사로 선정되는 데 큰 기여를 했을 것이다. 라즐로는 또한 '이 시대 최고 인적자원 전문가'로서 명성을 얻었다. 그는 베스트셀러 《구글의 아침은 자유가 시작된다Work Rules!》에서 창조적이고 잠재력 있는 인재를 끊임없이 흡수할 수 있었던 구글의 탁월한 능력 중심에는 당연하게도 거의 모든 것에 대한 어마어마한 규모의 데이터베이스가 있다고 설명했다.

'빅데이터Big Data'란 웹사이트를 방문하고, 소셜미디어를 사용하고, 온라인 쇼핑을 하는 등 인터넷상에서 다양한 활동을 할 때마다 생성되는 디지털 데이터의 방대한 집합을 일컫는 기술 용어다. 복잡한 알고리즘을 기반으로 방대한 데이터를 분석하여 경향과 패턴을 발견함으로써 인간 행동을 더 잘 이해할 수 있게 되자 빅데이터는 지난 몇 년간 뜨거운 관심을 받았다. 기업이 비즈니스를 운영하는 방식에서 정부가 인구 동향을 파악하는 방식, 그리고 의사 및 공공 의료 종사자들이 질병을 추적하는 방식에 이르기까지, 빅데이터는 이제 우리 삶의 모든 방식을 바꾸고 있다.

그러나 빅데이터와 관련하여 아직까지 주목받지 못한 사실이 한 가지 있다. 그것은 빅데이터를 이용하여 빅 포텐셜의 개념을 이해할 수 있다는 것이다. 엄청난 규모의 빅데이터 덕분에, 이제 우리는 지능, 창조성, 행복과 같은 개인적인 특성을 측정하는 단계에서 한 걸음 더 도약하게 되었다. 오늘날 우리는 자신이 '다른 사람'의 지능, 창조성, 행복에 어떤 영향을 미칠 수 있는지 측정할 수 있게 되었다.

몇 달이 흘러 나는 오프라 팀으로부터 행복에 관한 프로그램 제작을 위해 인터뷰를 진행할 다섯 명의 비즈니스 리더를 선정해 달라는 요청을 받았다. 나는 세계적 기업인 구글이 어떤 방식으로 직원들의 재능과 잠재력을 예측하는지 알고 싶은 마음에 즉각 라즐로에게 전화를 걸었다. 다시 말해, 나는 당시 구글이 추진하고 있던 '아리스토텔레스 프로젝트'에 대해 배우고 싶었다.

세계적으로 널리 알려진 구글의 '인사분석People Analytics'팀의 데이터 전문가들은 잠재력에 관한 비밀을 밝혀내기 위해 그리 비밀스럽지 않은 코드명, '아리스토텔레스 프로젝트'를 기반으로 빅데이터 분석에 착수했다. 이 프로젝트의 초기 목표는 '완벽한 팀을 구축하라'는 것이었다. 언뜻 생각하기에 별로 힘든 과제가 아닌 것처럼 보인다. 드림팀을 꾸리려면 역량이 가장 뛰어난 직원들로 팀을 만들면 된다. 그렇지 않은가?

그러나 질문은 남는다. 구체적으로 어떤 역량을 기준으로 삼을 것인가? IQ? 외국어 실력? 암산으로 이차방정식을 빨리 푸는 능력? 이 질문에 대한 대답이야말로 아리스토텔레스 프로젝트가 역사상 가장 복잡한 알고리즘을 활용하여 찾아내고자 했던 것이었다. 180개 팀을 대상으로 한 수만 가지의 설문조사 답변, 내향성에서 여러 다양한 기술, 그리고 지능, 성격, 성장배경에 이르기까지 모든 것을 아우르는 엄청나게 방대한 데이터를 분석함으로써, 아리스토텔레스 프로젝트는 완벽한 직원을 이루는 구성 요소를 밝혀내고자 했다. 결론부터 말하자면, 아리스토텔레스 프로젝트가 내놓은 해답은 잠재력에 대한 우리의 일반적인 생각을 완전히 뒤집을 정도로 놀라운 것이었다.

그 결론은 '완벽한 직원을 설명하는 프로필은 존재하지 않는다'라는 것이었다. 그리고 그것은 내가 하버드에서 추진했던 연구와 거의 비슷한 결과이기도 하다. 개인적인 특성과 자질은 조직 내에서 성공 가능성을 예측하기에 타당한 요소가 아닌 것이다. 구글의 권위 있는 인사분석팀 책임자 어비어 두베이Abeer Dubey는 이러한 결론을 간결하게 요약했다.

"구글은 패턴을 발견해내는 전문 기업입니다. 그럼에도 여기서는 뚜렷한 패턴을 발견할 수 없었습니다. 그 방정식에서 '누구'라는 변수는 중요하지 않습니다."[4]

와우! 잠시 생각해보자. 인간 역사의 모든 것에서 패턴을 발견하는 세계 최고의 기업이 개인적인 자질과 조직 내 성공 가능성 사이에서 아무런 상관관계를 발견해내지 못한 것이다. 다시 말해, 얼마나 똑똑한지, 얼마나 많은 학위를 받았는지, 성격은 어떤지, 얼마나 창조적인지, 얼마나 다양한 언어를 구사할 수 있는지는 성공을 예측하는 방정식에서 중요한 변수가 아닌 셈이다.

중요한 것은 앞서 언급했던 '관계를 가장 잘 유지하는 사람이 살아남는다'라는 개념이다. 내가 하버드 연구를 통해 발견한 것처럼, 그리고 구글이 세계 최고의 데이터 분석 기술을 가지고 밝혀낸 것처럼 개인적인 특성과 자질은 성공 가능성과 잠재력을 측정할 수 있는 적절한 변수가 아니다. 그 이유는 뭘까?

개인적인 자질은 '개별적인' 특성이기 때문이다. 다시 말해, 방정식 안에서 '누구'는 단지 스몰 포텐셜만을 예측하는 변수다. 그리고 스몰 포텐셜은 우리의 완전한 잠재력에 대해 전체적인 그림을 보여주지 못한다.

그럼에도 여전히 대다수 기업과 대학은 인재를 평가하는 과정에서 '누구'에만 집중하고 있다. 스미스 박사가 일제히 발광하는 반딧불이를 발견한 이후로 많은 과학자가 동물 행동에 대해 또 지금까지 확신했던 모든 지식에 대해 의문을 던진 것처럼, 구글은 잠재력의 본질에 대해 근본적인 질문을 던진다. 다양한 기술과 지능, 성격, 배경은 왜 성공 가능성을 예측하는 과정에서 아무런 통계적 장점을 보여주지 못하는 것일까? 개인적인 자질로 성공 가능성과 잠재력을 예측하지 못한다면, 이제 어떤 요소에 주목해야 할까?

그 대답은 분명하다. 그것은 우리를 둘러싼 생태계와 관련이 있다. 아리스토텔레스 프로젝트의 결론에 따르면, 팀 구성원이 (1) 높은 사회적 민감성social sensitivity, 즉 사회적 관계의 중요성에 대해 분명한 인식을 갖고 있고, (2) 구성원끼리 평등하게 이야기를 나누며, 안심하고 아이디어를 공유할 수 있을 때 그 팀은 성과 기록을 갱신할 것이다. 다시 말해 구글 조직에서의 성공도 하버드와 마찬가지로 관계를 얼마나 잘 유지할 수 있느냐에 관한 문제였다.

수십 년 동안 우리 사회는 개인적인 차원에서 지능은 물론, 창조성과 열정, 용기 등 다양한 자질을 평가했다. 그러나 이보다 더 중요한 요소를 간과하고 있었다는 사실이 드러났다. 〈사이언스〉에 게재된 한 논문에서 MIT, 유니언칼리지, 카네기멜론대학교 연구팀

은 마침내 개인이 아니라 집단의 차원에서 체계적인 방식으로 지능을 평가하는 방법을 발견했다.[5]

이제 우리는 개별 학생이 문제를 해결할 가능성과 마찬가지로 한 집단이 문제를 해결할 가능성을 평가할 수 있게 되었다. 물론 IQ가 높은 사람들로 팀을 꾸리면 당연히 그 팀의 집단 지능도 높을 것이라 생각할 수 있다. 그러나 이 연구팀은 개별 구성원의 지능은 평균 수준이지만 '집단 지능'이 높은 팀이 천재들로 이루어진 팀보다 문제 해결 과정에서 더 높은 성과를 보여주었다는 사실을 확인했다. 연구팀은 '여러 다양한 과제에 대한 집단의 해결 능력을 결정하는 보편적인 요인은 개별 구성원의 특성이 아니라 집단 전체의 특성'이라고 결론을 내렸다. 다시 말해, 가장 뛰어난 팀이라고 해서 가장 똑똑한 팀원들로 조직될 필요는 없다는 뜻이다. 아리스토텔레스가 남긴 말도 그들의 결론과 맥락을 같이한다.

"전체는 부분의 합보다 더 위대하다."

이들의 결론은 업무 성과를 바라보는 완전히 다른 관점을 제시한다. 나는 '잠재력이 높은 직원들'을 대상으로 800회가 넘는 강연을 했다. 그러나 이 책에서 소개할 새로운 연구 덕분에 기업들이 지금껏 주목한 것은 스몰 포텐셜에 불과하다는 사실을 깨닫게 되었다. 이제 나는 우리 연구팀과 함께 놀라운 일을 시작하고 있다.

우리의 잠재력은 개인으로서 각자의 잠재력보다 훨씬 크다. 우리의 성공과 행복, 성과는 우리 주변에 있는 사람들의 성공과 행복,

성과와 밀접하게 연결되어 있다. 믿기 힘들겠지만, 우리는 주변 사람들이 더 잘할 수 있도록 도움을 줄 때 집단의 전체 성과뿐 아니라 개별 구성원들의 성과까지도 높아졌다는 사실을 확인했다. 나중에 다시 한 번 살펴보게 되겠지만, **우리는 다른 사람의 성공을 도울 때 자신의 성공 가능성을 억누르고 있는 유리 천장도 동시에 들어 올리게 된다.**

: 행복과 성공은 전염된다

회색 늑대가 옐로스톤 국립공원에 다시 등장했을 무렵, 공원 전체에서 비버 서식지는 단 한 곳에 불과했다. 회색 늑대가 사라지면서 개체수가 크게 늘어난 엘크 사슴이 나뭇잎을 닥치는 대로 뜯어먹는 바람에 비버가 둑을 쌓는 데 필요한 재료가 동이 났기 때문이었다. 그러나 다시 늑대가 출현하면서 엘크들은 다른 지역으로 이동했고, 비버에게 소중한 나뭇가지는 다시 풍성해졌다. 이후 비버의 개체수가 증가하면서 생태계는 예전 균형 상태를 다시 회복했다. 단 하나의 변수가 일련의 물결 효과를 일으키면서 생태계 전체가 믿기 힘들 정도로 바뀌어버렸다.

여기서 내가 말하는 '잠재력 생태계'란 우리의 성공과 성과를 결정하는 일종의 관계 네트워크로, 여기서도 이와 비슷한 물결 효과를 확인할 수 있다. 전 세계적으로 대부분의 기업과 학교, 그리고 사회 공동체는 지금까지 지극히 제한된 방식으로 성공과 잠재력을 평가했다. 이러한 평가 방식에 따를 때 지능에서 열정, 창조성, 건강에 이르기까지 잠재력을 구성하는 다양한 요인은 개별적이고 고정적이며 한정적인 자질이었다. 이러한 관점에서 우리 사회는 매출 성과, 출신 대학원, IQ 등 단일 데이터를 기준으로 어떤 후보자를 채용하거나 승진시킬지, 연봉은 어느 수준에 맞춰야 할지, 그리고 어떤 기업에 투자를 하고 어떤 학생을 입학시킬지 등 중요한 사안을 결정했다. 그 이유는 시험 점수나 매출 실적 이외에 개인을 객관적으로 평가할 수 있는 기준이 없었기 때문이다.

그러나 이제 우리는 잠재력을 구성하는 다양한 요인이 개인적인 것도, 고정된 것도 아니라는 사실을 알고 있다. 그 요인들 모두 우리가 살아가는 생태계 전반에 걸쳐 긴밀하게 연결되어 있다. 또한 빅데이터와 긍정심리학의 도움으로, 우리는 지금껏 드러나지 않았던 패턴을 확인할 수 있는 방법과 풍부한 데이터를 갖추고 있다. 구체적으로 말해서 역사상 처음으로 우리가 주변 사람에게 미치는 영향, 그리고 주변 사람이 우리에게 미치는 영향을 정량적인 형태로 측정할 수 있게 되었다.

잠재력 생태계에 대한 초기 연구의 '중심heart'에는 말 그대로 '심장heart'이 있다. 그것도 무려 5,000개에 달하는 심장이 있다. 1948년 시작된 프레이밍햄 심장 연구Framingham Heart Study는 지금도 빅 포텐셜 개념을 뒷받침하는 중요한 연구 성과로 남아 있다. 그로부터 70년이 지난 2017년에 나는 미국국립보건원으로부터 강연 초청을 받았다. 최근 미국국립보건원은 심장 질환을 유발하는 위험 요인에 대한 심층적인 연구 활동을 지원하고 있다.

매사추세츠주 프레이밍햄에서 수십 년에 걸쳐 진행된 이 연구는 사회적 관계와 심장 건강 사이에 밀접한 연관성이 있다는 사실을 보여주었다. 연구 내용이 대단히 광범위하고 복잡해서 여기서 완전히 설명할 수는 없다. 그래도 이번 국립보건원 방문을 통해 공동체나 네트워크 내에서 건강한 구성원과 관계를 맺음으로써 우리 자신의 건강도 높일 수 있다는 사실을 배웠다는 것만큼은 분명히 말할 수 있다. 이들의 연구 성과는 긍정심리학과 빅데이터를 연결함으로써 사회적 생태계가 개인의 신체 건강을 넘어서 훨씬 광범위한 영향을 미친다는 사실을 입증하는 연구 분야의 문을 활짝 열어놓았다.

다른 한편에서, 찰스 강 건너편에 위치한 하버드의과대학교의 연구원 니컬러스 크리스태키스Nicholas Christakis는 UC샌디에이고 연구원 제임스 파울러James Fowler와 손을 잡고 한 걸음 더 나아갔다. 두 사람은 이런 질문을 던졌다. 신체 건강이 서로 연결되어 있다면, 심리적 건강과 행복도 그렇지 않을까?[6]

파울러와 크리스태키스는 심리적 상호 연결성이 그들의 예상보다 훨씬 더 강력하다는 사실을 확인했다. 두 사람은 분석을 통해 이렇게 주장했다. **우리 자신이 행복하면 반경 1.6킬로미터 안에 있는 모든 친구의 행복감이 63퍼센트 증가한다.** 와우!

또한 마찬가지 이유로, 비록 우리가 행복하지 않다 하더라도 행복한 사람들에게 둘러싸여 있다면, 행복감이 상승할 가능성은 크게 증가한다. 간단히 말해, 주변에 행복한 사람이 많을수록 우리가 행복해질 가능성도 그만큼 높아진다.

그러나 이러한 연구는 아직 시작 단계에 불과하다. 건강과 행복감 이외에도 많은 특성이 서로 얽혀 있다는 사실이 밝혀지고 있다. 우리의 성격, 창조성, 에너지, 열정, 리더십, 심지어 매출 실적까지 우리를 둘러싼 사람들로부터 뚜렷한 영향을 받는다. 즉, **잠재력이 높은 사람과의 관계는 우리 자신의 잠재력을 높일 수 있는 가능성을 크게 향상시킨다.**

권위 있는 학술지인 〈성격과사회심리학저널the Journal of Personality and Social Psychology〉에 게재된 기념비적인 눈문에서, 미시건주의 연구팀은 개인의 성격을 개별적인 여러 특성의 집합이 아니라, 상호 연결된 여러 다양한 특성의 집합으로 정의함으로써 성격에 대한 기존의 이해방식을 완전히 뒤집었다. 그들은 성격 형성 과정에서 주변 사람이 지대한 영향을 미칠 뿐 아니라, 그 영향은 아주 어린 나이부터 시작한다는 사실을 확인했다. 예로 서너 살 된 아이가 부지런하고 사교적인 친구들에 둘러싸여 있을 때 그 아이도 점차 더 부지런하고 사교적으로 바뀌게 된다(이 연구는 장기적으로 진행되었기 때문에 노력 통제, 긍정적 혹은 부정적 감정, 사회적 놀이가 시간의 흐름에 따라 어떻게 달라지는지 확인할 수 있었다).

또한 그 연구팀은 주의 깊고, 신중하고, 활달한 사람들에 둘러싸여 있을 때 아이는 이와 같은 특성을 내면적으로 받아들인다는 사실도 확인했다. 반대로 산만하고 반항적이고 충동적인 사람들에 둘러싸여 있을 때, 아이 역시 반항적이고 충동적인 유형으로 변한 것으로 드러났다.[7] 이 연구팀의 일원인 제니퍼 와틀링 닐Jennifer Watling Neal은 이렇게 설명했다.

"성격 특성이 아이들 사이에서 전염된다는 우리의 발견은 성격이 타고나는 것이며, 그래서 변하지 않는다는 기존 상식과 정면으로 대치된다."

끈기, 에너지, 내향성/외향성 등의 성격 특성 또한 전염성이 강하다. 파리의 한 연구팀은 피실험자들이 그들과 같은 피실험자로 위장한 연구원(실제로 인공지능 알고리즘)의 의사결정을 목격하도록 한 뒤 여러 가지 의사결정을 내리도록 했다. 부주의한 의사결정을 봤을 때 많은 이가 그런 식으로 의사결정을 내렸다. 반면 끈기 있고 신중한 의사결정을 보았을 때 많은 이가 보다 끈기 있고 신중하게 의사결정을 내렸다.[8]

자신의 성격을 열정적이거나 차분하다고, 혹은 내향적이거나 외향적이라고 정의하는 것은 어렵지 않다. 그러나 파리 연구팀은 이러한 성격 특성 역시 주변 사람에 따라 '상황적으로 달라진다'는 사실을 확인했다. 하버드대학교 브라이언 리틀Brian Little 교수의 설명에 따르면, 다소 내향적인 사람은 대단히 내향적인 사람들 사이에 있을 때 외향적으로 바뀌는 반면, 다소 외향적인 사람은 대단히 외향적인 사람들 사이에 있을 때 과묵하고 내향적인 성격으로 바뀐다.

천재들도 서로 연결되어 있다. 역사 속에서 대표적인 천재를 떠올려보자. 누가 생각나는가? 아인슈타인, 에디슨, 셰익스피어? 일반적으로 우리는 이러한 천재를 골방에 틀어박혀 세상을 뒤흔들 만한 위대한 아이디어를 발명하는 비범한 존재로 묘사한다. 가령 발명왕 에디슨은 무려 1,900개가 넘는 특허권을 따냈다. 그러나 역사가들은 그가 혼자서 발명한 것이 거의 없다고 말한다. 오늘날 우리가 에디슨의 발명이라고 생각하는 것 대부분은 그가 자신의 팀원들과 함께 만들어낸 것이다.[9]

그렇다고 해서 에디슨이 뛰어나지 않다는 말은 아니다. 다만 에디슨의 경우는 잠재력이 서로 연결될 때 놀라운 일이 벌어진다는 사실을 보여주는 최고의 사례임을 강조하고 싶다. 에디슨은 자신의 연구팀이 창조적인 역량을 마음껏 발휘하도록 도움을 줌으로써 역사적으로 가장 위대한 발명가가 되었다. 그는 생태계의 놀라운 힘에 접근했다. 그 힘은 다름 아닌 빅 포텐셜을 의미한다.

학창시절 내게 셰익스피어를 가르쳤던 마조리 가버Marjorie Garber 교수는 '천재genius'의 의미가 세월을 거치면서 왜곡되었다고 주장했다. 예전에 사람들은 '천재성이 있다'라고는 말해도 '천재가 된다'라고는 말하지 않았다. 그리고 '영감inspiration'을 소유의 대상으로 생각하지 않았다. 영감은 우리에게 그저 주어지는 것이지 나서서 가질 수 있는 것이 아니기 때문이다.

《먹고 기도하고 사랑하라Eat Pray Love》로 유명한 작가 엘리자베스 길버트Elizabeth Gilbert는 내 친구이자 세상에서 내가 제일 아끼는 사람 중 하나다. 그녀는 《빅매직Big Magic》에서 위대한 모든 천재에게는 영감을 주고 위대함을 이끌어내는 뮤즈가 있다는 점에 주목해야 한다고 말한다. 내가 이 책에서 특히 마음이 끌린 대목은 근사하게 옷을 차려입고 방 안을 돌아다니면서 자신은 충분히 주목받을 가치가 있는 사람이라고 뮤즈를 설득하고자 했던 한 작가에 관한 이야기였다. 여기에 나는 이런 말을 덧붙이고 싶다. **"천재성과 창조성, 영감과 마찬가지로 빅 포텐셜은 소유의 대상이 아니다. 다만 다가갈 수 있을 뿐이다."**

고독한 천재에 대한 신화와는 반대로 혁신과 창조성은 개인의 자질이나 재능과 별로 상관이 없고, 주변에 어떤 사람이 있는지와 관련이 더 깊다. 뛰어난 많은 예술 작품이 살롱에 모인 작곡가나 작가, 예술가들의 모임, 예술가의 집단 거주지에서 탄생한 이유가 무엇일까? 그리고 뮤지션을 비롯한 '문화 창조자'들이 페스티벌에 몰려들고, 작가들이 조용한 외딴 마을로 모여드는 이유가 뭘까? 그것은 창조적인 사람들 사이에 있어야 창조적 에너지가 샘솟는다는 사실을 알기 때문이다. 3장에서 다시 살펴보겠지만, 나는 이러한 현상을 일컬어 '긍정적인 동료 압력positive peer pressure'이라 부른다.

마찬가지로 직장에서도 우리는 자신에게 영감을 주고 창조성을 자극할 사람이 필요하다. 한 연구팀은 개별적인 성과에 대해 칭찬과 보상을 주는 기능적인 리더 밑에서 일하는 직원보다, 뚜렷한 비전으로 영감을 던져주고 새로운 아이디어와 관점을 자극하는 혁신적인 리더 밑에서 일하는 직원이 훨씬 더 창조적이고 정신적으로 탄력적이라는(혁신을 위한 필요조건) 사실을 확인했다.[10]

우리가 살아가는 생태계는 또한 도덕성과 남을 도우려는 마음에도 중대한 영향을 미친다. 내가 아끼는 제자인 케이티 카먼Katie Carman은 한 기업의 직원들 75명을 대상으로 자선단체인 유나이티드웨이United Way에 얼마나 후원하는지 조사했다. 그리고 그 직원들이 부서 이동을 한 뒤에, 즉 환경이 바뀔 때 어떤 변화가 나타나는지 추적했다. 카먼은 기부를 하는 직원이 일반적으로 기부를 하지 않는 직원들 사이로 자리를 옮길 때 근처 동료들의 기부 액수가 평균 0.53달러 증가한다는 사실을 확인했다.[11] 관대함의 의지 역시 개인적인 선택만은 아닌 것이다. 우리는 주변 사람들이 기부하고, 용서하고, 투자하는 방식에 지속적으로 영향을 받고, 또 동시에 영향을 준다.

학습 과정 또한 환경으로부터 영향을 받는다. 스탠퍼드와 밴더빌트 대학 연구팀은 '베티스 브레인Betty's Brain'이라는 연구 프로젝트를 통해 그 가설을 입증해 보였다. 연구팀은 중학생을 대상으로 온라인 애니메이션 캐릭터인 '베티'에게 환경 과학의 원리를 설명해주도록 했다. 그리고 어떤 장면이 연출되는지 지켜보았다.[12] 그 결과, 학생들은 많은 시간을 들여 주제에 대해 반복해서 설명했고, 그 과정에서 스스로 더 많이 이해하고 숙지하게 되었다. 우리는 혼자 공부할 때보다 다른 사람을 가르칠 때 더욱 효과적으로 학습한다. 이러한 현상을 일컬어 '프로테제 효과protégé effect'라고 한다.[13] 이 연구는 다른 사람의 이해를 도와주려는 노력을 통해 자신의 이해력을 높일 수 있다는 사실을 보여준 최고의 사례다.

우리는 관계를 통해 혼자일 때의 한계를 훌쩍 넘어설 수 있다. 외국어를 쉽게 습득하는 것은 하나의 재능이다. 그러나 다른 사람에게 언어를 쉽게 가르치는 것은 더 놀라운 재능이다. 생존 방법을 배우는 것도 하나의 재능이다. 그러나 태풍 이재민이 힘든 시간을 버틸 수 있도록 도움을 주는 것은 더 대단한 재능이다. 마찬가지로 업무에 성실히 임하는 것도 하나의 재능이다. 그러나 팀원들이 불확실한 상황을 헤쳐나가도록 열정을 불어넣는 것은 더욱 비범한 재능이다. 자기 자신만을 위해서 노력한다면 우리가 이룩할 수 있는 것에는 한계가 있다. 그러므로 지금부터는 다른 관점에서 성공을 추구해야 한다.

학교는 잠재력을 실현하기 위해서는 치열한 경쟁에서 이겨야 한다고 가르친다. 그리고 학교를 졸업하고 나면 직장에서 그 가르침을 몸소 체험하게 된다. 그러나 자신의 성공이 다른 사람의 성공과 밀접하게 연결되어 있다는 사실을 이해한다면, 성공을 향한 또 다른 여정을 발견할 수 있다. 빅 포텐셜은 혼자 빨리 달린다고 얻을 수 있는 게 아니다. 다른 사람들과 함께 발전을 모색하는 가운데 이뤄지는 것이다.

﹕ 적자생존인가, 집단선택인가

윌리엄 뮤어William Muir는 젊은 연구원 시절부터 곤충, 물고기, 농장 가축을 평생의 연구 주제로 삼았다. 다윈이 그 유명한 자연선택설을 발표한 이후로, 적자생존은 생물학과 유전학을 이해하는 핵심 개념이 되었다. 반면 뮤어는 진화적 성공 과정에서 정말로 중요한 것은 개별적인 자연선택이 아니라 '집단선택group selection'이라 믿었다. 그러나 동료 과학자들은 뮤어의 이론을 비웃었다. 그는 학자로 성공하고 싶다면 집단선택설을 포기하라는 말까지 들었다.

이는 관념적인 논의처럼 들리지만, 두 이론 사이의 차이는 잠재력에 대한 기존 인식의 핵심을 말해준다. 그리고 동시에 과학적 진보가 왜 그렇게 더디게 진행되는지를 말해준다.

뮤어는 과학 공동체로부터 집단선택설을 인정받고자 획기적인 연구를 통해 보편적인 의미와 가치를 입증해 보였다(그의 연구 성과는 나중에 매거릿 헤퍼넌Margaret Heffernan의 TED 강연으로 널리 알려졌다).[14]

지금부터 자신이 양계장 주인이라고 상상해보자. 당신은 이제 생산성 높은 닭을 길러내고자 한다. 어떻게 해야 할까? 유전과 진화에 관한 이론으로부터 해답을 구할 수 있다. 산란을 많이 하는 암탉과 번식력이 왕성한 수탉을 함께 기르는 것이다. 그러면 생산성이 더욱 높아진 새로운 세대가 나타날 것이다. 이 작업을 반복하면 세상에서 가장 높은 생산성을 자랑하는 양계장이 완성될 것이다.

실제로 뮤어도 이 방법을 택했다. 그는 이러한 방식으로 일곱 세대를 이어갔다. 그리고 동시에 일반적인 집단, 다시 말해 생산성 높은 닭과 낮은 닭이 골고루 혼합된 집단을 가지고 마찬가지로 일곱 세대를 길렀다. 자연선택설에 따른다면, 첫 번째 집단의 마지막 세대는 모두 생산성이 월등한 닭들로 구성될 것이라고 기대할 수 있다. 그러나 결과는 그렇지 않았다. 사실 뮤어는 더 이상 실험을 계속해나갈 수 없었다. 생산성 높은 닭의 집단에서는 세 마리만 제외하고 모두 죽었기 때문이다(세 마리 역시 온전치 않았다. 깃털이 듬성듬성 뽑힌 상태였다).[15] 반면 두 번째 집단의 닭들은 온전히 살아남은 것은 물론 외관도 양호했다. 실제로 그 닭들은 'MVP' 동료들보다 160 퍼센트나 더 많은 달걀을 낳았다. 이 실험 결과는 중요한 의미를 지닌다. 뮤어는 이렇게 설명했다.

"닭들이 서열을 정하는 과정에서 많은 에너지가 소모된다. 반면 서열에 신경 쓰지 않고 자랄 때 에너지는 생산성으로 넘어간다."

다시 말해 집단 구성원이(인간이든 닭이든) 최고를 향한 경쟁에 몰두하면, 그들은 죽을 때까지 서로를 공격한다. 반면 서로 협력하면, 모두가 승리를 얻을 수 있다.

뮤어의 연구는 학교나 기업이 성과에 대해 접근하는 방식과 관련하여 큰 의미가 있다. 뮤어는 이렇게 결론을 내렸다.

"돼지나 닭이 동료의 어깨나 머리를 밟고 꼭대기에 오르도록 내버려둔다면, 사육 프로그램은 성공하지 못할 것이다."[16]

나는 비즈니스 세상에서 동료의 머리를 밟고 올라선 수많은 돼지, 그리고 끊임없이 동료를 쪼아댄 수많은 닭을 만났다. 이러한 현실을 그대로 방치한다면, 결국 생존에 성공하더라도 번영에는 실패한 깃털 빠진 몇 마리 닭들밖에 남지 않을 것이다.

우리의 삶에 깊이 뿌리내린 잘못된 공식을 그대로 활용하려고 할 때마다 역효과가 나타날 것이다. 빅 포텐셜을 향한 여정을 가로막는 첫 번째 장애물은 우리의 에고다. 예전에 월스트리트에서 일하는 한 증권거래인과 이야기를 나누었던 기억이 난다. 그 무렵 그는 경쟁에 한껏 도취해 있었다. 만난 지 채 1분이 지나지 않아, 그는 내게 자신의 아들이 뛰어난 축구 선수이자 라크로스 선수라고 자랑을 늘어놓았다. 내가 빅 포텐셜의 개념에 대해 설명했을 때 그는 이렇게 말했다.

"제가 왜 다른 사람의 경쟁력을 높이기 위해 시간을 낭비해야 하죠? 제가 방 안에서 가장 똑똑하고 힘센 사람이 되는 게 더 낫지 않나요?"

언뜻 보기에 그의 주장은 일리가 있어 보인다. 사실 나는 어딜 가나 비슷한 이야기를 듣는다. 그러나 이러한 사고방식의 문제점은 큰 그림을 바라보지 못한다는 것이다. 강하고 똑똑한 개인이 혼자서 성취하는 것은 주변 사람과 관계를 통해 서로 성과를 개선하도록 도움을 주면서 성취하는 것에 비한다면 보잘것없다.

주변 사람이 창조적이고 똑똑할 때 우리는 예전의 자신보다 더 똑똑하고 창조적이 된다. 또한 잠재력은 고정된 것이 아니라 주변 사람과의 관계에서 배가되는 탄력적인 자원이라는 점에서 다른 사람의 역량 개발에 더 많이 투자할수록 스스로도 더 많은 이득을 누리게 된다. **우리 모두는 슈퍼스타가 될 수 있다. 그러나 혼자 힘으로는 불가능하다.**

이러한 관점에서 적자생존은 잘못된 접근방식이다. 그리고 스몰 포텐셜에 에너지를 집중하는 것은 비효율적이고 근시안적인 방식이다. 앞서 소개한 하버드의 잠재력 연구, 그리고 구글의 아리스토텔레스 프로젝트를 떠올려보자. 두 연구 모두 방정식에서 '누구'에 해당하는 변수는 장기적인 성공 가능성에서 큰 의미가 없다는 이야기를 들려주었다. 뮤어의 연구 결과 또한 이러한 결론과 맥락을 같이한다. 그는 이렇게 설명했다.

"누적된다는 면에서 사회적 영향은 개인의 특성보다 훨씬 더 중요하다."[17]

사회적인 영향력을 활용하기 위해서는 죽을 때까지 치열하게 경쟁하는 뛰어난 개인을 양성하는 교육 과정에 집중할 것이 아니라, 모두가 하나의 공동체로서 더 높은 성과를 올릴 수 있는 환경을 조성해야 한다.

이 말은 특히 비즈니스 세상에서 더 중요하다. 비즈니스 방식과 기업 조직이 점차 복잡해지면서 개인의 성과는 조직 전체의 성과에 비해 가치와 중요성이 크게 줄었다. 법무팀에서 소프트웨어 개발팀, 그리고 영업팀에 이르기까지 직원 개인에 대한 평가의 필요성은 점점 줄어들고 있다. 또한 최근 많은 경영자가 개인의 성과보다 조직의 잠재력을 최대한 이끌어내는 역량으로 더 높게 평가받는다. 스포츠 세계에서는 여전히 많은 이가 최고의 득점을 올린 선수가 1순위 지명을 받고 가장 높은 연봉을 얻는다고 믿는다. 그러나 스카우터들은 무엇보다 이기는 팀에 주목한다. 비즈니스 세계와 마찬가지로 스포츠 세상에서도 **승리하는 팀의 괜찮은 선수가 되는 것이, 지는 팀에서 스타플레이어가 되는 것보다 낫다.**

그리고 이 말은 앞으로 수십 년 동안 유효할 것이다. 버지니아대학교 연구팀은 직장인이 협력 활동으로 보내는 시간이 지난 20년 사이에 50퍼센트 이상 늘었다는 사실을 확인했다. 또한 앞서 소개한 구글의 연구 결과는 오늘날 직장인이 업무 시간의 75퍼센트 이상을 다른 사람과의 의사소통으로 보낸다는 사실을 말해준다.[18] 이러한 점에서 오늘날 우리의 잠재력은 역사상 그 어느 때보다 다른 사람의 잠재력과 더욱 밀접하게 얽혀 있다고 말할 수 있다.

빅 포텐셜은 급변하는 세상 속에서 회복탄력성을 유지하도록 도움을 준다. 일과 삶에서 실패는 불가피한 일이다. 실패로 좌절할 때 다시 회복하기까지 꽤 오랜 시간이 걸린다. 그러나 자신의 성공이 다른 사람의 성공과 밀접하게 연결되어 있다면, 에너지를 다시 회복할 때까지 버틸 수 있는 든든한 지원 시스템을 누릴 수 있다.

우리가 혼자서 부지런히 일하는 개미라면, 부상을 당했을 때 심각한 위기를 맞게 된다. 반면 열심히 일하는 수많은 개미 중 하나라면, 회복을 위해 잠시 휴식을 취할 때에도 집단 서식지는 그대로 번성할 것이다. 복합네트워크연구소Complex Network Research 소장 앨버트 라슬로 바라바시Albert-LászlóBarabási는 자신의 책《링크Linked》에서 상호 관계를 통해 시스템 내에서 발생하는 다양한 문제를 예방하고, 또한 쉽게 복원할 수 있다고 주장했다. 주변 사람의 역량을 높일 때 우리는 보다 든든한 보호와 지원을 확보하게 된다.

여기서 잠시 한 가지 짚고 넘어가도록 하자. 이 책은 비즈니스 세계의 경쟁에 반대하지 않는다. 나는 경쟁이 나쁘다고 생각하지 않는다. 경쟁은 적절하게 이뤄질 때 잠재력을 크게 높여줄 뿐 아니라, 즐거움과 활력도 가져다준다. 달라이 라마는 이렇게 말했다.

"경쟁이 바람직한 방식으로 이뤄질 때, 즉 그 목적이 다른 사람에게 길을 열어주고, 그들이 더 쉽게 나아가도록 도움을 주고, 힘이 되어주고, 그리고 가능성을 보여줄 때, 1등이 되고자 하는 것은 긍정적인 욕망이 된다. 반면 다른 이를 물리치고 그들을 짓밟음으로써 자신을 높이고자 할 때 경쟁은 부정적인 욕망으로 변질된다."

빅 포텐셜에 이르는 길은 다른 사람의 성공 가능성을 높여줌으로써 자신의 경쟁력을 강화하는 여정이다.

요즘 '경쟁 없이 혁신도 없다'는 말을 종종 듣게 된다. 그러나 과학과 기술 분야에서 나온 최고의 혁신들 대부분 학문적 경계와 국경, 혹은 언어 장벽을 뛰어넘어 연구 성과를 함께 공유하는 과정에서 비롯되었다. 어떤 위대한 혁신도 홀로 일어나지 않는다.

사실 나는 아이디어 유출을 방지하기 위해 비밀유지 조항에 서명하라는 기분 나쁜 요구를 수차례 받은 적이 있다. 그러나 나는 이것이 비생산적인 접근방식이라는 사실을 이해한다. 카드를 가슴팍에 바짝 붙이고 있는 사람이 돈을 따는 경우는 거의 없다. 자신의 발견을 또 다른 전문성과 관점을 지닌 사람과 공유할 때, 다른 분야의 전문가로부터 자신의 아이디어에 대한 반응을 구할 때, 혹은 잠재적인 사용자를 대상으로 새로운 아이디어를 시험할 때, 잠재력은 갑작스럽게 모습을 드러낸다.

현대적인 조직개발의 창시자라 할 수 있는 W. 에드워즈 데밍W. Edwards Deming은 피터 센게Peter M. Senge가 쓴 경영학 고전《학습하는 조직The Fifth Discipline》에 대해 이렇게 언급했다.

"우리는 모두 열정과 자존감, 품위, 호기심, 그리고 배움의 즐거움을 갖고 태어난다. 그러나 어린 시절부터(최고의 할로윈 의상, 학교 성적, 트로피) 대학을 거쳐 직장에 이르기까지 개인과 팀, 혹은 조직 전체로 평가를 받고 최고에게는 보상이, 최하에게는 처벌이 주어지며, 그 과정에서 태생적 자질이 모두 파괴되고 만다."[19]

우리가 미래의 일꾼이자 지도자, 그리고 혁신가인 자녀에게 1등을 향해 달리라고 계속해서 가르친다면, 이들 개인의 잠재력은 물론 기업과 경제 전반의 잠재력도 위축될 것이다.

: 우리는 얼마든지 바뀔 수 있다

첫 번째 책 《행복의 특권》에서 나는 많은 사람이 성공 뒤에 행복이 따른다고 생각한다는 점을 지적했다. 그러나 연구 결과는 그 반대가 진실이라는 이야기를 들려준다. 즉, 행복을 추구할 때 성공이 따른다. 나는 또 다른 착각도 지적했다. 사람들은 행복을 나중의 일로 미뤄두는 경향이 있다. 그래서 이렇게 생각한다.

'먼저 일을 다 처리하겠어. 최고의 직장에 들어갈 거야. 혹은 이번에는 꼭 승진을 해야지. 행복은 그다음에 생각해도 늦지 않아.'

그러나 20년간의 연구는 그게 잘못된 생각이며, 성공 가능성과 행복 수준을 크게 떨어뜨리는 접근방식이라는 점을 보여주었다. 나는 이 책에서도 비슷한 착각에 대해 지적한다. 빅 포텐셜에 대해 이야기하면 사람들 대부분 이렇게 생각한다.

'일단 내가 먼저 성공해서 슈퍼스타가 된 뒤에 다른 사람들이

성공하도록 도움을 주겠어.'

그러나 나의 연구 결과는 이러한 생각 역시 착각에 불과하다고 말한다. 빅 포텐셜은 절대 직선으로 나아가지 않는다. 빅 포텐셜은 긍정적 순환 고리의 형태로 움직인다. 다시 말해 우리가 살아가는 생태계는 성공과 성공이 맞물리는 형태로, 혹은 내가 말하는 '선순환'을 통해 빅 포텐셜에 이른다.

나쁜 사건이 잇달아 일어날 때 우리는 흔히 '악순환'이라고 말한다. 가령 자신이 맡은 업무를 좋아하지 않으면 열정도 떨어진다. 열정이 떨어지면 성과도 떨어진다. 그러면 업무를 더 싫어하게 된다. 혹은 홈런 타자가 한 경기에서 삼진 아웃을 세 번 당하면 자신감이 떨어진다. 자신감이 떨어지면 더 많은 삼진을 당하게 된다. 그러면 자신감은 더 추락한다. 악순환은 이런 식으로 진행된다. 그러나 우리 사회는 악순환의 대척에 있는 선순환에는 그리 많은 관심을 보이지 않는다. **선순환은 잠재력의 상승 곡선이다. 더 많이 성공할수록 더 많은 자원을 확보하게 된다. 그리고 더 많은 자원은 다시 성공 가능성을 더 높인다.**

부정적인 사건이 꼬리를 물고 일어나면서 악순환이 시작되듯, 선순환은 긍정적인 사건이 잇달아 일어나면서 시작된다. 그리고 이후의 성공을 더 쉽게 만들어준다. 예를 들어 세일즈 팀장은 목표 달성에 대한 보상을 팀원들과 함께 나눔으로써 사기를 북돋울 수 있다. 그렇게 높아진 사기는 더 높은 실적으로 이어지고, 이를 통해 더 많은 보상을 얻는다. 또는 눈코 뜰 새 없이 바쁜 관리자가 직원을 믿고 중요한 과제를 맡긴다. 상사의 신뢰를 얻었다는 기쁨에 그 직원은 과제를 완벽하게 마무리한다. 이는 관리자의 신뢰를 더 높인다. 혹은 수줍음 많은 학생이 잘 모르는 동료에게 다가가 먼저 말을 걸고 친구가 된다. 이로써 수줍음을 극복할 수 있다는 자신감이 생긴다. 그리고 자신감 덕분에 더 많은 친구에게 다가가게 된다.

전 미국 국무장관 콜린 파월Colin Powell은 이런 말을 했다.

"지속적인 낙관주의는 역량을 배가한다."

주변 사람이나 환경은 우리 자신의 역량을 높여준다. 덕분에 혼자일 때보다 훨씬 수월하게 과제를 처리할 수 있다.

나는 이 책 전반에 걸쳐 잠재력을 끌어올리는 검증된 다섯 가지 전략을 소개한다. 내 자신의 연구는 물론, NASA, 미 재무부, NFL 등 전 세계적으로 다양한 조직에서 이뤄지고 있는 연구를 기반으로, 나는 비옥한 토지에 씨앗을 심는 방법, 다시 말해 다른 사람에게 투자함으로써 자신의 성과를 올리는 전략을 설명하고자 한다. 분야나 나이, 혹은 직급에 상관없이, 여러분은 자신의 삶에 씨앗SEEDS을 심음으로써 잠재력의 선순환을 시작하는 확실한 길을 발견하게 될 것이다.

첫 번째 전략인 '둘러싸기SURROUND'에서는 스타 시스템을 주변에 구축함으로써 스스로 슈퍼스타가 될 수 있는 방법을 설명한다. 우리가 다른 사람이 빛나도록 도울 때 스타 시스템이 구축된다. 그리고 이 스타 시스템은 우리 자신이 더욱 환하게 빛나도록 만들어준다.

두 번째 전략에서는 조직 내 모든 구성원이 성장할 수 있도록 도움을 줌으로써 생태계 내에서 긍정적인 변화를 주도하는 자신의 힘을 '확장EXPAND하는 방법'에 대해 설명한다. 다른 사람이 역량을 개발하도록 도와주는 동안 우리 자신의 역량은 배가된다.

세 번째 전략은 다른 사람의 잠재력을 '향상ENHANCE시킴'으로써 자신의 성과를 높이는 방법을 소개한다. 또한 내가 말하는 '칭찬 프리즘'이 되는 방법에 대해, 즉 칭찬의 빛을 외부로 굴절시킴으로써 다른 이는 물론 자신의 위상도 함께 높이는 방법에 대해 설명한다.

네 번째 '방어DEFEND 전략'에서는 시스템 전반의 회복탄력성을 높임으로써 부정적인 힘으로부터 잠재력 생태계를 지키는 방법에 대해 설명한다. 힘든 상황을 함께 극복하는 과정에서 조직은 더 강해진다. 그리고 이를 통해 더 힘든 과제에 도전할 수 있다.

마지막 전략에서는 이미 이룩한 빅 포텐셜을 '유지SUSTAIN함'으로써 성공 가능성을 제한하는 '유리 천장을 들어올리는 방법'에 대해 설명한다. 개인의 성공에는 한계가 있다. 그러나 상호 연결된 성공은 서로를 지지하고 강화한다.

이러한 다섯 가지 SEEDS 전략은 하나로 뭉쳐 선순환을 창조하고 잠재력의 한계를 끊임없이 넓혀나간다.

최근 나는 수많은 경영자와 함께 일하고, 총기 사고가 터진 학교의 교사 및 부모와 이야기를 나누고, 다발성 경화증 진단을 받은 환자를 만나는 과정에서 긍정의 힘을 배우고 있다. 이들 모두 빅 포텐셜을 향한 길을 찾고 있다. 그러나 동시에 나는 빅 포텐셜과 반대되는 이야기도 끊임없이 듣고 있다. "사람은 변하지 않는다", "성격은 유전자와 환경에 의해 결정된다", "타고난 천성은 못 고친다" 등이다.

많은 교사와 경영자, 임상전문가, 부모, 스포츠팀 감독이 그렇게 말한다. 우리 사회는 그러한 생각을 점차 당연한 말로 받아들이고 있다. 그러나 그런 생각을 뒷받침하는 과학적 근거는 없다. 반대로 중요한 성과에 기여한 여러 가지 방법을 다양한 환경에 적용하는 지난 80년간의 연구 성과는 인간은 얼마든지 바뀔 수 있는 존재라는 사실을 보여주었다. 실제로 우리 모두는 '끊임없이' 주변 사람에게 영향을 미치고 있다.

사람들은 인간은 변하지 않는다는 주장에 적극적으로 동의하다가도, 직장이나 일상 속에서 부정적인 주변 사람의 악영향에 대해 불만을 토로한다. 이런 모습들을 보면 나는 의아한 생각이 든다. 화난 고객이나 무례한 이웃, 혹은 상사의 질책 때문에 하루가 완전히 망가졌다면, 그 반대도 가능하지 않을까? 긍정적인 사람과의 만남이 하루를 더 기분 좋게 만들고 올바른 선택에 도움을 줄 것이라고 생각하지 않을 이유가 무엇이란 말인가?

우리는 모두 다른 사람에게 도움을 줄 힘을 갖고 있다. 그리고 그 힘에 집중할 때 해내지 못할 일은 없다. 내가 이렇게 자신 있게 말하는 것은 수십 년간의 연구는 물론, 내 아버지의 삶을 통해 직접 확인했기 때문이다.

: 삶이 빛나는 순간

2018년 초, 신경과학과 교수로 38년을 계셨던 아버지가 은퇴를 하셨다. 아버지는 초기 연구를 통해 신경과학이라는 새로운 분야의 개척에 큰 기여를 하셨다. 그럼에도 논문 발표에는 많은 시간을 쏟지 않으셨다. 대신에 다른 교수들보다 다섯 배나 더 많은 학생을 가르치셨다. 또한 언제나 자상한 아버지로 우리 남매 곁에 계셨다.

사실 예전에 나는 아버지의 삶을 성공이라고 생각하지 않았다. 연구에 집중했던 동료 교수들에 비해 아버지의 논문 수는 훨씬 적었다. 아버지는 그의 아버지, 즉 내 할아버지의 발자취를 따르고자 하셨다. 할아버지는 세 차례 총상을 입고도 전쟁의 화염 속에서 기관절개술을 한 것으로 해군 십자훈장까지 받으셨다. 나로서는 감히 상상하기 힘든 용기였다.

아버지는 UCLA에 입학한 첫 해에 방황을 했고, 그 때문에 의대 진학에 충분한 성적을 받지 못했다. 그 이후로 3년 연속 전부 A를 받기는 했지만. 나는 아버지가 수많은 학생의 의대 진학을 도와주고, 진학에 실패한 학생을 격려하고 더 나은 길을 찾도록 조언하는 모습을 지켜보면서, 중요한 진실을 깨달았다. 아버지는 학생들이 잠재력을 실현하도록 도와줌으로써 자신의 빅 포텐셜을 추구했던 것이다.

잠재력을 실현하지 못했다고 생각되는 사람과 함께 성장했거나 혹은 살고 있다면, 여러분은 아마도 그가 현실을 직시하도록 도와주고 싶은 안타까운 마음을 이해할 것이다. 그러나 여기서 우리는 한 가지 기준이나 평가에 집착한 채 그가 세상에 어떤 기여를 했는지 종종 간과하곤 한다.

아버지의 은퇴 기념식 날, 나는 아버지 덕분에 인생이 바뀐 사람들로 가득한 강당에서 아버지의 삶에 대해 이야기를 하기 위해 연단에 올랐다. 그런데 1분 쯤 지났을까, 아들 레오가 내게 달려오더니 팔을 들고서 특유의 애처로운 목소리로 이렇게 외쳤다.

"아빠, 안아줘! 아빠, 안아줘!"

결국 나는 아들을 달래는 자상한 아버지로, 그리고 아버지의 은퇴를 축하하는 자랑스러운 아들의 역할을 동시에 해야만 했다. 그런데 그 순간 갑자기 '빅 포텐셜'이라는 개념이 완전히 새로운 방식으로 느껴지기 시작했다.

그전까지 나는 레오에게 이미 최고의 기대를 하고 있다고 믿었다. 우선 내 아이가 행복하길 바랐다. 그리고 똑똑하길 바랐다. 그것도 그냥 똑똑한 것이 아니라 러시아 문학 작품인《전쟁과 평화》를 영국식 억양으로(더 영특해 보이도록) 크게 소리 내어 읽기를 원했다. 나는 사람들이 선글라스를 써야 할 정도로 우리 아이가 너무도 밝게 빛나길 기대했다.

그러나 아들을 품에 안고 아버지 이야기를 하는 동안, 나는 레오에 대한 기대가 너무 낮다는 사실을 깨달았다.

이제 나는 레오가 내 아버지와 같은 사람으로 성장하길 기대한다. 행복한 삶을 사는 것은 물론이고, 아버지처럼 주변 사람을 행복하게 만들어주는 인물이 되길 원한다. 창조적인 재능을 가지는 것은 물론, 주변 사람에게 영감을 주는 인물이 되길 바란다. 또한 개인적으로 성공하면서도 주변 사람이 성공하도록 도와주기를 소망한다. 스스로 빛나는 것은 물론, 다른 사람도 밝게 빛나도록 도와주는 사람으로 성장하길 기대한다.

이 책의 전반에는 다른 사람이 없으면 내 인생도 아무런 의미 없다는 믿음이 깔려 있다. 한번 생각해보자. 진정한 리더십의 핵심은 다른 사람이 스스로 이끌어나가도록 영감을 불어넣는 것이다. 좋은 부모가 되거나 좋은 관계를 맺기 위한 핵심은 우리가 아끼는 사람에게서 최고의 가치를 끌어내는 것이다. 진정한 행복의 핵심은 다른 사람이 행복하도록 도움을 주는 과정에서 기쁨을 느끼는 것이다. 그리고 자신의 잠재력을 실현하기 위한 핵심은 다른 사람이 잠재력을 실현하도록 도움을 주는 것이다.

이를 위해 우리는 먼저 중요한 질문을 던져야 한다. 서로 긴밀하게 연결된 세상에서 어떻게 자신의 영향력을 확장할 수 있을까? 내 삶과 에너지를 통해 어떻게 다른 사람에게 영향을 미칠 수 있을까? 다른 사람에게 도움을 주는 과정에서 어떻게 내 잠재력을 높일 수 있을까?

이런 질문에 대한 충분한 고민이 없을 때 잠재력은 한계에 부딪히고 성공의 흐름은 머지않아 멈출 것이다. 이 책은 다른 사람의 잠재력과 행복을 억누르는 유리 천장을 들어올리는 과정에서 자신의 잠재력과 행복을 극대화할 수 있다는 사실을 입증하는 새로운 과학에 관한 이야기다. 우리는 이런 접근방식을 통해 모두를 위해 더 좋고, 더 행복하고, 더 성공적인 미래를 만들어나갈 수 있다.

지금처럼 어두컴컴하고 복잡하게 얽혀 있는 세상에서 중요한 것은 혼자만 밝게 빛나려는 노력이 아니다. 우리는 함께, 그리고 더 밝게 빛나야 한다.

POR
—TIA
SEE

2부.

빅 포텐셜 원칙

: 다른 사람의 힘을 활용하는 법

3장　긍정적인 사람들로 주변을 둘러싼다

함께 스타가 되는 관계

: 오프라 윈프리와 함께 춤을

2014년 2월에 임신 8개월로 접어든 아내 미셸은 내가 출장이 너무 잦다며 아기가 태어날 때까지는 새로운 일을 맡지 말라고 부탁했다. 그러고는 이렇게 덧붙였다. "물론 오프라 전화는 빼고."

정확히 3일 후, 오프라 팀에서 연락이 왔다. 그로부터 한 달 뒤, 나는 캘리포니아주 몬테시토에 있는 오프라의 저택 뒷마당에서 오프라가 나오기를 초조하게 기다리고 있었다.

내가 출연하게 될 방송은 오프라가 진행하는 〈슈퍼 소울 선데이Super Soul Sunday〉라는 프로그램이었다. 그날 나는 오프라와 한 시간 동안 인터뷰를 나눌 예정이었다. 〈슈퍼 소울 선데이〉는 브레네 브라운Brené Brown이나 롭 벨Rob Bell과 같은 유명 저자나 사상가와

한 시간 동안 대담을 나누는 프로그램으로 당시 최고의 인기를 누리고 있었다.

내가 오프라의 집에 도착했을 때 촬영팀은 이미 삼나무로 둘러싸인 산책로 바닥에 앉아 있었다. 그날의 초대 손님인 내가 오프라를 처음으로 만날 때 카메라는 저택의 아름다운 자연 풍광을 담고 있었지만, 내가 그녀를 맞이하는 순간은 아름답지도 자연스럽지도 않았다. 그녀를 보자마자 나는 완전히 얼어붙고 말았다. 사실 지금도 그때 기억을 머릿속에서 지워버리고 싶다.

오프라는 특유의 억양으로 이렇게 인사를 건넸다.

"숀, 숀, 숀!"

그러나 나는 그 프로그램의 에티켓을 알지 못했다. 어떻게 답해야 할까? "오프라, 오프라, 오프라!" 이렇게? 결국 나는 참으로 현명하게도…… 아무 대답도 못했다. 오프라가 손을 치켜들었을 때 나도 얼떨결에 손을 들어 그녀의 손을 잡았다. 오프라가 손을 든 것이 하이파이브를 하자는 말인지, 포옹을 하자는 것인지, 아니면 함께 춤을 추자는 말인지 알지 못했다. 안타깝게도 나는 그 세 가지를 조합한 어정쩡한 행동을 하고 말았다. 팔을 들어 손을 맞잡고 천천히 어색하게 돌았다. 공포에 질린 나의 눈이 당황한 오프라의 눈과 마주쳤다. 그렇게 몇 초가 지났을까, 우리가 거의 한 바퀴를 돌 무렵 촬영팀은 자비롭게도 카메라를 꺼버렸다.

오프라의 재능 중 하나는 편안한 분위기를 만들어 초대 손님이 개인적인 이야기까지 솔직히 털어놓게 하는 힘이다. 나 또한 예외가 아니었다. 비록 첫인사는 완전한 실패였지만 말이다. 한 시간의 인터뷰를 마치고 촬영팀이 세트를 정리하는 동안, 나는 오프라에게 솔직한 감정을 전했다. 우리의 대화는 무척 마음에 들었지만, 그래도 아쉬운 부분이 남았다고 말이다. 그러고는 정말로 하고 싶은 말을 하지 못했다고 털어놓았다. 그건 내가 우울증을 겪었던 시절의 이야기였다. 시청자들은 아마도 내 인터뷰를 보고 이렇게 생각할 것이다.

'그는 정말로 행복한 사람이야. 행복을 연구하는 과학자니까. 그리고 함께 행복을 연구하는 아내를 만났잖아? 어릴 적엔 여동생과 유니콘 놀이까지 했다니.'

마찬가지로 오프라에 대해서도 이렇게 생각할 것이다.

'오프라 역시 틀림없이 행복한 사람이야. 그녀가 가진 부와 명예, 친구를 봐. 어떻게 행복하지 않을 수 있겠어?'

그런데 오프라도 내게 놀라운 이야기를 들려줬다.

"숀, 저도 2년이나 우울증을 겪었답니다. 그것도 가장 돈을 많이 벌었던 전성기 시절에 말이죠. 제가 출연했던 영화 〈비러브드 Beloved〉가 기대만큼 반응이 좋지 않았거든요. 상처가 컸어요."

나는 이렇게 말했다.

"저도 하버드 학생들을 상대로 우울증에 걸리지 않는 법에 대해 강의를 했던 2년 동안 우울증을 앓았답니다."

그러자 오프라는 갑자기 촬영팀에게 신호를 보냈고, 우리는 다시 한 시간 동안 인터뷰를 나눴다. 두 번째 시간에는 잠재력을 실현하기 위해 애쓰는 동안 의미를 상실했을 때 어떻게 대처했는지에 대해 함께 이야기했다.

우울증을 이겨내기 위한 나의 노력을 여기서 소개하는 이유는 빅 포텐셜 원칙의 첫 번째 전략과 관련이 있기 때문이다.

하버드에 입학했을 때만 해도 세상이 아름다웠다. 웨이코 지역의 공립학교를 졸업하고 아이비리그로 들어가면서 전액 장학금까지 받았다. 졸업 성적도 좋았다. 나는 성공에 집중했고 외로움을 느낄 틈도 없었다. 모든 걸 혼자서 다 해낼 수 있다고 믿었다. 또한 그래야만 한다고 생각했다. 그러나 문득 그런 생각이 우울증의 근원이며, 잠재력을 억누르는 유리 천장이라는 사실을 깨닫게 되었다.

그 후로 전환점을 맞이한 것은 '혼자서 할 수 있어'라는 믿음을 버리고 '다른 이들의 도움을 받아야겠어'라고 생각했을 때였다. 우울증을 겪는 동안 나는 빅 포텐셜을 실현하기 위해 내 주변에 든든한 시스템을 구축해야 한다는 사실을 깨달았다. 그러려면 내가 먼저 사람들에게 다가가야 한다고 느꼈다. 나는 친구들에게 먼저 전화했고 먼저 도움을 청했다. 내가 아끼는 사람과 이야기를 나눴고, 상처를 받을지라도 그들이 건네는 조언에 귀를 기울였다.

동시에 내 문제를 열린 마음으로 바라보았다. 성공을 향해 달려가는 동안 나는 창피하고 겁이 나서 다른 사람의 도움이 필요하다는 사실을 인정하지 못했다. 그러나 어느 순간 진정한 관계는 왕복 차선과 같다는 생각이 들었다. 일방적인 우정은 관계를 위태롭고 가식적으로 만든다. 결국 나는 완벽한 자아를 포기했고 가족과 가까운 친구 열두 명에게 마음의 문을 완전히 열었다. 나는 그들에게 지금 우울증을 겪고 있으며, 도움이 필요하다고 말했다. 그리고 모든 걸 혼자서 해치우겠다는 욕심을 접었다.

결과는 놀라웠다. 사람들은 내게 곧장 달려와 주었다. 그리고 고독에서 중독에 이르기까지 그들이 최근에 겪었던 어려움을 내게 털어놓았다. 내가 완벽한 자아를 고집했다면 그들은 절대 그런 이야기를 들려주지 않았을 것이다. 오랜 대화를 나누면서 나는 그 어느 때보다 그들을 깊이 이해하게 되었다. 그 덕에 최고의 사회적 지지 시스템까지 구축하게 되었다. 스물네 살부터 시작된 나의 사회적 시스템은 지금까지 그대로 이어져 내려오고 있다. 이후로 우울증은 씻은 듯 사라졌다. 그리고 그 시스템이 없었다면 결코 누리지 못했을 삶의 기쁨을 발견하고 성공을 이뤄냈다.

걸핏하면 싸우는 아이들, 연신 기침을 해대는 비행기 옆 좌석 승객, 언제나 비판적이고 변덕이 죽 끓듯 하는 상사와 오랜 시간 함께 있을 때, 한적한 해변으로 떠나 절대 고독을 맛보고 싶다는 욕망이 든다. 깊은 생각과 재충전을 위해 때로는 혼자 있는 시간이 필요하다. 그러나 삶이 우리에게 안겨주는 온갖 어려움을 고독이 몽땅 해결해주지는 못한다.

우리 인간은 외로운 늑대가 아니라 집단 속에 어울려 살아가는 사회적 존재다. 수렵과 채집 시절부터 인류는 살아남기 위해 다른 이의 도움이 필요했다. 이슬람에서 기독교와 유대교에 이르기까지 모든 종교는 '인간은 혼자 살아갈 수 없다'는 믿음을 전제로 한다. 흥미롭게도 이러한 믿음은 《성경》의 〈창세기〉 2장에서 찾아볼 수 있다. 구체적으로 말해서 아담은 자신의 삶에서 함께할 사람을 원한다. 그러나 특정한 성을 지목했다는 표현은 없다. 《성경》 전반을 비롯하여 유대교, 기독교, 이슬람 전통은 인간은 공동체를 필요로 하며, 종교의 핵심은 타인을 사랑하는 것이라고 말한다. 삶의 조건이 가장 열악한 교도소에서조차 최고의 처벌은 독방이다.

아이러니하게도 기술과 인터넷 발전으로 인류 역사상 그 어느 때보다 긴밀히 연결된 시대에, 그리고 소셜 네트워크 덕분에 전 세계 누구와도 즉각적이고 자유롭게 의사소통을 나눌 수 있는 시대에, 우리는 지금 진정한 인간관계에 목말라 있다. 그리고 주변 사람들로 이뤄진 네트워크가 자신의 성과와 행복, 성공에 어떤 영향을 미치는지 이제 겨우 조금씩 이해하기 시작했다.

트램펄린에서 5분간 뛰어본 사람이라면 '슈퍼바운스Super bounce' 혹은 '더블바운스'라는 말을 이해할 것이다. 트램펄린에서는 혼자서도 높이 뛰어오를 수 있다. 그러나 옆 사람과 동시에 점프하면 훨씬 더 높이 뛰어오를 수 있다. 빅 포텐셜이란 다른 사람과 함께 점프할 때 비로소 가능한 슈퍼바운스를 말한다.

잠재력의 높이는 자신을 둘러싼 사람들에 의해 결정된다. 잠재력의 슈퍼바운스를 만들어내기 위한 열쇠는 자신을 더 높여줄 사람들로 주위를 '둘러싸는SURROUND' 것이다. 조만간 다시 살펴보겠지만, 활력이 넘치는 사람들에 둘러싸여 있을 때 우리는 더 높은 곳으로 올라갈 에너지를 얻는다.

오프라와 인터뷰를 나눈 이후로 나는 수많은 할리우드 스타, 스포츠 스타, 최고경영자를 만날 수 있었다. 그리고 많은 이가 엄청난 부와 명예에도 외로움과 공허함 때문에 힘들어하고 있다는 사실을 알게 되었다. 나는 이제 혼자서 밝게 빛나려면 세 가지 중요한 대가를 치러야 한다는 사실을 깨달았다. 그 세 가지란 고독, 의미 상실, 탈진을 말한다. 개인의 잠재력에만 집중해서는 스타의 자리에 오래 머물지 못한다. 자신의 주변에 탄탄한 네트워크 시스템이 없을 때 홀로 선 슈퍼스타는 마치 별이 스스로 붕괴하는 것처럼 화려하게 타올랐다가 순식간에 사라지고 말 것이다.

: 한 명의 '슈퍼스타'가 아니라 수많은 '스타'가 필요하다

사람들은 슈퍼스타를 꿈꾼다. 부모는 자녀가 슈퍼스타로 성공하길 바란다. 그래서 비싼 등록금에도 아랑곳하지 않고 사립학교로 자녀를 보낸다. 그러고는 경쟁적인 환경이 자녀를 어떤 대학에도 입학할 수 있는 슈퍼스타 학생으로 키워주길 고대한다. 그러나 이러한 생각은 치열한 경쟁 환경이 승자는 물론 패자도 양산한다는 점을 간과하고 있다. 게다가 빅 포텐셜의 핵심까지 놓치고 있다. 유명 농구 감독 존 우든John Wooden은 이런 말을 남겼다.

"스타를 이루는 것은 나머지 팀원이다."

스포츠팀의 승리에 대해 한번 생각해보자. 농구에서, 혹은 모든 스포츠 종목에서 가장 성공한 감독을 꼽으라면 코네티컷대학교 여자농구팀 감독 지노 아리마Geno Auriemma를 빼놓을 수 없을 것이다. 아리마가 이끄는 농구팀은 2년 동안 단 한 게임도 패하지 않았다. 또한 5년 동안 네 번이나 전미 챔피언십 우승컵을 차지했다. 대체 그 비결이 뭘까?

아리마 감독은 선수의 개별 기록이 아니라 팀에 대한 기여도로 평가하는 새로운 팀 문화를 정착시켰다. 팀 플레이에 기여한 선수는 주전으로 뛰지만, 동료를 이용해 슈퍼스타가 되려고 욕심을 부린 선수는 벤치 신세를 진다. 아리마 감독은 이렇게 말했다.

"몇 명의 스타만 뛰는 경기를 지켜보느니 차라리 지는 쪽을 택할 겁니다. 그들은 언제나 자신만 생각합니다. 오로지 나, 나, 나뿐이죠. 슛 한 번 못 쏘아본 선수가 어떻게 행복하겠습니까? 공도 제대로 잡아보지 못한 선수가 어떻게 행복할까요? 그래서 경기 영상을 볼 때면 벤치 상황도 함께 확인합니다. 졸거나, 딴청을 피우거나, 경기에 집중하지 않는 선수는 출전시키지 않습니다. 절대로."

지노 감독은 아마도 어떤 스포츠팀을 맡더라도 연승을 기록할 것이다. 그 이유는 슈퍼스타 선수에 집중하지 않고 모두가 스타가 되는 팀을 꾸리는 것이 목표이기 때문이다.

마찬가지로 앨라배마대학교 미식축구팀 감독 닉 세이번Nick Saban 역시 오랫동안 챔피언십 우승을 차지하면서 널리 이름을 알렸다. 그는 시상식에서 공을 MVP 선수에게 넘기는 전통을 따르지 않는다. 특정한 선수를 돋보이게 하는 것이 자신의 스포츠 철학과 맞지 않는다고 생각하기 때문이다. 그에게 성공이란 슈퍼스타의 놀라운 기록이 아니라 팀 전체의 승리다. 다른 많은 감독이나 경영자, 교사와는 달리 지노와 닉은 '나, 나, 나' 접근방식이 다른 구성원에게, 그리고 팀 전체에 해가 된다는 사실을 잘 이해한다.

이를테면 사람들은 농구에서 슛 성공률이 경기를 결정 짓는다고 생각한다. 그러나 브리검영대학교 연구팀은 광범위한 분석을 통해 슛보다 어시스트 성공률이 승리에 더 결정적인 기여를 한다는 사실을 확인했다.[1] 가로채기를 많이 당한다는 것은 선수들이 득점에 욕심을 부린다는 뜻이다. 반면 어시스트가 많다는 것은 선수들이 개인의 득점이 아니라 팀 승리에 집중한다는 의미다.

비즈니스 세계에서도 개인의 성공에만 집중하는 사람은 멀리 나가지 못한다. 공동설립자를 쫓아내고, 직원을 함부로 부리고, 투자자를 속이면서까지 경쟁에만 몰두하다가 결국 회사를 무너뜨린

기업가 사례도 많다. 열네 살에 스타가 되어 돈방석에 앉았다가, 열여섯에 재활 치료를 받게 된 아역 스타의 경우도 있다. 혹은 데뷔 첫해에 우승 트로피를 안겨주었지만, 2년 차에 동료와의 불화로 벤치 신세를 지고 있는 유망주를 떠올려보자. 우리는 개인적인 재능에만 집착한 채 주변 사람에게서 얻을 수 있는 도움의 가치를 과소평가하는 경향이 있다.

한 흥미로운 연구에서 하버드 연구팀은 최고의 성과를 올리고 있는 투자 애널리스트 1,052명을 대상으로 경력을 추적했다. 그들 모두 치열한 경쟁 속에서 좋은 성적을 기록하고 있었다. 그들은 스스로 슈퍼스타라고 자부했다. 이후 연구팀은 이 애널리스트들이 새로운 은행이나 다른 팀으로, 혹은 좋은 연봉 제안을 받고 다른 조직으로 떠난 뒤에 벌어진 상황을 추적했다. 성공이 용기와 성실함, 지능 등 개인적인 특성에 따른 것이라면, 이 스타 애널리스트들은 새로운 환경에서도 마찬가지로 좋은 성과를 이어나가야 했다.

그러나 결과는 그렇지 않았다. 놀랍게도 이들 중 46퍼센트가 실패를 겪었다. 이들은 새로운 자리에서 예전과 같은 실적을 보여주지 못했다. 그저 일시적인 현상이 아니었다. 하버드 연구원팀은 실패를 겪은 많은 애널리스트가 5년 뒤에도 여전히 회복하지 못했음을 확인했다. 이들은 자신을 빛나게 해준 스타 동료들의 무리를 떠나면서 이미 슈퍼스타가 아니었던 것이다.

슈퍼스타를 끌어 모은다고 해서 반드시 최고의 팀을 만들 수 있는 것은 아니다. 마크 드 론드Mark de Rond가 쓴 〈포브스〉 기사에서 좋은 사례를 찾을 수 있다.[2]

그는 프로축구팀 레알 마드리드가 호날두, 베컴, 지단 등 최고의 슈퍼스타를 끌어모으기 위해 어떻게 4억 유로를 썼는지 설명했다. 그러나 역사상 가장 값비싼 그 축구팀은 2004~2006년 동안 팀 역사상 최악의 성적을 기록했다. 반대 사례로, 2000~2006년 동안 프로야구팀 오클랜드 애슬레틱스Oakland Athletics는 MLB 구단 중 드래프트에 가장 적은 돈을 썼다. 그들은 슈퍼스타 선수 영입에 돈을 낭비하지 않았다. 그럼에도 그 기간 동안 대부분 팀보다 더 많은 승점을 기록했다. 슈퍼스타를 보유하지는 못했지만, 최고의 스타 시스템을 갖추고 있었기에 가능한 일이었다.

캘리포니아대학교 산타바바라 캠퍼스의 경제학 교수 피터 쿤Peter Kuhn은 개인의 성과에 따라 체계적인 방식으로 보상을 제공하는 기업과 학교는 실제로 구성원의 성공 가능성을 위축시킨다고 주장했다. 쿤 연구팀은 개인의 성과에 기반을 둔 보상 프로그램은 '뒤에서 험담을 하고 서로 정보를 공유하지 않는 문화'[3]를 만든다는 사실을 확인했다. 그들은 특히 남성이 목표를 향해 혼자서 노력하는 성향이 강하다는 사실도 발견했다. 그 이유는 자신이 다른 동료보다 더 우월하다고 생각하기 때문이다.

이후로 쿤은 프랑스 국립과학연구소 경제학 교수 마리 클레어

빌레발Marie Claire Villeval과 손잡고 남성 근로자를 대상으로 10퍼센트의 급여 인상을 조건으로 팀을 이루어 협력하도록 제안했을 때 많은 이가 적극적으로 동참했다는 사실을 확인했다.[4] 협력의 동기를 얻은 남성 근로자는 더 많은 정보를 공유하고 시간을 내서 동료에게 지식을 전달했으며, 이를 통해 팀 성과 개선에 기여했다. 이제 우리 사회는 개인의 성과를 기준으로 보상을 제공하는 방식에서 벗어나 조직에 적극적으로 기여하도록 보상 방식을 바꿔야 할 것이다.

이를 위해서는 먼저 우리 사회에 만연한 '나, 나, 나' 접근방식의 악순환에서 벗어나야 한다. 이제 우리는 '얼마나 많은 득점을 올렸는가?'라고 묻는 대신에 **'팀의 승리에 어떤 기여를 했는가?'**라고 물어야 한다. 직장과 학교, 가정에서도 보상 방식을 바꿔야 한다. 골드만삭스의 전 최고학습책임자 스티브 커Steve Kerr는 이렇게 언급했다.

"리더는 A(협력)를 원하면서 B(개인의 성과)를 기준으로 보상을 제공한다. 그러나 이제는 두 가지 모두를 보여주는 인재를 발굴하고 보상하는 방법을 찾아야 한다."[5]

집단적으로 성공을 추구하는 접근방식을 통해 우리는 단기적으로 높은 성과를 올릴 수 있을 뿐 아니라 장기적으로 회복탄력성을 강화할 수 있다. 구성원끼리 긴밀하게 연결되어 있을 때 일회적인 실패나 부정적인 사건이 발생해도 조직 전체가 완충 작용을 해줄 것이다. 마찬가지로 우리의 생태계 안에 스트레스나 도전과제, 힘든 업무를 함께 공유할 많은 동료가 있다면, 개별 구성원의 부담은 그만큼 가벼워질 것이다.

슈퍼스타 선수는 종종 경기 종료 2분을 남겨놓고 혼신의 힘을 다해 팀을 구해내곤 한다. 그러나 그들이 그럴 수 있는 것은 경기 전반에 걸쳐 다른 동료들이 각자의 몫을 해주었기 때문이다. 스포츠는 물론 가정과 직장 등 다양한 영역에서 성공을 향한 최고의 방법은 구성원끼리 도움을 주고받고, 책임을 공유하고, 서로 격려하는 시스템을 구축하는 것이다.

10년 동안 내가 추진한 연구의 결론은 명백하다. **우리는 모두 슈퍼스타가 될 수 있다. 단 혼자서는 불가능하다.** 여기서 중요한 것은 스타 시스템이다. 즉, **서로를 지지하고, 강화하고, 격려함으로써 긍정적인 영향력을 주고받는 구성원으로 이루어진 생태계가 필요하다.**

중요한 것은 우리 주변에 누가 있느냐다. 이는 대단히 중요한 문제다. 물론 가족이나 직장 동료를 마음대로 고를 수는 없지만, 전략적인 선택을 통해 함께 슈퍼바운스에 도전할 사람으로 우리 주변을 둘러싸는 것은 얼마든지 가능한 일이다.

이제부터는 우리가 밝게 빛날 수 있도록 만들어줄 별의 무리를 조성하기 위해 '관계 네트워크를 의식적으로 구축하는 구체적인 방법'에 대해 설명하고자 한다. 먼저 세 가지 핵심 전략을 확인하자.

전략 #1: 긍정 에너지가 넘치는 사람을 곁에 둔다

전략 #2: 다양한 관점을 지닌 많은 사람과 어울린다

전략 #3: 좋은 영향을 서로 주고받는 관계를 만든다

빌 브라이슨Bill Bryson은 탁월한 통찰력이 돋보이는 책《거의 모든 것의 역사The Short History of Nearly Everything》에서 "여러분의 모든 선조가 번식에 성공했기 때문에 지금 여러분이 이 책을 읽고 있는 것"이라고 농담을 던졌다. 당연히 옳은 말이지만, 나는 여기에 한 가지 조건을 더 추가하고 싶다. 즉, 누군가로부터 읽는 법을 배웠기 때문에 여러분은 지금 이 책을 읽고 있는 것이다. 그리고 누군가 지속적인 배움의 가치에 대한 열정을 불어넣어 주었기 때문에 이 책을 읽고 있는 것이다. 또한 누군가 성공이 무엇인지를 보여줌으로써 동기를 부여했기 때문에, 혹은 잠재력을 실현하도록 도움을 주고 이를 위한 적절한 도구를 손에 쥐어줬기 때문이기도 하다.

긴밀하게 연결된 오늘날의 세상에서 관계야말로 무엇보다 소중한 자산이다. 이러한 관점에서 스타 시스템을 구축하는 첫 단계는 우리에게 영감을 던져주고 구체적인 방법을 알려줄 긍정적인 사람을 발견하는 일이다.

전략 #1 긍정 에너지가 넘치는 사람을 곁에 둔다

이제 우리는 자신을 둘러싼 사람들이 우리의 개인적인 특성을 형성한다는 사실을 이해하게 되었다. 이러한 사실은 특히 업무가 집단적인 방식으로 이루어지는 일터에서 더욱 뚜렷하게 드러난다. 실제로 최근 많은 기업이 폐쇄적인 사무실 환경에서 개방적이고 공유하는 형태의 작업 환경으로 이동하고 있다. 예를 들어 전화 통화에서 화상 회의로, 이메일에서 메시지 앱으로 넘어가고 있다. 게다가 말 그대로 1초에 한 번씩 업데이트되는 소셜미디어와 뉴스피드에 언제라도 접근이 가능한 기술 환경은 다른 사람의 긍정적, 부정적 에너지의 영향력을 그 어느 때보다 높여주었다. 우리가 주변에서 흡수하는 많은 에너지는 자신의 동기와 열정, 성과, 그리고 빅 포텐셜에 지대한 영향을 미친다.

부정적인 감정을 퍼트리는 직장 동료나 끊임없이 분쟁을 일으키는 학급 동기, 혹은 감당하기 힘든 호화 여행을 함께하자고 졸라대는 부자 친구의 경우처럼, 우리는 주로 부정적인 동료 압력에 대해 많이 걱정한다. 반면 '긍정적인 동료 압력'의 영향력에 대해서는 종종 간과하는 경향이 있다.

부정적이고 의욕 없는 주변 사람이 우리의 에너지와 잠재력을 고갈시키는 것처럼, 긍정적이고 열정적인 주변 사람은 우리 자신의 태도와 열정, 동기, 창조성을 높인다. 나는 여러 기업과 함께 연구를 추진하는 과정에서 긍정적인 동료 압력에 관한 중요한 공식을 개발했다.

빅 포텐셜 = 개인의 자질 × (긍정적인 영향 – 부정적인 영향)

이 공식은 이미 성공을 거둔 사람과 관계를 맺으라는 뜻이 아니다. 그리고 언제나 유쾌하고 즐거운 사람들과 어울려야 한다는 의미도 아니다. 다만 자신과 함께 슈퍼바운스에 도전할 긍정적인 사람으로 주변을 둘러싸야 한다는 말이다.

부정적인 영향을 주는 사람은 우리의 에너지를 메마르게 만드는 반면, 긍정적인 영향을 주는 사람은 우리의 에너지가 고갈되어 있을 때 이를 보충해준다. 그리고 문제와 난관에서 벗어나 목표를 향해 달려가도록 힘을 준다.

예를 들어 나는 텍사스A&M대학교 신경과학자 브렌트 펄Brent Furl을 우리 연구팀으로 스카우트했다. 그가 단지 똑똑한 과학자이기 때문만은 아니다. 사실 나는 전부터 그와 함께 테니스를 즐기면서 영성에 관해 많은 이야기를 나누었다. 나는 그를 보면서 훌륭한 테니스 선수이자 하루에 두 시간씩 명상을 수행하는 사람을 곁에 둔다면, 나 또한 더욱 열심히 운동하고 명상하게 될 것이라고 생각했다. 이 역시 우리가 연구를 통해 규명하고 있는 긍정적인 동료 압력의 사례에 해당한다.

펜실베이니아대학교 연구팀은 동료 압력이 '단계별 멘토링'을 통해 긍정적인 영향을 미치는 과정을 보여주었다. 연구팀은 한 실험에서 먼저 대학생이 고등학생에게 컴퓨터와 관련된 기술을 가르치고, 다음으로 이 고등학생이 다시 중학생에게 똑같은 내용을 가르치도록 했다. 그 과정에서 연구원들은 대학생이 컴퓨터 조작법을 능숙하게 보여주는 것만으로도 고등학생의 학습 의욕이 상승한다는 사실을 확인했다. 마찬가지로 고등학생의 열정적인 시연은 중학생의 학습 의욕을 높였다. 결론적으로 말해서 부정적인 동료 압력은 십대들이 위험하게 운전하고, 수업을 빼먹고, 여러 위험한 활동에 참여하도록 자극하는 반면, 긍정적인 동료 압력은 학습 의욕을 높이는 방향으로 작용한다.

직장 내 긍정적인 동료 압력은 수익에 많은 영향을 미치는 것으로 확인된다. 실제로 일부 기업은 오랜 기간 광범위하게 실시했던 재택근무를 비롯한 원거리 업무 제도를 축소하거나 폐지하고 있다. 여러분 중에는 아직 이러한 방식으로 일하고 있는 분도 꽤 있을 것이다.

나 역시 그렇다. 나는 전 세계를 돌아다니며 1년에 100회 가까이 강연을 하고 고객을 만나기 위해 멀리 출장을 간다. 굳이 내가 가장 오래 일하는 사무실을 꼽자면 아마도 비행기 좌석일 것이다. 그러나 빅 포텐셜 관점에서 나 역시 최근에 재택근무를 되도록 줄이고 있다. IBM, 야후, 에트나, 뱅크오브아메리카 같은 세계적인 대기업들 또한 비슷한 추세에 있다.

IBM 사례를 보자. 2017년 IBM은 재택근무 선택권을 없앴다. 과거에 재택근무 열풍을 가장 먼저 주도했을 뿐 아니라, 원거리 업무를 가능하게 만든 다양한 기술을 내놓은 IBM이 이제 흐름을 거꾸로 거슬러 올라가는 모습은 참으로 아이러니하다. 널리 알려져 있듯이 IBM은 재택근무 제도를 도입함으로써 약 720만 제곱미터에 달하는 사무실 면적을 아낄 수 있으며, 그 공간을 임대해서 19억 달러의 수입을 거둘 수 있다는 사실을 확인하고는 재택근무 제도를 적극적으로 도입했다.[6]

한때 IBM 직원 중 약 40퍼센트가 자택을 비롯한 외부 지역에서 근무했다. 또한 IBM은 재택근무가 대단히 효율적인 업무 방식임을 입증해준 여러 연구를 지지했다. 그러나 이제 IBM은 직원들이 함께 일할 때 더 빨리, 더 열심히, 더 창조적으로 일한다고 생각한다.[7] 이는 대단히 의미 있는 결론이다. 물론 여전히 사무실 유지 비용은 만만찮고, 많은 직원이 재택근무를 선호한다. 그러나 IBM은 인재 유출에 따른 재택근무의 부작용에 더 주목한다. 인재 유출은 곧 대체 인력을 위한 비용 증가를 의미하기 때문이다.

예전에 사람들은 재택근무로 업무 시간을 확장할 수 있다고 생각했다(어쨌든 퇴근이 없다). 그러나 최근 연구는 재택근무에 따른 생산성 증가가 동일한 공간에서 함께 근무함으로써 얻을 수 있는 혁신, 창조, 관계, 열정, 소속감 등 다양한 이익에 비해 훨씬 낮다는 사실을 보여준다. 구글 CFO는 얼마나 많은 직원이 재택근무를 하고 있느냐는 질문에 이렇게 대답했다.

"반드시 필요한 경우만 최소한으로 허용하고 있습니다."[8]

오늘날 생산성을 결정하는 가장 중요한 요인은 업무 시간이 아니라 긴밀한 관계를 통한 협력 가능성이다. 우리는 긍정적인 사람들 속에서 일하면서 더 긍정적인 사람이 된다. 갤럽의 설문조사 결과는 긍정적이고 열정적인 근로자가 실수는 60퍼센트, 사고는 49퍼센트, 결근은 67퍼센트 더 낮다는 사실을 보여주었다. 우리는 이러한 사람과 함께할 때 더 즐겁다. 그래서 직장 동료나 고객, 혹은 중요한 업무 관계자는 이들과 함께 일하고 계약을 맺고 싶어한다.

긍정성과 낙관주의의 전염성이 이처럼 강력하다면, 우리는 일상생활을 '긍정적인 영향을 미치는 사람'들로 둘러싸야 할 것이다. 긍정적인 남성을 대상으로 한 설문조사 결과는 이들이 결혼 생활에서 더 높은 만족감을 느낄 뿐 아니라, 이들의 배우자 역시 행복감이 높다는 사실을 보여준다.[9] 또한 낙관적인 부모 밑에서 자란 아이들 역시 낙관적이다. 그리고 낙관적인 아이는 긍정적인 영향을 다시 친구에게 미친다(사회적 전염 효과는 세 살부터 시작된다는 점을 떠올리자).

낙관적인 사람은 관계에서 벌어지는 문제에 잘 대처한다. 그리고 자녀와 깊은 관계를 유지하고 더 잘 양육한다.[10] 또한 다양한 상황에 유연하게 대처한다. 멕시코에서 이민 온 자녀를 둔 여성에 대한 설문조사 결과는 낙관적인 사람일수록 이민 직후에 겪는 경제적 어려움에 보다 효과적으로 대처한다는 사실을 분명하게 보여주었다.[11] 또한 긍정적인 영향력을 발휘하는 사람은 장기간 실업과 같은 힘든 상황에 처해서도 삶에 대한 만족감을 더 잘 유지하는 것으로 드러났다.[12]

부정성의 전염력도 대단히 강력하다는 점에서, 자신의 주변을 낙관주의자로 둘러싸는 것은 스트레스와 좌절을 막기 위해 예방접종을 하는 것과 같다. 이를 위한 첫 번째 과제는 일과 삶에서 자신의 역량을 강화해줄 긍정적인 사람을 발견하는 일이다. 고인이 된 짐 론Jim Rohn은 동기부여 분야의 유명한 작가였다. 그의 비즈니스 철학은 이런 것이었다.

"우리는 가장 많은 시간을 함께 보낸 다섯 사람의 평균이다."

최근 가장 많은 시간을 함께 보내는 다섯 사람은 누구인가? 다음 세 가지 질문에 대해 간단한 벤다이어그램을 그려보자.

긍정적인 느낌을 주는 사람은 누구인가?
힘을 북돋워주는 사람은 누구인가?
희망을 품게 만드는 사람은 누구인가?

여러분이 많은 시간을 보낸 다섯 사람 중 세 범주의 교집합에 해당되는 사람이 있는가? 있다면 그들은 다름 아닌 여러분의 긍정적인 영향자다. 그는 자신을 이해하고, 개방적이고, 열정적이고, 현재에 충실하고, 유연하고, 낙관적인 인물일 것이다.

이런 유명한 말이 있다. "행복한 아내는 곧 행복한 삶이다." 그리고 행복한 자녀, 행복한 친구, 행복한 직장 동료, 행복한 상사 역시 행복한 삶이다. 그러나 자신의 삶을 행복하게 만드는 사람은 저마다 다르다. 따라서 **중요한 것은 자신에게 스트레스를 주는 것이 아니라 내면에서 최고의 가치를 이끌어내는 사람을 발견하는 일이다.**

개인적으로 잘 모른다고 해도 긍정적인 사람으로 자신의 주변을 둘러싸면, 우리는 실질적인 이익을 얻는다. 나는 어떤 면에서 내향적인 성격이다. 그래서 잘 모르는 곳으로 출장을 떠날 때면 긍정적인 영향자를 동반하곤 한다. 다시 말해, C. S. 루이스, 헤르만 헤세, 브랜던 샌더슨Brandon Sanderson, 패트릭 로스퍼스Patrick Rothfuss와 같은 작가의 책을 들고 간다.

"우리는 우리가 읽는 책이다"라는 말이 있다. 실제로 과학적 연구도 이 말을 뒷받침해준다. 다트머스대학교와 오하이오주립대학교 연구팀은 사람들이 소설에 몰두할 때 주인공을 자신과 동일시할 뿐 아니라, 실제로 비슷하게 행동한다는 사실을 발견했다.[13] 사회적 의식이 높은 인물에 관한 이야기를 읽을 때 양심적인 행동을 할 확률이 높아진다. 물론 이러한 효과는 부정적인 경우에도 똑같이 나타난다.

나는 최근에 드라마 〈브레이킹 배드Breaking Bad〉를 꽤 재미있게 본 뒤로는 내가 선한 인물이라는 생각이 좀처럼 들지 않았다. 그래서 이제는 범죄자를 영웅으로 묘사하는 작품은 되도록 접하지 않으려 한다. 내 감정과 자의식이 그러한 작품으로부터 많은 영향을 받는다는 사실을 이해하기 때문이다. 대신 분노와 환멸, 충동이 아니라 내게 더 강하고, 현명하고, 유능하다는 느낌을 주는 작품을 선호한다.

이러한 점에서 자신의 부정적인 측면을 일깨우는 것이 아니라, 자아를 고양하고 영감을 불어넣는 책이나 잡지, 혹은 다양한 작품으로 주변을 둘러싸야 한다. 스마트폰 음악이나 팟캐스트 방송 역시 마찬가지다. 지금 여러분이 이어폰으로 듣고 있는 채널에서는 긍정적이고 낙관적인 이야기가 흘러나오고 있는가? 긍정적인 목소리로 주변을 둘러싼다면, 긍정적인 변화가 일어나고, 또한 강화될 것이다.

전략 #2 다양한 관점을 지닌 많은 사람과 어울린다

결혼을 앞두고 나는 아마존에서 15달러짜리 결혼반지를 샀다. 그리고 대용으로 쓸 반지도 마찬가지로 아마존에서 15달러를 주고 샀다. 내가 이 이야기를 하는 것은 그 무렵에 끼고 있던 또 다른 반지와 비교하기 위해서다.

당시 내 손에는 온라인 게임 '판타지 풋볼리그Fantasy Football League' 우승 상금으로 내가 직접 디자인한 150달러짜리 반지가 끼워져 있었다. 진짜 다이아몬드가 박힌 반지의 한쪽에는 '숀', 다른 쪽에는 '지니어스'라는 글자가 유려한 필기체로 새겨져 있었다. 내 결혼반지보다 10배나 비싼 이 반지는 사실 조금은 죄책감이 들게 만드는 기념품이다.

'판타지 풋볼리그'라는 온라인 게임을 잘 모르는 독자를 위해 잠깐 설명을 하겠다. 가장 먼저 드래프트 단계에서 다양한 포지션의 선수들로 팀을 꾸린다. 실제 경기와 똑같이 쿼터백, 러닝백, 와이드 리시버, 타이트 엔드, 키커, 수비수를 구성한다. 그러나 슈퍼스타 쿼터백만으로는 팀을 꾸릴 수 없다. 그래서는 절대 이길 수 없다.

스포츠에서도, 삶에서도 혼자서는 결코 슈퍼스타가 될 수 없다. 따라서 우리는 종종 간과되는 한 가지 단순한 원칙에 주목해야 한다. 다양성이 높을수록 훌륭한 팀이라는 사실이다. 이 원칙은 컴퓨터 게임은 물론 긍정적인 사람으로 구성된 인적 네트워크에도 똑같이 적용된다.

진화론은 종이 살아남기 위해서는 생물 다양성biodiversity이 필요하다는 사실을 말해준다. 유전자 구성이 다양할수록 좋은 질병을 비롯한 여러 자연의 압력에 유연하게 대처한다. 마찬가지로 사회적 네트워크의 구성이 다양할수록 우리는 삶의 시련에 탄력적으로 대처할 수 있다. 그러므로 우리는 많은 시간을 들여 관계의 유전적 구성을 검토해야 한다.

혹시 인종, 성, 정치적 입장, 관심, 꿈의 차원에서 자신과 비슷한 사람으로만 관계 네트워크가 형성된 것은 아닌가? 그런 형태의 관계 네트워크는 우리의 잠재력과 성장을 제약하게 될 것이다. 그러나 다양성의 기준은 나이나 성별, 혹은 직업에만 국한되지 않는다. 〈하버드비즈니스리뷰〉에 게재된 한 흥미진진한 논문에서 앨리슨 레이놀즈Alison Reynolds와 데이비드 루이스David Lewis는 '인지 다양성cognitive diversity'을 측정하는 수학 모형을 가지고 여섯 팀을 분석해보았다. 그들이 말하는 인지 다양성이란 간단하게 말해 팀 구성원들이 얼마나 다르게, 혹은 비슷하게 생각하는가를 의미한다.

문화나 분야가 서로 다르다고 해도 비슷한 방식으로 생각할 수 있다. 반대로 지역과 업종이 같다고 해도 세계관은 전혀 다를 수 있다. 이들의 연구 결과에 따르면 인지 다양성이 가장 높은 팀이 가장 높은 성과를 보여주었다. 그리고 인지 다양성이 낮은 두 팀은 실제로 성과 측정에 실패했다.[14]

그러나 많은 기업과 팀은 충돌이나 갈등에 대한 걱정으로 다양성을 꺼린다. 다양성이 높을 때 협력 과정에 어려움이 따를 것이라 우려한다. 그러나 〈하버드비즈니스리뷰〉에 요약된 또 다른 논문 기사는 이러한 우려가 과장되었을 뿐 아니라, 전반적으로 동질적인 조직에 '아웃사이더'를 영입하면 어려운 문제를 해결할 가능성이 두 배나 더 높아진다는 사실을 보여주었다. 그것이 가능한 이유는 다름 아닌 사람들이 우려했던 다양성 덕분이다.[15] 연구팀은 다양성이 증가할수록 사람들의 우려와는 반대로 성과가 더 높아진다는 사실을 확인했다. 그 이유는 기존의 구성원이 안전지대를 벗어나도록 자극하고, 그 전에는 생각해보지 않았을, 혹은 동의하지 않았을 새로운 아이디어와 관점을 고려하도록 만들기 때문이다.

인지 다양성을 주제로 한 다양한 연구 결과는 대단히 흥미롭다. 예를 들어 SAT, LSAT, GRE, GMAT와 같은 표준화된 시험 문제를 혼자가 아니라 집단으로 풀도록 해보면 어떨까? 내가 이러한 아이디어를 제안했을 때, 사람들 대부분 자신보다 성적이 낮은 사람과 함께 시험을 보면 점수가 떨어질 것으로 예상했다(그러나 정말로 그렇다고 해도 응시생 절반은 점수가 올라갈 것이다). 그런데 사람의 인지적 강점은 저마다 다르기 때문에 자신의 약점을 보완해줄 사람과 짝을 이룬다면 점수가 올라가지 않을까?

어떤 이들은 아마도 표준화된 시험을 실시하는 이유가 개인의 능력을 평가하기 위함이라고 지적할 것이다. 그러나 이제 우리는 표준화된 시험 성적이 대학이나 대학원에서 학생들의 학문적 성과와 별로 상관관계가 없다는 사실을 알고 있다. 그렇다면 왜 군이 표준화된 시험으로 입학생을 선별한단 말인가? 협력해서 문제를 해결하는 능력이 오히려 석사, 박사 과정의 연구 성과와 더 밀접한 관련이 있지 않을까?

다양성이 높을수록 생태계는 건강하고 유연하다. 회색 늑대가 새로 유입된 옐로스톤 국립공원 사례처럼 새로운 요인을 받아들임으로써 위협으로부터 스스로 더 잘 보호할 수 있다. 또한 네트워크의 다양성이 높을수록 행운의 기회도 높아진다. 리처드 와이즈먼 Richard Wiseman 박사는 《잭팟 심리학The Luck Factor》에서 관계와 일상의 형태를 다양화하여 새로운 아이디어와 가능성에 접근하려는 노력이 행운의 열쇠라고 설명했다. 네트워크가 서로 비슷한 사람으로 이루어져 있다면 모든 문을 닫아놓고 모든 기회를 차단하고 있다는 말이다. 친한 직장 동료 열두 명이 모두 회계팀에 있다면, 마케팅팀의 인력 충원 소식은 듣지 못할 것이다. 혹은 프로젝트 개발팀에서 일할 기회를 잡기 어려울 것이다.

그러나 다양한 사람으로 스타 시스템을 구축하는 노력만으로는 충분치 않다. 삶에서 다양한 목적을 추구하는 사람을 찾아야 한다. 이를 위해 세 가지 요소를 갖춘 긍정적인 영향자를 발견해야 하는데 세 가지 요소란 '기둥, 다리, 확장자'를 말한다.

'기둥Pillar'이란 힘든 순간에 기댈 수 있고, 어떤 상황에서도 자신을 믿어줄 사람을 말한다. 이를테면 늦은 밤 하던 일을 제쳐두고 아이스크림을 사들고 달려와줄 친구다. 승진처럼 중요한 순간에 자신을 지지해주고 힘든 과제를 맡거나 간신히 버티고 있는 상황에서 기꺼이 도움을 줄 동료다. 우리 삶에는 다양한 사람이 필요하다.

전화를 걸어 재촉할 사람도 필요한 반면, 무조건적인 신뢰와 인정을 보내줄 사람도 필요하다.

다음으로 '다리Bridge'는 생태계 외부에 있는 사람이나 자원을 연결해주는 존재다. 그들은 우리를 클럽이나 위원회, 혹은 농구 시합에 초대한다. 또는 프로젝트에 관심을 보이는 투자자를 소개시켜 준다. 자신의 네트워크 범위를 벗어나 있는 인맥과 자원을 가진 모든 사람은 다리가 될 수 있다. 자신보다 지위가 낮은 사람도 얼마든지 다리가 될 수 있다.

이와 관련하여 우리가 종종 저지르는 실수는 새로운 관계나 아이디어를 모색할 때 수직구조에 지나치게 집중하는 것이다. 나는 이러한 실수를 종종 목격한다. 나와 협력하던 한 유통 대기업의 경영진은 출고 전에 재고를 보관하는 창고의 효율성을 개선하는 방안을 모색하고 있었다. 그런데 놀라운 것은 비즈니스 전략과 고객 관리 업무를 책임지는 사업부 임원들이 그때까지 한 번도 창고를 방문하지 않았다는 사실이었다. 그래서 나는 경영진에 즉각 창고를 둘러보도록 제안했다. 실제로 임원들은 창고 관리자를 만나 여러 가지 아이디어를 들었다. 그리고 나서야 임원들은 비로소 관료적 수직구조를 뛰어넘어 창고 관리자들을 일상적인 업무에 통찰력을 지닌 전문가로 바라보기 시작했다. 그리고 조직이 직면하던 물류와 관련된 복잡한 문제를 해결할 준비가 되었다.

어디서나 좋은 아이디어를 얻을 수 있는 것처럼, 자신보다 지위가 낮은 사람과의 관계에서도 얼마든지 통찰력을 구할 수 있다. 1960년대 사회학자 마크 그라노베터Mark Granovetter는 사람들이 일자리를 구하는 방식에 대한 분석을 기반으로 논문을 발표했다. 그라노베터는 여러 사례를 통해 일자리를 얻은 사람들이 가까운 친구에게 기회를 얻는 것은 아니라는 사실을 확인할 수 있었다. 그들이 새로운 일자리를 발견하도록 도움을 준 주요한 원천은 친한 친구가 아니라 그리 잘 알지 못하는 지인이었다.[16] 다시 말해, 우리는 지위와 무관하게 자신의 네트워크 속으로 새로운 약한 관계를 추가함으로써 기회를 현실로 전환할 수 있다.

'확장자Extender'는 우리를 안전지대에서 끌어내줄 긍정적인 영향자를 말한다. 이들은 우리와는 전혀 다른 역량과 특성을 소유한 사람이다. 스승이나 친구도 확장자의 역할을 할 수 있다. 예를 들어 나는 수줍음을 많이 타는 내향적인 성격이라 새로운 사회적 관계를 맺거나 새로운 경험에 도전하도록 용기를 줄 외향적인 존재가 필요하다. 또한 여러 가지 일이나 프로젝트를 한꺼번에 추진하려는 욕심이 강해서 중요한 사안에 먼저 집중하고 구체적인 부분에 신경을 쓰도록 조언해줄 친구가 필요하다. 즉, 내가 목표를 향해 무작정 달려갈 때 속도를 제어해줄 사람이 필요하다.

물론 우리는 자신과 비슷한 사람에게 더 끌린다. 그러나 이러한 성향은 다양한 아이디어와 관점, 그리고 새로운 경험의 기회를 차단하는 반향실(echo chamber, 같은 성향을 가진 사람들끼리 의견을 주고

받으며 점점 고립되고 특정 성향이 강화되는 것-옮긴이)로 우리를 몰아넣는다. 예를 들어 의사 모임에만 나가는 의사는 안전지대에서 벗어나 예술이나 요리 강좌를 들으러 가는 일이 좀처럼 없을 것이다. 스포츠 마니아들하고만 어울리는 사람은 안전지대를 벗어나 오케스트라 공연을 보러 가는 일이 거의 없을 것이다. 그러나 여러 연구 결과는 집단의 다양성을 높이기 위해서 사람들 사이의 차이를 적극적으로 받아들여야 한다고 말한다. 비록 그런 노력이 불편함이나 불안감을 자극한다고 해도 말이다.

리더십의 핵심은 전략 수립이나 마케팅 포지셔닝이 아니라 사람에게 있다. 짐 콜린스Jim Collins 연구팀은 유명한 비즈니스 리더를 대상으로 조사를 했다. 연구팀은 혁신적인 리더는 비전과 전략을 먼저 마련한 뒤에 사업을 시작할 것이라고 예상했다. 그러나 놀랍게도 그들이 살펴본 경영자들은 '먼저 사람에 주목하고, 전략은 다음으로' 생각한다는 사실을 발견했다. 그건 비즈니스 리더의 성과가 조직 구성원들의 성과와 긴밀하게 얽혀 있기 때문이다.

앞으로 일주일 동안 기존의 활동 범위 안에서 만나기 힘들었던 사람과의 관계를 시도해보자. 그저 안부 인사를 건네는 것도 좋고, 점심이나 커피를 함께하는 것도 좋다. 전화를 받는 척하면서 타인과의 마주침을 꺼리는 동료에게 먼저 다가가보자. 시간을 투자해서 자신을 안전지대에서 꺼내줄 사람을 만나보자. 이들은 인종이나 성별이 다른 사람이 아니라, 다른 '생각'을 가진 사람이다. 매번 이상한 생각이나 말도 안 되는 아이디어를 내놓는 여성 팀원, 정치적 입장이 완전히 다른 친척, 혹은 특이한 성장 과정과 경험을 지닌 이웃집 노인이 그런 사람일 수 있다. 여기서 중요한 점은 진심으로 귀를 기울이고 진정한 관계를 맺으려고 한다면 누구에게서나 소중한 점을 배울 수 있다는 사실이다.

마지막으로, 자신의 생태계 안에 살고 있는 사람들이 서로 관계를 맺을 수 있도록 도움을 주자. 무작위 네트워크 이론Random network theory은 이런 이야기를 들려준다.

"네트워크 안에서 교점node당 평균 연결 수가 임계점을 넘어설 때, 전체 집단에서 배제된 교점 수는 크게 줄어든다."[17]

이 말은 네트워크 구성원들끼리 더 많은 관계를 맺을수록 관계에서 소외된 구성원의 수는 크게 줄어든다는 뜻이다. 주변 사람이 그들의 삶에서 관계의 폭과 다양성을 높이도록 도움을 줄 때마다(단 한 명의 새로운 사람을 소개시켜주더라도) 우리의 네트워크는 크게 강화된다. 관계가 많아질수록 네트워크에서 소외된 교점은 줄어들고, 그만큼 힘든 시기를 이겨내기 위한 회복탄력성은 높아진다. 생물 다양성은 네트워크를 흐르는 혈액이라는 점을 상기하자. 네트워크가 강하고 다양할수록 우리는 빅 포텐셜을 실현하는 과정에서 더 많은 도움을 얻을 수 있다.

전략 #3 좋은 영향을 서로 주고받는 관계를 만든다

앞서 나는 우울증으로 고생하다가 결국 마음의 장벽을 허물고 다른 사람들이 내 삶에 들어오도록 허락했다는 이야기를 했다. 일방적인 관계로는 장기적으로 잠재력을 실현하고 유지할 수 있는 슈퍼바운스 에너지를 얻지 못한다.

여러분은 '일방적인 관계'가 무엇을 의미하는지 쉽게 이해할 것이다. 인간관계나 업무에서 느끼는 불편함과 짜증에 대해 일방적으로 늘어놓기만 하는 사람들이 있다. 그러나 정작 우리가 도움이 필요할 때 그들은 무관심하거나 연락이 닿지 않는다. 마찬가지로 우리 자신이 가족과 친구, 혹은 직장 동료에게 그런 사람일지 모른다. 사람들 대부분 솔직하게 이야기를 털어놓고, 동시에 상대의 고민을 들어주는 균형적인 관계를 선호할 것이다. 가장 바람직한 관계는 상호 유대를 근간으로 한다. 상호 유대는 강력한 스타 시스템을 구축하는 마지막 요소다.

일반적으로 우리는 뭔가 아쉬울 때 네트워크 속에서 도움을 구한다. 그러나 관계에서 최고의 가치를 끌어내려면 무언가를 요청하기보다 베풀기 위해 먼저 연락하는 습관이 중요하다. 버지니아대학교의 로버트 크로스Robert Cross는 연구를 통해 다음과 같은 사실을 발견했다.

"상호 관계는 더 많은 결실을 낳는다. 성공하는 리더는 언제나 다른 사람에게 어떻게 더 많은 것을 베풀어줄지 고민한다."[18]

이 주제에서 더 깊이 들어가고 싶다면, 꼭 참조해야 할 책이 있다. 애덤 그랜트Adam Grant의《기브앤테이크Give and Take》는 타인을 돕는 것이 곧 자신을 돕는 것이라는 진리를 확인시켜준다. 그는 이렇게 말한다.

"도움을 받은 사람이 성공하면, 일반적으로 누군가는 손해를 본다. 이러한 경우에 사람들은 받은 사람을 시기하고 그를 이길 방법을 찾는다. 반대로 도움을 주는 사람이 성공하면, 사람들은 그를 응원하고 지지한다. 도움을 주는 사람은 물결 효과를 창출함으로써 성공을 거두고 주변 사람의 성공 가능성을 높여준다."

관계에서 상호 유대의 특성이 강할수록 행복과 열정, 창조성은 높아진다. 한 실험에서 진짜 친구와 가짜 친구가 행복에 미치는 영향력을 평가했다. 여기서 두 사람이 서로를 친구라고 생각할 때, 이를 '상호 우정mutual friendship'이라 부른다. 반면 한 사람만 상대를 친구로 인정할 경우, 이는 완곡한 표현으로 '간주된 우정perceived friendship'이라 부른다. 이 실험에 참여한 과학자들은 상호 우정에서 한 사람이 행복할 때 상대방이 행복할 가능성은 63퍼센트 증가한다는 사실을 확인했다. 반면 간주된 우정에서는 그 수치가 12퍼센트에 불과했다.[19] 이러한 점에서 '간주된 우정'에는 안타까운 측면이 존재한다고 생각한다.

또한 상호 유대는 심리적 안전감을 강화한다. 구글의 아리스토텔레스 프로젝트는 심리적 안전감을 팀 성공을 위한 핵심 요소로 꼽았으며, 창조성, 용기, 지능과 같은 개인적 특성보다 더 중요하다고 평가했다. 하버드 비즈니스스쿨의 에이미 에드몬슨Amy Edmondson 교수는 심리적 안전감을 '상호 위험 감수로 조직이 안전하다는 구성원들 간의 공유된 믿음'이라고 정의했다. 에드몬슨이 언급했듯이, 구성원 간의 관계가 양방향으로 형성될 때 '어떤 주장을 한다고 해도 집단이 자신을 몰아세우거나 배척하거나 처벌하지 않을 것이라는 확신'이 정착된다. 모든 구성원이 아무 걱정 없이 자신의 의견을 드러내도록 하는 신뢰와 상호 존중은 조직의 빅 포텐셜 실현을 위한 핵심 요소다.

여기서 한 가지 주의 사항이 있다. 그것은 과도한 수준의 협력이다. 빅 포텐셜을 추구하는 과정에서 사람들은 종종 최대한 많은 관계를 형성하려고 노력한다. 그러나 양방향 관계가 지나치게 확장될 때 사람들은 부담을 느낀다. 대부분 자기계발서가 관계의 중요성을 강조하지만, 실제 연구 결과는 관계의 수가 지나치게 많을 경우 오히려 성공 가능성이 떨어진다는 사실을 말해준다. 관계의 층이 지나치게 얇게 퍼질 위험 때문이다.[20] 특히 성과가 좋은 사람이 이러한 위험에 취약하다. 성과가 좋을수록 많은 사람이 그에게 시간을 요구할 것이다.

애덤 그랜트는 로버트 크로스, 렙 르벨Reb Rebele과 함께 최근

〈하버드비즈니스리뷰〉를 통해 획기적인 논문을 발표했다. 세 사람은 300개 이상의 집단을 대상으로 한 연구에서, 의미 있는 협력의 1/3이 3~5퍼센트의 구성원으로부터 비롯된다는 사실을 확인했다.

사람들은 유능한 구성원과 함께 협력하고 싶어한다는 점에서 이들의 연구 결과는 그리 놀랍지 않다. 물론 많은 사람으로부터 협력 요청을 받는 것은 기분 좋은 일이다. 그러나 이들은 연구를 통해 협력을 요구하는 구성원의 규모가 25명을 넘어설 때 업무 만족도와 행복감이 떨어진다는 사실을 발견했다. 세 사람은 이렇게 결론을 내렸다.

"(뛰어난 협력자를) 요구하는 사람이 약 25명을 넘어설 때, 개인과 집단의 성과는 떨어지고, 또한 자발적 이직의 위험을 높인다."

나는 이러한 상황을 몸소 경험한 바 있다. 예전에 나는 강연 의뢰, '잠재적 협력 관계'에 대한 요청, 그리고 연구 프로젝트 제안을 닥치는 대로 받아들였다. 그러한 일 모두를 좋아했기 때문이다. 그러나 언젠가부터 과부하 조짐이 나타나기 시작했다. 나는 매일같이 약속을 지키지 못했다. 나는 모두의 요구를 충족시키고 싶었지만, 그러한 욕심이 나의 발목을 잡았다. 이처럼 빅 포텐셜을 추구하는 과정에서 '과잉 협력'의 위험을 각별히 경계해야 한다. 모든 사람의 기대를 충족시키려는 욕심을 버려야 한다. 누구와 관계를 맺을지 전략적으로 선택할 필요가 있다.

지금은 좋은 동료로 지내고 있는 나의 옛 제자는 하버드 학생회장 출신이다. 그는 겸손함과 특유의 유머로 학생들 사이에 인기가 높았다. 그러나 학교 시스템을 개선하는 과정에서 너무 많은 관계를 맺는 실수를 저질렀다. 어느 시점부터 그는 학생회장으로서, 그리고 학생으로서 어려움을 겪기 시작했다. 업무가 많아질수록 학업 과제는 뒤로 미뤘고, 그렇게 쌓인 과제는 다시 학생회 업무에 방해가 되었다.

결국 그는 내가 우울증에서 벗어났던 똑같은 방법으로 문제를 해결했다. 즉, 다른 사람이 울타리 안으로 들어오도록 허락했다. 먼저 교수들을 찾아가 자신이 겪고 있는 어려움을 솔직히 털어놓았다. 그의 힘든 상황을 이해한 교수들은 과제에 대해 시간적 여유를 주었다. 사람들은 종종 슈퍼스타가 되기 위해 애를 쓴다. 그러나 관계를 적극적으로 활용할 때 우리는 고독과 소외, 에너지 고갈의 위험을 겪지 않고도 성공을 거둘 수 있다.

자신이 빛나도록 도와줄 스타 시스템을 구축하기 위해서는 무엇보다 상호 유대가 필요하다. 자신을 솔직하게 드러내고 도움을 베풀어줄 사람을 발견하기 위해서는 우리가 먼저 그런 사람이 되어야 한다. 그리고 슈퍼바운서super bouncer를 발견했다면, 놓치지 말아야 한다. 그들은 소중한 존재다. 우리는 그들과 함께 잠재력을 키우고 의미 있는 관계를 형성할 수 있다.

내가 제일 좋아하는 작가는 C. S. 루이스다. 그는 옥스퍼드의 학자들과 심오한 신학적 논쟁을 벌이면서도 소설을 통해 여섯 살 아이도 이해할 수 있을 정도로 자신의 신학적 입장을 쉽게 드러낸 희귀한 재능의 소유자다. 물론 루이스의 작품 모두를 좋아하지만, 특히 글을 쓰는 데 많은 영향을 받은 작품으로《천국과 지옥의 이혼The Great Divorce》을 꼽고 싶다. 이 소설은 사후에 '그레이타운'이라는 연옥에 도착한 사람들의 이야기를 다룬 단편이다.

옛날에 그레이타운 주민들은 옹기종기 모여 살았다. 그러나 마을에서 다툼이 벌어지면서 주민들은 좀 더 떨어진 곳에 집을 짓기 시작했다. 새로 이사 온 이웃이 너무 시끄럽거나 불만 많은 사람일 때, 혹은 이웃이 자신의 전화를 무시할 때, 그들은 더 멀리 떠났다. 사소한 갈등이나 무례함을 겪은 주민들은 점점 더 깊은 곳으로 들어갔다. 천국에 사는 주민들은 불신과 소외, 고독만이 남아 있는 그레이타운을 지옥과 다를 바 없다고 보았다. 나는 그것이야말로 지옥에 대한 정확한 정의라고 생각한다.

예전에 한 여성 동료로부터 내가 매사에 긍정적이어서 함께 이야기하는 게 즐겁다는 말을 들었다. 그땐 좀 우쭐한 마음이 들었지만, 점점 가까워지면서 그녀는 내게 부정적인 이야기와 험담을 하고, 소문을 퍼뜨리고, 성질이 고약한 직장 동료에 대한 이야기까지 마구 늘어놓기 시작했다. 또 일부러 시선을 피하는 종업원, 자신을 존중하지 않는 게으른 남자 친구, 질투심 많은 친구에 대한 이야기도 했다.

한번은 단체로 여행을 간 적이 있었다. 그녀는 비행기에서 내릴 때 자신의 앞을 가로막은 한 승객과 실랑이를 벌였다. 그리고 일정 변경 요청을 거부한 여행사 직원의 태도가 무례하다며 불같이 화를 냈다. 또 호텔 매니저에게 전화를 걸어 홀에서 일하는 종업원이 너무 시끄럽다며 불만을 제기했다. 각각의 사건을 따로 놓고 본다면 별일 아닌 것처럼 보인다. 어쩌면 짜증이 날 법한 일이다. 실제로 그 종업원은 좀 시끄러웠다. 여행사 직원은 아마도 친절하게 설명할 수도 있었을 것이다. 그리고 비행기에서 실랑이를 벌인 사람이 먼저 양보해줬더라면 아무 문제 없었을 것이다.

그러나 이 사건들 모두를 종합하면 사소한 일을 심각하게 만들고 관계나 상황에서 긍정적인 측면을 보지 않는 그녀의 부정적인 패턴이 뚜렷하게 드러난다. 사실 그녀는 동료와 친구, 연인, 그리고 가족과의 관계도 좋지 못했다. 그녀는 자신의 사회적 생태계를 서서히 허물어뜨릴 뿐 아니라 자신만의 그레이타운을 구축하고 있었다.

2년 동안 우울증을 겪으면서 나는 소외감이 얼마나 끔찍한 느낌인지 알게 되었다. 그래서 그레이타운 이야기도 꺼낸 것이다. 우울증은 곧 그레이타운이다. 아이러니하게도 그레이타운에서 벗어나기 위한 열쇠는 우울증에 걸린 사람이 어떻게든 밀어내려고 하는 사회적 관계다. 우리 모두는 결함 있고 불완전한 존재다. 주변 사람에게서 실망감과 섭섭함을 발견하고자 한다면 그건 그리 어려운 일이 아니다. 나에게 우울증은 지리적, 심리적, 영적으로 다른 사람과 단절되면서 나타난 증상이었다. 엄청난 돈을 벌어들인 오프라 윈프리조차 우울감과 의미 상실에서 자유롭지 못했다. 이러한 상황에 처했을 때 우리에게는 무엇보다 주변 사람의 손길이 필요하다. 심리학자 헬렌 슈크만Helen Schucman은 《기적수업A Course in Miracles》에서 이렇게 말했다.

"우리가 할 일은 사랑을 찾는 게 아니라, 사랑을 가로막는 내면의 장벽을 발견하는 것이다."

물론 때로는 고독의 순간도 필요하다. 그러나 진정한 삶의 의미와 성공, 행복은 다른 사람과의 관계 없이 얻지 못한다. 빅 포텐셜은 주변의 다른 별과 함께할 때 진정으로 빛날 수 있다는 진리를 말해준다.

4장　권한을 확장한다

모두가 이끄는 조직

: 병원에서는 누가 생명을 구해야 하는가

　2016년 12월 한 춥고 습한 아침, 나는 인적이 드문 캘리포니아 북부로 향하고 있었다. 나는 목적지가 생각보다 너무 멀다는 사실에 당황하며 연신 구글 앱을 확인했다. 어느새 스타벅스가 사라지고 소가 나타나기 시작했다. 그리고 급기야 휴대전화 신호까지 끊겼다.

　결국 내가 탄 차량은 낡은 공장처럼 생긴 건물 앞에 도착했다. 예전에 다양한 용도로 쓰였을 법한 건물의 내부는 놀랍게도 결혼이나 동창회처럼 중요한 행사를 위한 공간으로 꾸며져 있었다. 그 놀라운 대비는 마치 내가 거기까지 온 이유를 잘 설명해주는 듯했다. 사실 내가 그곳을 찾은 데는 접수처 직원을 포함하여 병원 내 모든 직원이 생명을 구하는 의료 종사자로 활약하고 있는 카이저 퍼머넌트Kaiser Permanente 병원의 새로운 교육 프로그램을 배우기 위함이었다. 내가 그곳을 방문했을 때까지 카이저퍼머넌트는 그 프로그램을 통해 총 471명의 생명을 구했다.

신부와 들러리의 방으로 쓰였을 것 같은 공간에서 나는 영광스럽게도 퍼머넌트메디컬그룹Permanente Medical Group의 산제이 마와하Sanjay Marwaha 박사와 모니카 애즈베도Monica Azevedo를 만났다. 두 사람은 내게 '나는 생명을 구했다I Saved a Life'라는 이름으로 추진했던 병원의 프로그램에 관한 이야기를 들려주었다. 그 접근방식은 혁신적이면서도 단순했다. 그것은 병원 내 모든 직원이(정식 의학 교육을 받지 않은 사람까지 포함해) 의료 서비스를 제공할 수 있도록 권한을 부여하는 것이었다. 여러분은 아마 이렇게 생각할지 모른다. '의료 사고가 많이 있었겠군.' 그들의 이야기를 좀 더 들어보자.

스몰 포텐셜을 추구하는 조직에서는 변화를 주도하는 자와 따르는 자의 구분이 명확하다. 수직체계를 고집하는 이러한 조직은 결정하고 혁신하고 실천하는 권한을 가진 집단, 그리고 그 결정을 기계적으로 따르는 집단 사이의 확고한 이분법을 중요시한다. 의료 산업의 경우, 일반적으로 의사와 간호사로 이루어진 '의료 종사자'와 접수처와 원무과 직원을 포함하는 '지원부서'로 구분되어 있다. 언뜻 보기에 이러한 체계는 병원 내 업무를 구분하는 합리적인 기준으로 여겨진다. 그러나 나중에 다시 살펴보겠지만, 이러한 이분법은 빅 포텐셜의 위력을 크게 제한한다.

예를 들어 갑자기 귀에 통증이 느껴진다고 해보자. 그러면 우리는 병원을 찾아가 접수를 하고 한 시간 반을 기다린다. 의사는 우리의 귓속을 들여다보고 이비인후과 전문의에게 진료를 받으라고 권한다. 우리는 전문의와 진료 예약을 잡은 뒤 증상과 관련하여 한 더미의 서류를 작성한다. 다음으로 전문의를 만나 이러저러한 질문에 대답하고 난 뒤 다시 접수처로 가서 비용을 지불한다. 귀에 통증이 있을 때 일반적으로 우리는 병원에서 이러한 과정을 겪는다.

그런데 통증의 원인이 최근 며칠 동안 걱정거리로 밤잠을 설치면서 면역 체계가 약화되어 바이러스에 감염된 것이라면? 우리의 몸은 여러 기관이 연결된 집합체다. 우리 몸의 수많은 기관이 귀 통증을 유발한 원인이 될 수 있다. 그러나 이비인후과 전문의는 최근 감정 상태나 수면 패턴은 물어보지 않는다. 그렇다면 근본적인 원인은 아마도 알아낼 수 없을 것이다. 오늘날 의료 종사자들은 점점 더 세부적인 분야를 전공하고, 더 협소한 영역을 연구한다. 이러한 상황에서 카이저퍼머넌트 연구팀은 이런 질문을 던졌다. 한 걸음 물러서서 큰 그림을 보려면 어떻게 해야 할까?

이 질문에 그들이 내놓은 대답은 아주 단순했다. 그들은 세상의 병원 대부분이 기반으로 삼고 있는 잘못된 이분법을 깨트려야 한다고 결론을 내렸다. 그리고 수직적인 형태의 조직이 해결하지 못하는 건강 관련 문제를 해결할 권한을 전통적인 '의료 종사자' 범주의 외부에 있는 일반 직원들에게 부여했다. 카이저 연구팀은 예방 관리가 대단히 효과적인 방안임에도 제대로 활용되지 못하는 현실에 주목했다. 그리고 접수처 직원들을 모아놓고 환자들에게 예방 관리법을 권하는 방법에 대해 교육했다.

이제 어떤 이유에서건(이를테면 귀 통증으로) 진료 예약을 위해 카이저병원에 전화를 걸 경우, 접수처 직원은 먼저 환자의 건강 검진(가령 유방조영술, 자궁 및 대장 검사) 내역을 확인한 뒤 필요시 검사 예약을 권한다. 이 프로그램의 핵심은 건강관리를 감독하고, 의료 서비스를 제공하고, 진료 예약을 잡는 업무에 관여하는 모든 사람에게(의학 관련 졸업장과는 상관없이) 병원의 핵심 목표인 환자의 건강 개선에 기여할 수 있는 권한을 부여한다는 것이다.

이 프로그램은 성공을 거두었다. 건강 검진 권유에 동의한 환자에게서 암이 조기에 발견될 경우, 카이저 연구팀은 이를 생명을 구한 성과로 간주한다. 카이저퍼머넌트가 이 프로그램의 진행 상황을 추적했을 때 프로그램이 시작된 이후로 병원에서 유방암 판정을 받은 1,179명의 여성 환자 중 무려 40퍼센트가 '나는 생명을 구했다' 프로그램을 통해 의료 종사자 외 직원의 권유에 따라 유방조영술 검사를 예약했다는 사실을 확인했다. 단 한 명의 목숨을 건졌다고 해도 그 가치를 인정할 만하다. 하물며 471명은 참으로 놀라운 성과다.

병원에서 누가 최고의 영웅인지 물을 때 접수처 직원을 떠올리는 사람은 없을 것이다. 그들은 아마도 수술실에 들어가 본 적도 없고, 채혈을 하거나 엑스레이 사진을 읽고, 혹은 환자를 직접 대면하지도 않을 것이다. 이들은 주로 좁은 칸막이 책상에서 전화 문의에 응대한다. 따라서 이들이 환자에게 건강 검진을 권하기 위해서는 감성적 친밀함, 관련 통계 자료, 또는 스토리텔링을 적극 활용해야 한다. 이들에게는 스스로 영향력을 행사할 수 있다는 믿음이 무엇보다 중요하다. 다시 말해 "내가 생명을 구했다"라고 자랑스럽게 말할 수 있는 확신이 필요하다.

어느 분야나 직급에 있든 간에, 스스로 조직을 이끌 수 있다는 구성원들의 확신은 변화를 주도할 잠재력을 배가시킨다. 혼자서 슈퍼스타가 되려는 사람, 즉 공식적인 리더가 되었을 때에만 변화를 주도할 수 있다고 믿는 이들은 스몰 포텐셜밖에 얻지 못할 것이다. 반면 조직 내 모든 구성원이 공식적인 지위나 업무와 상관없이 변화를 주도할 수 있을 때 조직의 성공을 가로막는 한계는 사라진다. **빅 포텐셜을 실현하려면 수직체계의 틀에서 자유로워져야 한다.**

많은 이가 리더십이 개인의 임무라고, 혹은 혼자 짊어져야 할 짐이라고 생각한다. 그러나 **리더의 역할을 혼자서 수행하겠다는 생각은 좌절을 향한 지름길이다.** 예를 들어 자신이 한 병동을 책임지는 의사라고 상상해보자. 모든 환자의 상태가 오직 자신에게 달려 있다면, 우리는 언젠가 환자에 대한 관심과 동정심을 잃어버리고 말 것이다.

마찬가지로 영업부 부서장이나 CFO로서 기업의 수익을 혼자서 책임져야 한다면, 엄청난 중압감에 언젠가 쓰러지고 말 것이다. 부모로서 십대 자녀의 인생에 관한 모든 중대한 결정을 혼자서 내려야 한다면, 자녀와의 관계에 과도하고, 불필요하며, 아무런 도움도 되지 않을 스트레스만 유발할 것이다. 유능한 리더는 이런 말을 자주 듣는다.

"올바로 일을 처리하려면 혼자서 모든 걸 해결해야 한다."

이는 사실이 아닐뿐더러 조직의 성공을 가로막는다. 리더 개인의 시간과 에너지는 한정되어 있지만, 이에 대한 요구는 무한하기 때문이다. 리더는 개인으로서 이러한 요구를 모두 충족시킬 수 없다. 따라서 우리는 리더십의 역할을 업무에 관여하는 모든 구성원에게 '확장해야EXPAND' 한다.

앞서 도입부에서 나는 신경과학과 긍정심리학 분야의 연구를 통해 많은 조직과 개인이 성공을 제로섬 게임으로 바라봄으로써 엄청난 대가를 치르고 있다고 지적했다. 그 똑같은 이야기를 리더십에도 그대로 적용할 수 있다. 리더십과 영향력이 한정된 자원임을 감안할 때 리더 개인이 그 자원의 활용을 책임진다면 새로운 가능성과 기회를 모색하는 역량은 그만큼 위축될 것이다. 이를 일컬어 '인지 붕괴cognitive meltdown'라 한다.

인지 붕괴는 변화의 기회를 발견하지 못하게 가로막을 뿐 아니라, 에너지와 창조성, 행복감, 그리고 결국에는 업무 효율성마저 끌어내린다. 스몰 포텐셜에 만족한다면, 리더십을 리더 개인에게 맡겨두어도 좋을 것이다. 그러나 빅 포텐셜을 원한다면, 모든 구성원이 각자의 자리에서 업무를 주도할 수 있도록 격려하고 지원해야 한다. 리더 개인이 조직을 이끌 수 있다는 접근방식을 떨쳐버릴 때 우리는 자신의 역량은 물론 조직 전반의 역량까지도 크게 확대할 수 있다.

앞 장에서는 긍정적인 사람으로 자신의 주변을 둘러쌈으로써 잠재력 생태계를 구축하고 강화해나가는 방법에 대해서 살펴보았다. 여기서는 리더십의 범위와 주인의식을 확장하여 조직 내 모든 구성원이 주도적으로 업무를 이끌어나가도록 만드는 방법에 관해 이야기하고자 한다. 또한 다른 사람에게 권한을 부여함으로써 우리 자신의 잠재력과 영향력을 확장하는 방법도 살펴볼 것이다. 아이오와주에 있는 '실패 공장', 170억 달러 규모의 IT 기업에서 실시한 놀라운 실험, 그리고 내가 전 세계 기업 및 학교를 대상으로 수행했던 연구를 통해 누구든 자신의 일과 삶에서 잠재력을 확장할 수 있다는 사실을 보여줄 것이다.

먼저 잠재력 확장을 위한 기본 원칙에 주목하자. 그것은 **잠재력을 인식하고, 갈망하고, 강화해야 한다**는 것이다.

이 원칙을 설명하기 위해 카디널 공립학교 사례를 소개한다.

: '실패 공장'은 어떻게 슈퍼스타가 되었나

2010년에 조엘 페더슨Joel Pedersen은 교육감 자리를 알아보고 있었다. 그러던 중 카디널 지역 교육청으로부터 제안을 받았다. 조엘은 그곳의 명성을 익히 들어 알고 있었다. 아이오와주 99개 카운티 중 가장 가난한 지역인 카디널은 오바마 행정부 시절의 전국 평가에서 하위 10퍼센트에 속했다. 특히 카디널 공립학교는 '실패 공장 failure factory'이라는 별명으로 유명했다. 사실 이 표현은 다큐멘터리 프로그램 〈슈퍼맨을 기다리며Waiting for Superman〉에서 졸업생의 경제적 신분 상승에 걸림돌이 되는 학교를 의미하는 용어로 사용되었다. 가족과 친구들은 조엘을 말렸다. 그들은 학교에 문제가 많고 교육 환경이 열악하기 때문에 일을 제대로 시작하기도 전에 좌절할 것이라고, 결국 그 선택에 후회할 것이라고 말했다. 그러나 조엘은 낙관주의자였다. 그는 카디널 공립학교에 대한 소문이 과장되었을 것이라고 생각했다. 그리고 학교의 모든 구성원이 자신에게 변화를 주도할 힘이 있다고 느낀다면, 학교는 물론 모든 구성원의 성과와 역량이 개선될 것이라 믿었다.

결국 조엘은 카디널 지역 교육청의 제안을 받아들였다. 그 무렵 조엘은 반즈앤노블즈 서점을 들렀다가 오렌지색 표지가 눈에 띄는 책을 발견했다. 그건 바로 내가 쓴 《행복의 특권》이었다. 조엘은 그 책을 집어들었고 카디널에서 시도하고자 했던 자신의 아이디어에 대해 확신을 얻었다.

그는 카디널 지역의 교육감으로서 변화에 도전하기로 결심했다. 조엘은 리더로서 자신의 역량을 강화하려면 최대한 많은 사람의 도움이 필요하다고 생각했다. 그래서 가장 먼저 자신의 주변을 둘러싸야 할 사람들, 즉 공동체 내부의 긍정적인 영향자를 물색했다. 그는 여전히 열정이 넘치며 교육의 가치를 믿는 교사들을 발견했고, 이들을 여러 위원회의 책임자로 임명했다. 그리고 이들의 협조를 바탕으로 학교 생태계 전반에 걸쳐 근본적인 사고방식과 믿음을 바꾸는 작업에 착수했다.

학교에서 누가 변화를 이끌 적임자일지 물어보면 사람들은 대부분 교장이나 교사, 교육감 정도를 꼽는다. 그러나 조엘은 그 목록에 학교의 행정 관료와 교사는 물론, 구내식당 점원, 도서관 사서, 청소부, 도로안전요원까지 포함했다. 대부분 학교는 행정 관료와 교사를 대상으로 리더십 교육을 실시한다. 그러나 학생들을 직접 만나는 통학버스 기사나 교내 유지보수 관리인, 또는 행정실 직원을 대상으로 그러한 교육을 실시하는 경우는 없다. 그러나 조엘은 이러한 직원들에게도 주도적으로 업무를 처리할 수 있는 권한을 부여해야 한다고 판단했다. 이를 위해 가장 먼저 그들 스스로 리더라는 인식을 갖도록 하는 게 중요하다고 생각했다.

조엘은 학교에서 일하는 모든 사람과 면담을 하고, 공식 업무나 책임, 연봉과 상관없이 모두가 학교 문화와 학생의 미래에 중요한 영향을 미칠 수 있다는 사실을 강조했다. 그리고 자신의 말을 즉각 실천에 옮겼다. 통학버스 기사에게는 학생들에게 일일이 인사를 건네도록 해서 버스를 타는 아이들의 아침을 밝혀주도록 했다. 그리고 임시 교사도 교육 프로그램에 함께 참여토록 했다. 또한 구내식당 직원을 대상으로 워크숍을 실시하여 긍정의 효과를 강조했다. 결론적으로 말해 조엘은 스타 시스템을 이루는 모든 구성원에게 권한을 부여함으로써 스스로 슈퍼스타로 빛나고자 했다.

조엘의 도전은 초반부터 효과를 드러냈다. 그는 초반의 흐름을 이어나가기 위해서는 모두가 문화적 변화를 받아들여야 한다고 믿었다. 그 무렵 조엘에게 다시 한 번 오렌지색이 눈에 띄었다. 그건 교육감협회에서 주최한 공공 워크숍(AASA) 홍보 안내문이었다. 그 워크숍의 주제는 긍정심리학, 그리고 내가 지은 우화인 〈주황색 개구리The Orange Frog〉였다.

사실 〈주황색 개구리〉는 호주에서 돌아오는 먼 여행길에 아이들을 위해 쓴 재미있는 이야기다. 그전에 많은 학부모가 우리 회사의 온라인 게시판에 과학 연구로 가득한 《행복의 특권》이야기를 아이들이 읽을 수 있도록 쉽게 풀어놓은 자료가 있으면 좋겠다는 글을 올려놓았다. 그래서 나는 아이들 눈높이에 맞춰 쉽고 재미있게 이야기를 구성했다. 이를 통해 긍정적인 태도가 위험하지 않을까 걱정하는 학생들에게 낙관주의자가 되는 것이 결과적으로 큰 도움이 된다는 점을 설득하고자 했다.

이야기 속에는 '스파크'라는 이름의 개구리가 등장한다. 스파크는 녹색 개구리로 가득한 섬에 사는 유일한 주황색 개구리다. 그리고 비관주의 개구리로 가득한 마을에서 유일한 낙관주의 개구리다. 스파크가 자신의 낙관주의를 이웃 개구리들에게 전파할수록 주황색은 점점 더 짙어진다. 그리고 그럴수록 점점 더 외톨이가 된다. 그런데 주황색 피부가 포식자(왜가리)로부터 자신을 지키는 데 유리하며, 동시에 전염성이 강하다는 사실이 밝혀졌다. 스파크는 다른 친구를 주황색으로 바꾸는 기술을 터득했다. 내가 이 이야기를 쓴 이유는 개인이 낙관주의 물결 효과를 일으킴으로써 주변 사람에게 어떤 영향을 미칠 수 있는지 아이들에게 분명하게 보여주기 위한 것이었다.

조엘은 카디널 공립학교에서 바로 이와 같은 물결 효과를 만들어내고 싶었다. 그리고 이를 위해 학교에서 일하는 모든 녹색 개구리들에게 그들이 리더이며, 어려움을 겪고 있는 학생들이 잠재력을 완전히 실현하도록 도움을 줄 수 있다는 확신을 전하고자 했다. 그래서 조엘은 '주황색 개구리' 워크숍을 열었고, 그 이야기를 통해 카디널의 모든 사람을 끌어모으고자 했다.

조엘의 물결 효과는 대단했다. 교사는 물론 통학버스 기사, 구내식당 직원까지 내 책을 읽었다. 이후 나는 모든 학생이 함께 읽을 수 있도록 〈주황색 개구리〉 그림책을 만들었다. 학생들은 도움이 필요한 친구에게 먼저 손길을 내미는 모임인 '친절한 행동을 하는 날'을 조직해서 변화에 동참했다. 직원들과 함께 감사함을 느끼고, 명상을 하고, 일기를 쓰기 시작했다. 교사, 청소부, 구내식당 직원, 학생들은 교육학 학위와 상관없이 카디널의 주황색 개구리가 되었다(www.shawnachor.com에 들어가면 카디널의 교육 프로그램에 관한 흥미로운 영상을 볼 수 있다. 교사들이 열정적으로 참여하여 학교 프로그램을 전반적으로 관리하면서 위험한 빨강에서 밝고 빛나는 주황으로 변해가는 과정을 확인할 수 있다).

　　미국 전역의 수많은 학교와 함께 일을 하면서, 나는 학생의 인생을 바꾼 교사에 대한 흥미진진한 사례를 접했다. 그중에서도 카디널을 돋보이게 만들어주는 점은 객관적인 데이터가 존재한다는 사실이다. 우리는 그 데이터를 기반으로 카디널 공립학교 내 모든 사람이 이끈 변화의 영향력을 정량적으로 평가할 수 있다. 2012년 이후로 카디널 공립학교의 ACT(American College Testing, 미국 대학입학 자격시험-옮긴이) 평균 점수는 5년 만에 17점에서 21점으로 상승했다! 그리고 2016년 카디널 공립학교의 졸업률은 92퍼센트를 기록했다. 이 수치는 다른 학교들 사이에서도 놀라운 일이지만, 한때 '실패 공장'이라는 오명을 받았던 가난한 학교에게는 기적과도 같은 일이었다. 조엘은 슈퍼스타 교육감이 되었다. 그는 변화의 무게를 혼자 지탱하기보다 스타 시스템 전반으로 확대했고, 덕분에 혼자일 때보다 더 밝게 빛났다.

조엘과 그의 팀이 주도한 변화로 카디널 공립학교 입학생 수는 수십 년 만에 처음으로 늘었다. 부유한 사립학교로 자녀를 보낼 경제적 여유가 되는 부모들도 가난한 카운티의 카디널 공립학교를 선택했다. 그것은 카디널의 교육 수준이 더 높다고 생각했기 때문이다. 카디널교육청은 더 많은 예산을 프로그램에 투자하기 위해 530만 달러 규모의 채권 발행을 승인받았다.

최근 카디널 성공 사례는 아이오와, 애리조나, 위스콘신, 미시건, 켄터키, 일리노이 등 여러 주로 확산되고 있다. 일리노이주에서 최고 평가 성적을 기록한 샴버그 54학군의 앤디 듀로스Andy DuRoss 교육감은 카디널과 같은 방식으로 학교 전체를 운영한다면 더 많은 학생의 잠재력을 실현할 수 있다고 확신했다. 2017년 4월 듀로스는 아만다 스토츨Amanda Stochl 교장과 함께 링컨프레리스쿨Lincoln Prairie School의 모든 교사와 직원, 학생을 대상으로 '주황색 개구리' 프로그램을 실시했다. 이 사례에서 학생의 91퍼센트는 21일 후 학교에서 느끼는 행복감이 더 높아졌다고 보고했다. 또 70퍼센트는 학교 밖에서도 더 행복해졌다고 했고, 85퍼센트는 배움을 통해 더 행복해질 수 있다고 생각한다고 보고했다. 교사와 직원의 96.3퍼센트는 3주 프로그램을 통해 긍정적인 느낌을 받았다고 보고했다.

조엘을 포함한 많은 교육 전문가가 열악한 상황 속에서 성공적으로 교육 시스템을 바꿔냈다. 그것은 변화를 이끌 자신의 힘은 물론, 그 힘을 확장함으로써 주변 사람을 변화에 동참하도록 만들 수 있다는 사실을 이해했기 때문이었다.

여기서는 네 가지 핵심 전략을 소개하고자 한다.

전략 #1: 누구라도 리더가 될 수 있음을 깨닫는다

전략 #2: 영감을 주는 말을 개발한다

전략 #3: 보상을 함으로써 리더십을 강화한다

전략 #4: 자기가 하는 일에서 의미를 찾는다

전략 #1 누구라도 리더가 될 수 있음을 깨닫는다

보스턴 필하모닉 오케스트라의 지휘자 벤저민 잰더Benjamin Zander는 그래미 시상식 후보 명단에 여러 번 오르면서 이름을 알렸다. 그리고 음악과 열정을 주제로 한 TED 강연으로도 큰 인기를 끌었다.[1] 잰더는 강연에서 첼로 파트의 열한 번째 의자에 앉아 있다는 사실에 낙담했던 한 첼리스트 이야기를 소개했다.[2] 그 첼리스트는 세계 최정상 오케스트라의 단원임에도 자기 앞에 앉아 있는 열 명의 단원 때문에 열등감을 느꼈다. 그리고 뛰어난 재능으로 오디션에 합격했음에도 거대한 톱니바퀴의 작은 톱니에 불과하다고 느꼈다.

이러한 그녀의 마음을 눈치챈 잰더는 다음 주 공연하게 될 곡에서 아주 까다로운 부분에 대해 그녀의 생각을 물었다. 그녀는 조심스럽게 자신의 의견을 말했고, 다음 공연에서 잰더는 실제로 그녀의 제안대로 지휘를 했다. 그리고 극찬을 받았다. 잰더는 이렇게 말했다.

"그때부터 열한 번째 첼리스트는 완전히 다른 사람처럼 연주하기 시작했습니다."

그 이유가 뭘까? 잰더는 거대한 오케스트라 조직에서 눈에 잘 띄지 않는 열한 번째 자리임에도 그녀가 스스로 리더라고 느꼈기 때문이라고 설명했다. 내가 특히 이 이야기를 마음에 들어하는 것은 열한 번째 첼리스트가 자신의 연주 실력뿐 아니라 오케스트라의 전체 수준까지 높여주었다는 사실 때문이다. 이러한 조화야말로 빅 포텐셜의 목표다. 빅 포텐셜을 실현하기 위해서는 모든 구성원이 어느 자리에 있든 조직을 이끌 수 있도록 힘을 부여해야 한다.

대부분 기업과 학교에 여전히 만연한 리더십에 대한 협소한 정의를 확장할 수 있다면, 우리도 일과 삶에서 이러한 조화를 일궈낼 수 있다. 2014년 컨설팅 기업 딜로이트Deloitte에서 실시한 글로벌 인적자원 트렌드 설문조사 결과는 '모든 단계에서 리더를 양성하는 일'이 오늘날 기업들이 직면한 주요 과제라는 점을 확인시켜주었다.[3] 전체 응답자의 86퍼센트는 이를 '급박한', 혹은 '중요한' 사안으로 꼽았다. 설문조사에 대한 분석 자료에 따르면, 딜로이트의 리더들은 그 과제를 '전 세계 많은 기업이 인력 관리 분야에서 직면하는 가장 중요한 사안'이라고 생각했다.[4] 그러나 그 과제를 실질적으로 수행하고 있다고 답한 응답자는 13퍼센트에 불과했다. 이러한 결과는 지위나 나이를 떠나 모든 구성원이 리더로 나설 수 있도록 권한을 부여하지 않으면 긍정적인 미래를 기대할 수 없다는 의미의 '준비정도 격차readiness gap'를 말해준다.

잠재력에 대한 기존의 정의(스폴 포텐셜)는 공식적인 리더가 아닌 주변 사람은 조직 문화를 바꿀 수 없다는 잘못된 믿음에 뿌리를 두고 있다. 이러한 믿음은 비즈니스와 교육 공동체 전반에 여전히 만연하다(2016년 〈하버드비즈니스리뷰〉의 표지에는 이러한 문구가 적혀 있었다. "당신은 문화를 바꿀 수 없다."). 그러나 우리는 얼마든지 조직의 문화를 바꿀 수 있다.[5]

가장 먼저, **어느 자리에 있든 변화를 주도할 수 있다**는 사실을 이해해야 한다. 열한 번째 자리의 첼리스트도 좋은 아이디어를 지휘자에게 제안함으로써 오케스트라의 역량을 높일 수 있다. 학생은 강의실 분위기를 바꿀 수 있다. 기업의 중간 관리자는 직원들이 서로 업무를 지원하는 조직 문화를 강화함으로써 그들이 퇴근 후 가족과 함께 시간을 보내도록 할 수 있다. 인턴이나 임시직 직원도 미팅 하루 전 참석자 전원에게 관련 서류를 이메일로 발송함으로써 고객과의 만남을 생산적인 시간으로 만들 수 있다. 카이저퍼머넌트의 접수처 직원들은 단지 유방조영술 검사 예약을 권하는 것만으로도 많은 환자의 목숨을 구했다. 어느 자리에 있든 변화를 이끌 힘이 자신에게 있다는 확신을 갖는 것은 잠재력을 억누르는 유리 천장을 들어올리기 위한 첫 번째 단계다.

전략 #2 영감을 주는 말을 개발한다

1998년 미국 봉사단체인 아메리콥스AmeriCorps를 비롯하여 여러 다양한 사회사업을 관리하는 정부기관 CNCS(Corporation for National and Community Service, 국가 및 지역 봉사기구)는 사회적 영향력을 확대하기 위해 한 가지 아이디어를 내놓았다. 공동체를 위한 자원봉사 프로그램에 참여할 청년을 모집하는 것이었다.

당시 고등학생이던 내 여동생 에이미 블랭슨Amy Blankson은 예전부터 봉사활동에 많은 관심을 갖고 있었다. 그래서 CNCS가 청년들의 봉사활동을 주제로 리더십 컨퍼런스를 주최한다는 소식을 듣자마자 참가 신청을 했다. 그러나 아쉽게도 동생에게 돌아온 답변은 성인만 참석이 가능하다는 말이었다. 그러나 에이미는 이에 굴복하지 않고 CNCS 위원회에 직접 편지를 썼다. 동생은 청년들의 자발적 참여를 원한다면 리더가 될 수 있는 기회도 청년들에게 주어야 마땅하다고 주장했다.

컨퍼런스 위원회는 청년들의 자원봉사를 주제로 한 컨퍼런스에 청년의 참가 신청을 거부했다는 소식에 깜짝 놀랐고, 즉각 입장을 바꿨다. 그해 에이미는 위원회의 첫 번째 청년 회원이 되었다. 그리고 이듬해 동생은 중부 텍사스 청년위원회를 조직했고, 여기에 참여한 많은 고등학생은 지역 자선단체와 비영리재단에서 총 12만 시간의 봉사활동을 하겠다고 결의를 모았다.

공식적인 리더가 아니어도 조직을 이끌 수 있다. 마찬가지로 리더가 아니어도 얼마든지 다른 사람들에게 영감을 불어넣고 권한을 부여할 수 있다. 한 열정적인 고등학생이 수백 명의 청년에게 자원봉사를 통해 공동체의 변화를 이끌도록 영감을 불어넣을 수 있다면, 공동체와 기업에서 우리도 얼마든지 리더십 역량을 넓힐 수 있지 않겠는가?

여기서 중요한 것은 '영감을 주는 말Elevated Pitch'이다. 이는 엘리베이터를 타는 짧은 순간에 상대를 설득하기 위한 요약된 설명을 뜻하는 '엘리베이터 피치elevator pitch'와 비슷하다. 영감을 주는 말은 주변 사람이 변화에 주도적으로 참여하도록 설득하는 이야기를 의미한다. **어떤 자리에 있는 누구라도** 영감을 주는 말을 통해 모든 지위의 구성원이 조직을 이끌도록 동기를 부여할 수 있다.

물론 주변 사람이 변화에 동참하도록 설득하는 것은 쉬운 일이 아니다. 인간은 습관의 동물이며, 그래서 생소한 아이디어에 본능적인 저항감을 갖는다. 이러한 점에서 영감을 주는 말은 상황에 따라 즉흥적으로 지어내는 이야기가 아니다. 우리는 시간을 들여 신중히 전략을 짜야 한다. 예를 들어 카이저 사례에서 접수처 직원들이 스스로를 의료진의 일부로 바라봄으로써 잠재력을 확장하고자 했을 때 경영진은 그들이 어떤 기여를 할 수 있는지를 설명하는 메시지를 가다듬고, 그 메시지를 병원 전체에 전하기 위해 수 주일의 시간을 투자했다.

영감을 주는 말을 개발하기 위해서는 먼저 상대의 입장을 고려해야 한다. 예를 들어 조직의 매출 목표와 자신이 받을 보상에 관심이 높은 영업팀 관리자가 포괄적인 리더십을 받아들이도록 설득하고자 한다면, 그들이 지원팀 직원을 대하는 태도와 신입 영업사원에 대한 교육이 매출 실적에 직접적인 영향을 미친다는 사실을 말해주는 연구 자료나 실제 사례를 제시할 수 있을 것이다. 또는 종일 친구들과 어울려 다니느라 바쁜 십대 자녀에게 대학 진학에 대한 동기를 불어넣고자 한다면, 동아리 활동이나 사교 모임(파티)에 관한 이야기를 들려줄 수 있겠다. 영감을 주는 말의 핵심은 변화의 이유를 제시함으로써 주인의식을 강화하고, 무관심과 관성을 잠재력으로 바꾸는 것이다.

내 어머니는 고등학교 영어 교사로 20년 넘게 계셨다. 어머니는 공교육 시스템 안에서 주인의식이 부족하고, 학생들의 잠재력을 제대로 실현하지 못하고 있다는 말씀을 종종 하셨다. 학교 측은 문제가 발생할 때마다 대책을 마련하기보다 주 정부를 비난했다. 학교의 평균 성적이 떨어지면 교사들은 학부모에게 탓을 돌렸다. 학생들은 교사를 비난했다. 무관심과 책임 전가가 학교 전체에 바이러스처럼 퍼졌고, 점점 더 많은 사람이 무력감을 느꼈다. 그러나 진정한 리더는 책임을 미루지 않고 문제에 대한 해결책에 집중한다.

　모든 구성원으로부터 열정과 리더십을 이끌어내지 못할 때 기업은 잠재력을 실현하지 못한다. 2013년 갤럽이 발표한 〈전세계직장현황보고서State of the Global Workplace report〉는 전 세계 근로자 63퍼센트가 직장에서 무력감을 느끼고 있으며, 또 다른 24퍼센트는 자신의 직장에 대해 아무런 애정을 갖고 있지 않다는 사실을 보여주었다. 그 보고서에 따르면 무력감을 느끼는 근로자는 자신의 부정적인 태도와 무관심을 조직 전반에 퍼뜨리고 있다.[6] 이로 인해 미국 사회가 부담하는 비용은 연간 5,000억 달러를 넘는 것으로 추정된다. 어마어마한 낭비가 아닐 수 없다.[7] 기업은 이러한 직원을 나무라거나, 심한 경우 해고시킬 수도 있을 것이다. 그러나 이는 근시안적인 접근방식에 불과하다. 조직이 장기적인 성장을 원한다면, 태만한 근로자를 무조건 내보낼 것이 아니라 긍정적인 방향으로 변화시켜야 한다.

　마이클 맨킨스Michael Mankins와 데이비드 하딩David Harding은 베인앤컴퍼니Bain & Company에 대한 연구에서 직원 참여가 비즈니스 성과에 미치는 영향을 정량적인 차원에서 분석했다. 두 사람은 이렇게 결론지었다.

　"효과적으로 인재를 영입하고 배치하고 관리하는 기업, 다시 말해 인재의 고유한 기술과 역량을 충분히 활용하는 기업의 생산성과 영업 이익은 산업 평균보다 30~50퍼센트 더 높다."[8]

이들 기업은 "영감을 주는 리더십 문화"를 기반으로 "근로자의 자율적 에너지를 효율적으로 이끌어낸다."

문화적 변화를 추진하는 한 가지 방법은 뛰어난 외부 파트너와 손을 잡고 직원을 대상으로 교육 프로그램을 실시하는 것이다. 그러나 일반적으로 이러한 프로그램에는 수백만 달러의 비용이 들어간다.

몇 년 전 보험 대기업 올스테이트Allstate로부터 강연 의뢰가 들어왔다. 나는 올스테이트 CEO를 만났고 그 역시 영감을 주는 말을 적극 활용하고 있다는 사실을 확인했다. 그는 영감을 주는 말을 통해 신입 사원에서 고위 간부에 이르는 3만 5,000명의 임직원이 조직 전반에 걸쳐 자신이 주도하는 포괄적인 문화적 변화에 적극 동참하도록 설득했다.

올스테이트 CEO 톰 윌슨Tom Wilson은 직원들이 강의 시간에 수동적으로 가만히 앉아 있는 프로그램으로는 주인의식을 강화할 수 없다는 사실을 잘 이해하고 있었다. 윌슨은 변화를 이끌어갈 리더 집단을 꾸리고자 했다. 그는 자신의 팀과 함께 '모든 자리에서 이끌기Lead from Every Seat' 캠페인을 실시했다. 그리고 이를 통해 직원들이 자발적으로 동료를 위한 교육 프로그램을 진행하도록 했다. 윌슨의 영감을 주는 말은 리더십 교육을 통해 진정한 리더가 되기 위해서는 어느 자리에 있든 리더의 책임을 받아들여야 한다는 것이었다. 윌슨의 교육 프로그램에는 다양한 직급의 직원들 280명이 지원했다. 이들은 먼저 올스테이트의 전문 트레이너에게 기본 교육을 받았다. 그리고 마지막에는 각자 고유한 방식으로 프레젠테이션을 했다.

그 결과, 윌슨은 창조성과 자율성의 유기적인 결합을 확인할 수 있었다. 새로운 트레이너들은 플래시 카드에서 보드 게임, 동물 인형에 이르기까지 다양한 학습 도구를 동원해서 동료 직원의 열정을 자극했다. 게다가 이들이 조직의 모든 직급에서 활동함으로써 기존의 수직구조를 허물어뜨리는 데 기여했다. 트레이너들은 상사의 상사의 상사가 자신의 강의를 듣는다는 사실에 자부심을 느꼈다. 트레이너의 열정은 전염성이 강했다. 그들의 동료 직원에 대한 교육 프로그램의 목표를 달성하는 것은 물론, 학습과 변화의 흐름이 장기적으로 이어지도록 최선을 다했다. 한 트레이너는 이렇게 말했다.

"일상적인 업무 속에서 리더로 책임을 부여받았습니다. 맨 아래 직급에 있던 저로서는 기대하기 힘든 일이었죠. 입사 첫해에 저는 수천 명의 직원이 올스테이트 가정폭력 예방을 위한 자선 행사에 참석하도록 하는 역할을 맡았습니다. 그리고 최근에는 제가 진행할 강의를 신청한 직원들과 면담을 나누고 이들을 선별하는 일을 하고 있습니다!"[9]

그의 이야기야말로 모든 자리에서 이끌어야 한다는 접근방식의 진정한 의미다.[10]

올스테이트 프로그램의 시작을 알리고 축하하기 위한 컨퍼런스에 참석했을 때 나는 두 가지 가능성에 주목했다. 첫째, 수직구조를 가로지르는 조직 문화를 구축하고 직원들의 힘을 확장함으로써 다양한 아이디어와 관계를 이끌어낼 수 있다(기둥, 다리, 확장자). 둘째, 직원들이 각자의 자리에서 조직을 이끌도록 함으로써 긍정적인 영향을 장기적으로 이어나갈 수 있다.

긍정적 변화를 위한 프로그램에 참여한 직원들 280명은 프로그램이 끝나고 나서도 다시 예전의 상태로 돌아가지 않았다. 열정과 참여 의식은 그대로 이어졌고 리더의 잠재력을 억누르는 유리천장은 사라졌다. 그들은 상사의 상사의 상사가 자신의 강의를 듣는 모습을 보고 강한 동기를 얻었고 수업 준비에 더 만전을 기했다. 덕분에 승진 가능성은 더 높아졌다. 또한 경영진은 외부로 유출될 수 있었던 인재를 새롭게 발굴해서 리더로 키웠다.

올스테이트처럼 리더십 확장을 통해 조직을 긍정적인 방향으로 변화시킨 또 다른 성공 사례로 유나이티드헬스그룹UnitedHealth Group을 꼽을 수 있다. 먼저 수석 부사장 데이브 스파크맨Dave Sparkman이 자신의 팀과 함께 추진했던 프로그램을 살펴보자.

데이브는 직원 수가 23만 명이 넘는 거대 조직의 문화를 통째로 바꾸려 들지 않았다. 그는 영감을 주는 말을 통해 직원들이 자발적으로 '문화 대사'로 활동하도록 격려했다. 문화 대사를 신청한 유나이티드헬스 직원은 추가적인 리더십 교육을 받는다. 그리고 책임은 늘어나지만 연봉이 올라가지는 않는다. 그래서 데이브의 아이디어에 비판적인 사람들은 기껏해야 5~10명밖에 지원을 하지 않을 것으로 예상했다.

그러나 지원자의 수는 훨씬 많았다. 지금까지 데이브가 임명한 유나이티드헬스 문화 대사는 1만 명에 이른다. 그리고 그 수는 계속해서 늘어나고 있다. 많은 직원이 참여를 희망한다. 그것은 더 나은 조직 문화를 구축하는 과정에서 스스로 뛰어난 리더로 올라설 수 있기 때문이다.

피닉스에서 열린 컨퍼런스에 참석했을 때 데이브는 내게 지난달 아시아(네 번이나)와 브라질, 그리고 유럽을 돌면서 영감을 주는 말을 통해 조직 문화를 바꾸어나갈 챔피언이 필요하다는 점을 강조했다는 이야기를 들려주었다. 작지만 앞을 내다보는 데이브의 프로젝트팀은 전 세계에 걸쳐 그들의 영향력을 강화해나가면서, 앞으로 모든 국가의 문화 대사가 다양한 언어로 세상이 변할 때까지 기다리지 말고 스스로 변화에 참여하자는 영감을 주는 말을 하도록 격려하고 있다.

우리는 영감을 주는 말을 통해 주변 사람의 도움을 얻어 자신의 삶을 바꾸어나갈 수 있다. 나는 우울증을 겪는 동안 친구들에게 내 감정 상태를 정확하게 전달하고자 했다. 친구들은 내게 즉각 도움의 손길을 내밀어주었다. 마찬가지로 부모는 가족회의에 자녀를 포함시키거나 그들이 받아야 할 상이나 처벌에 대해 의견을 들어봄으로써 자녀가 주체적으로 움직이도록 도울 수 있다. 혹은 화분에 물을 주거나 반려동물의 먹이를 주는 권한을 위임할 수 있다. 아니면 형과 누나에게 동생을 돌보는 일을 맡길 수도 있다.

어느 날 밤 나는 오랜 출장으로 완전히 녹초가 되어 집으로 돌아왔다. 아들 레오를 재워야 했지만, 내겐 한 시간도 버틸 힘이 남아 있지 않았다. 그런데 문득 좋은 아이디어가 떠올랐다. 나는 레오에게 아빠를 재워달라고 부탁했다. 새롭게 맡은 임무에 신이 난 레오는 내가 자신을 재우기 위해 거행했던 의식을 그대로 따라 했다. 침대에 트럭을 가져다주고, 파자마를 입혀주고, 양치질을 시켰다. 마지막으로 레오는 이불을 덮어주면서 자신의 트럭을 안겨주고는 불을 껐다. 그리고 뿌듯한 듯 자기 방으로 종종걸음으로 돌아가서는 곧바로 잠이 들었다. 영감을 주는 말은 세 살짜리 아이의 리더십도 자극할 수 있다는 사실이 밝혀진 것이다.

전략 #3 보상을 함으로써 리더십을 강화한다

170억 달러 규모의 컨설팅 기업인 컴퓨터사이언스코퍼레이션 Computer Sciences Corporation의 한 사업부는 어려운 시기를 겪고 있었다. 웨스트민스터 비즈니스스쿨 교수 블라트카 흘루픽Vlatka Hlupic의 사례 연구에 따르면, 해당 사업부의 실적이 악화되면서 컨설턴트들의 일감이 줄어들기 시작했다. 그럼에도 인건비는 여전히 높았고, 이는 사업부의 상황을 더욱 악화시켰다.

대기업에 몸 담고 있는 사람이라면, 일반적인 대응 방식을 익히 알고 있을 것이다. 먼저 경영진이 고삐를 죄면서 하향식 접근방식을 실행에 옮긴다. 일반적으로 하향식 접근방식이란 조직을 병들게 하고 직원의 사기를 약화시키는 해고와 감축이다. 다시 말해 업무를 효율적으로 개선하고, 더 적은 예산으로 더 열심히 일하라는 지시다. 그러나 컴퓨터사이언스코퍼레이션 경영진이 모든 컨설팅 프로젝트에 대해 공식적인 승인 절차를 요구하는 등 통제를 강화하면서 나쁜 상황은 더 나쁜 상황으로 흘러갔다. 블라트카는 이렇게 설명했다.

"실적은 더 나빠졌고 직원들의 사기는 더 떨어졌다. 훌륭한 인재들이 조직을 떠났고, 이들의 공백을 메우기가 쉽지 않았다. 새로운 인력을 채용하고 교육하는 과정에서 많은 비용이 들었고, 영업 이익은 그만큼 줄었다. 이러한 변화는 의사결정을 더디게 만들었다. 또한 새로운 도전을 망설이게 함으로써 기업가 정신을 위축시켰다."[11]

결국 경영진은 '명령과 통제' 접근방식이 상황을 개선하지 못하고 있다고 결론을 내렸다. 그리고 강력한 권한을 조직 전반에 확장하기로 결정했다. 가장 먼저 컨설턴트끼리 자율적으로 팀을 조직해 일할 수 있도록 권한을 주었다. 그리고 이를 통해 수익성과 투명성, 공정성, 협력을 뒷받침하는 다양한 가치가 서로 균형을 이루도록 했다. 새롭게 주어진 의사결정 권한과 경영진의 신뢰에 힘을 얻은 다양한 직급의 직원들이 점차 조직의 리더로 두각을 드러내기 시작했다. 그 결과는 참으로 놀라웠다. 권한 확장을 시작한 첫해에 사업부 수익은 151퍼센트 성장을 기록했다![12]

놀라기에는 아직 이르다. 경영진은 새로운 리더들의 성과를 확인하고는 더욱 적극적으로 투자를 했고, 팀 내 의사소통은 더 활발하게 이뤄졌다. 리더들은 팀원들이 요구하는 자원과 교육 프로그램을 과감하게 지원했다. 그리고 2년 후, 사업부 수익은 238퍼센트 성장했다. 이 사업부의 성과는 이후 다른 사업부로도 넘어갔다. 놀라운 성과에 자극받은 컴퓨터사이언스코퍼레이션의 다른 사업부는 동료들이 구축한 스타 시스템을 그대로 옮겨와서 그들의 팀에 더 많은 권한과 자율성을 부여했다. 그 사업부는 더 놀랍게도 295퍼센트의 성장을 기록했다! 여기서 첫 번째 사업부의 성과는 빅 포텐셜의 연료로 작용했다.

변화의 흐름을 계속 이어나가려면 변화를 향한 도전에 보상을 제공함으로써 격려해야 한다. 그리고 이전의 성과를 제시함으로써 다양한 지위의 구성원이 리더로 활약하도록 계속해서 동기를 부여하는 노력이 무엇보다 중요하다. 예를 들어 카이저퍼머넌트는 프로그램의 성과를 추적했고, 얼마나 많은 생명을 구했는지 직원들에게 알렸다. 카디널 공립학교의 조엘은 졸업률이 높아졌다는 소식을 경비에서 구내식당 근로자에 이르기까지 학교 내 모든 구성원에게 알렸다. 조직 내 모두가 도전 결과를 두 눈으로 직접 확인할 때 긍정적인 피드백이 시작된다. 피드백의 순환 고리에서 성과는 변화를 위한 촉매제가 된다.

어느 자리에 있든 우리는 변화의 성과를 활용하여 더 큰 변화에 도전할 수 있다. 직장에서 팀원들과, 또 가정에서 자녀들과 그렇게 할 수 있다. 자녀가 책읽기를 시작했다면, 다 읽은 책의 목록을 작성해서 성취감을 느끼게 해줄 수 있다. 또는 팀 내에서 자원봉사 활동을 구상하고 있다면, 다음 회의 시간에 자원봉사와 관련된 데이터나 사진을 보여줌으로써 이러한 활동을 통해 미칠 수 있는 사회적 영향력을 알려줄 수 있다. 또한 상사나 관리자에게서 새로운 업무를 맡았다면, 자신의 역할이 기업의 수익에 어떤 기여를 했는지 구체적인 자료로 보여줄 수 있을 것이다.

여기서 다시 한 번 빅 포텐셜은 선순환의 형태로 이뤄진다는 사실을 명심하자. 자신의 힘을 주변 사람에게 더 많이 나눠줄수록 자신의 힘은 더 강해진다.

전략 #4 자기가 하는 일에서 의미를 찾는다

'모든 자리에서 이끌기'를 주제로 대화를 하거나 연설을 할 때 나는 종종 이런 질문을 받는다.

"그런데 제가 하는 일이 리더십이나 빅 포텐셜과는 상관없으면 어떡하죠?"

50여 개국을 돌아다니면서 잠재력을 끌어올리도록 자극하는 동기가 무엇인지에 대해 많은 사람과 이야기를 나누는 동안, 나는 만족할 만한 일자리, 긍정적인 상사, 자신이 꿈꾸는 지위가 모두 갖춰지면 변화에 적극적으로 동참하겠다는 말을 듣는다. 그러나 내 생각은 이렇다. **대부분 일자리에서 리더십을 발휘할 기회를 찾을 수 있다. 그러나 그러기 위해서 먼저 의미를 발견해야 한다.**

예일대학교 경영대학원 조직행동학 교수 에이미 브제스니에프스키Amy Wrzesniewski는 직장에서 의미를 발견하는 것과 관련하여 많은 연구를 했다. 그녀는 사람들이 자신의 직장을 크게 노동, 경력, 혹은 사명으로 바라본다고 설명한다. 노동은 돈을 벌기 위해 참아내야 할 일이다. 경력은 지위와 권한을 얻기 위한 통로다. 마지막으로 사명은 정체성과 삶의 의미를 가져다주는 원천이다. 우리는 사명으로부터 충족감을 얻는다. 그리고 사명을 통해 빅 포텐셜에 이른다.

사명과 가장 거리가 먼 직업이 뭘까? 설문조사에서 가장 흔한 대답은 '요양시설 잡역부', '고속도로 요금징수원', '청소부' 등이다. 많은 사람은 이러한 직업을 권력이나 리더십, 혹은 잠재력을 기준으로 낮게 평가한다. 그러나 브제스니에프스키는 사람들에게 자신의 일을 사명이라고 생각하는지 물었을 때 대답은 직업별로 크게 차이 나지 않는다는 사실을 발견했다. 브제스니에프스키가 실시한 설문조사에서, 비서, 병원 행정 직원, 요양시설 잡역부 등 다양한 분야에서 일하는 사람 중 자신의 일을 사명이라고 생각한다고 답한 비중은 직업별로 크게 차이 나지 않았다. 다시 말해 의미의 발견과 직업은 별로 상관관계가 없는 것이다.

브제스니에프스키의 설문조사 결과를 직접 확인하기 위해 다음번 마트에 방문할 때 계산대 끝에서 고객이 구매한 상품을 봉지에 담는 일을 하는 직원들에게 주목해보자. 그러면 브제스니에프스키가 결론으로 제시한 '3분의 1 법칙'을 확인할 수 있다. 직원들중 3분의 1은 지겨워하거나 무관심하고, 3분의 1은 기계적으로 일을 처리하며, 나머지 3분의 1은 유쾌하고 활력 넘치는 표정으로 고객을 대한다. 똑같은 일이지만 세 부류의 태도는 서로 다르다. 물론 그 일에 만족한다고 해서 평생을 마트 계산대에서 보내고 싶어하는 사람은 없을 것이다. 그리고 그 일이 꿈의 직장이라거나 자신의 역량을 완전히 발휘할 수 있는 곳이라고는 생각하지 않을 것이다.

그럼에도 마지막 3분의 1은 자신의 일에서 사소한 방식으로 의미를 발견한다. 농담이나 칭찬으로 손님의 하루를 기분 좋게 만들어주고, 업무처리 속도를 높여 계산원이 수월하게 일을 하도록 도와주고, 혹은 비닐봉지 대신 쇼핑 가방 사용을 유도함으로써 환경보호에 일조할 수 있다. 이런 사례는 **리더십과 마찬가지로 의미 발견도 선택이 아닌 필수 과제**라는 점을 분명하게 알려준다.

빅 포텐셜은 우리 자신에게서 시작된다. 지금 있는 자리에서 의미를 발견하는 일은 자신의 몫이다. 그러므로 당장 시작해보자. 여러분은 지금 비록 사소하다 해도 자신의 일을 통해 다른 사람의 삶을 개선하고 있는가? 사람들과 깊이 있는 관계를 맺고 있는가? 그리고 그러한 관계를 통해 누군가의 하루를 밝혀주고 있는가? 미약하나마 세상을 더 좋은 곳으로 만드는 데 기여하고 있는가?

이 질문은 우리 자신뿐 아니라 팀과 가족에게도 의미가 있다. 전작인 《행복의 특권》에서 소개한 연구에 따르면, 직장에서 의미 있는 경험에 대해 하루 2분씩 일기를 써봄으로써 그러한 경험의 순간을 인식할 수 있을 뿐 아니라 일상 업무 속에서 그러한 순간을 더 많이 찾아낼 수 있다.

이 주제에 대해 더 진지하게 고민하고 싶다면, 스스로 이렇게 물어보자. 직장에서 자신이 갖고 있는 특별한 기술을 제대로 발휘하고 있는가? 이를테면 창조적 능력이나 감성 지능, 혹은 수학적 재능을 발휘하고 있는가? 이러한 기술을 발휘할 기회를 하루에 하나씩 찾아보자. 우리는 이와 같은 노력을 통해 자신의 일을 사명으로 바라보게 된다.

그러나 많은 이가 자신의 일을 사명으로 생각하지 않는다. 그들은 언젠가 지금과는 다른 일을 할 것이라고 생각한다. 미래의 이상적인 직장을 꿈꾸는 동안 현재의 일은 하찮은 것으로 치부한다. 미래에 대한 꿈은 자칫 현재의 노력을 가로막을 위험이 있다. 물론 미래의 꿈과 야망 그 자체는 좋은 것이다. 그러나 계속해서 더 푸른 잔디만 찾다보면 지금 우리가 앉아 있는 잔디의 푸르름은 느끼지 못할 것이다.

성공과 잠재력은 물론 의미도 제로섬 게임이 아님을 명심하자. **다른 사람이 일에서 의미를 발견하도록 도와준다고 해서 우리 자신이 발견한 의미가 줄어드는 것은 아니다. 오히려 더 늘어난다.** 그렇게 늘어난 의미는 다시 리더십을 강화해줄 것이다.

라이베리아의 엘런 존슨 설리프Ellen Johnson Sirleaf는 아프리카의 첫 여성 대통령이다. 설리프는 여성에 대한 사회적 인식을 높이고, 가장 높은 자리에서 나라를 이끈 영웅적 지도자다. 그녀는 이렇게 말했다.

"꿈의 크기는 자신이 성취할 수 있는 한계를 뛰어넘어야 합니다. 꿈에 압도되지 않는다면, 그 꿈은 충분히 크지 않은 겁니다."

꿈은 혼자서 성취할 수 있는 것보다 훨씬 더 커야 한다. 이러한 점에서 무엇이 진정한 꿈인지 상기시켜주는 사례로 이 장을 마무리할까 한다.

내가 이 이야기의 주인공 앤 킴Ann S. Kim을 만난 것은 하버드를 다닐 때였다. 더 높은 연봉을 위해 일자리를 알아보던 대부분 하버드 동기와는 달리, 앤은 자신의 사회적 영향력을 높일 수 있는 곳을 찾았다. 그리고 10년 후, 앤은 지금 미군 의무감과 함께 세상을 더 건강한 곳으로 만들기 위해 노력하고 있다. 앤은 더 좋은 세상을 만들기 위해서는 우리 모두가 자신의 영향력을 사회적 약자들, 즉 가난한 아이들에게까지 확장해야 한다고 생각한다.

2016년에 전직 외과 의사 비벡 머피Vivek Murthy는 이렇게 말했다. "미국 사회를 더 건강하게 만들려면 더 많은 사람이 자신의 삶에서 변화를 이끌어내도록 도움을 줘야 합니다. 동시에 그들이 살아가는 환경을 바꿀 수 있도록 힘을 실어주어야 합니다."[13]

우리는 영양 섭취를 개선하려는 노력으로 사회 전반의 건강에 중요한 영향을 미칠 수 있다. 특히 가난한 환경에서 자라는 아이들에 대한 노력은 더욱 그렇다. 그래서 앤은 샌프란시스코 통합교육청과 혁신적인 디자인 기업 아이디오IDEO와 함께 가난한 지역 학생들이 건강한 점심을 먹을 수 있도록 하는 방법을 고민했다.

여기서 가장 큰 문제는 구내식당에 건강 식단이 없어서가 아니라 학생들이 그런 메뉴를 선택하지 않는다는 사실이었다. 고학년 학생들은 구내식당 환경과 줄서기를 싫어했다. 이들 대부분은 구내식당의 건강 식단을 포기하고 차를 몰고 캠퍼스 밖으로 패스트푸드를 먹으러 나갔다. 반면 저학년들은 구내식당에서 친구들의 괴롭힘에 시달렸다. 아이들은 점심 메뉴를 보고 친구를 평가했다. 그래서 가난한 아이들은 아예 아무것도 먹지 않거나, 아니면 맛없어 보이는 건강 식단을 먹기 위해 줄을 서기보다 건강에 별로 좋지 않은 메뉴를 선택했다.

앤과 아이디오의 파트너들은 학교의 점심시간을 분석했고, 많은 문제를 간단하게 해결할 수 있다는 사실을 확인했다. 아이들이 줄을 서서 식판을 들고 직원들이 담아주기를 기다리게 하는 것이 아니라, 몇몇 학생들이 직접 카트를 밀고 돌아다니면서 학우들에게 음식을 나눠주도록 했다. 이제 학생들은 음식을 개별적으로 구매하는 것이 아니라, 집에서처럼 원하는 만큼 덜어 먹을 수 있다. 어떤 음식이 부족할 때 학생들은 이렇게 말하면 된다. "콩 좀 더 줄래?" 양이 부족하거나 친구의 괴롭힘에 시달릴 필요가 없게 되었다.

또한 학생들은 자신에게 발언권이 있다는 사실을 인식하게 되었다. 아이들은 자신이 먹고 싶은 음식을 제안했다. 또 친구가 선택한 유기농 시금치를 보고 건강식에 대한 자극을 받았다. 식당은 학생들에게 음식의 원료를 공개했고, 학생들은 유기농과 몸에 좋은 지방, 혹은 글루텐에 대해 조금씩 알게 되었다. 그리고 집에 돌아가서는 건강 식단을 알리는 홍보대사 역할을 했다. 엄마에게 쿠키가 건강한 오일로 구운 것인지 묻는 등 말이다. 학생들은 이제 제도의 희생자가 아니라 제도의 공동 개발자가 되었다.

물론 이러한 점심 프로그램만으로는 건강과 가난의 문제를 모두 해결할 수 없다. 그러나 이러한 노력은 시작 단계로서 의미가 있다. 선순환은 이러한 노력에서 시작된다. 구내식당은 음식 쓰레기를 줄여 수익을 높이고, 학교는 혁신적인 프로그램으로 이름을 널리 알리며, 또 십대 운전자들이 인근 패스트푸드로 질주하는 일이 줄어들면서 지역의 교통은 안전해졌다. 전반적인 영양 섭취 개선은 질병의 감소, 학업 향상, 학생들 사이의 괴롭힘 감소에 직접적인 영향을 미쳤다. 이 모든 일은 학생들이 점심시간을 이끌 수 있도록 권한을 부여함으로써 시작되었다.

용기를 내어 자신의 영향력을 다른 사람에게 확장할 때, 우리는 어깨를 짓누르던 무거운 짐이 갑자기 가벼워졌다는 사실을 느끼게 된다. 그러면 더 무거운 짐을 들어올릴 수 있다. 이것이야말로 우리가 추구하는 선순환이다. 어느 자리에 있든 간에 우리는 다른 사람이 더 높은 꿈을 꾸고, 더 많이 배우고, 더 많이 실천하고, 더 많은 것을 성취하도록 자극할 수 있다.

5장   최대한 많이 칭찬한다

칭찬이 미치는 영향

: 칭찬 구두쇠 vs 칭찬 프리즘

사라는 회의실 문을 열고 들어서면서 멘토의 말씀을 떠올렸다. "자네와 그녀 중 한 사람일 거야."

그날 오후 로펌의 새로운 파트너가 결정될 회의실 자리에 앉으면서 사라는 자신의 실력이 경쟁자인 그녀보다 더 낫다는 사실을 입증해야 한다고 한 번 더 다짐했다.

파트너 자리에 오르려면 치열한 경쟁을 뚫어야 했다. 특히 그해에는 더욱 경쟁이 치열했다. 결국 최종 후보자로 사라와 또 다른 여성이 남았다. 둘 중 한 사람만이 기회를 잡을 수 있다. 사라와 그녀는 모두 비슷한 규모의 인수 프로젝트를 맡아서 일을 했고, 두 사람 모두 로펌에 많은 수익을 가져다주었다.

첫 면접에서 사라는 멘토의 조언을 떠올리고는 면접관에게 자신의 장점을 적극적으로 알렸다. 그동안 성공적으로 마무리했던 프로젝트에 대해 상세히 설명했다. 오직 한 사람에게만 허용된 기회를 거머쥐기 위해 자신의 역량을 최대한 돋보이게 늘어놓았다. 그런데 면접이 끝나고 회의실을 빠져나오면서 뭔가 찜찜한 기분이 들었다.

다음에 두 번째 면접이 있었다. 이번에는 고위 임원이 면접관으로 들어왔다. 사라는 이번에 좀 다른 태도로 임하기로 결심했다. 임원이 최근 인수 프로젝트 건에 대해 칭찬을 했을 때 사라는 첫 번째 면접에서 했던 것처럼 준비된 말을 똑같이 반복하지 않고 이렇게 답했다.

"감사합니다. 제게 가장 자랑스러운 성과였습니다. 그러나 공은 프로젝트에서 저와 함께 했던 직원들에게 돌려야 할 것 같습니다. 얼마 전에 입사했던 팀은 사흘 밤을 새워 저를 도왔습니다. 그리고 캐런(또 다른 파트너 경쟁자인) 역시 이번 프로젝트에 열심히 임했습니다. 그녀는 제가 함께 일했던 변호사들 중 가장 똑똑한 인재입니다."

나중에 사라는 두 번째 면접을 너무 저자세로 임한 것은 아닌지 걱정이 들었다. 첫 번째 면접에서 지나치게 자기 자랑을 한 듯하여 신경이 쓰였기 때문이었다. 이번에는 자랑보다는 동료들의 기여를 인정하는 것이 좀 더 진정성 있게 보일 듯했다. 그래서 사라는 두 번째 면접 내내 일관된 자세를 지켰다.

한 달 뒤, 사라는 그 임원으로부터 호출을 받았다. 그리고 자신이 파트너로 결정되었다는 소식을 들었다. 그 임원은 두 후보의 당락을 결정했던 차이점은 하나였다고 사라에게 설명해주었다. 캐런은 이번 프로젝트의 성과를 자신이 파트너가 될 자격이 있음을 입증하기 위한 근거로 활용했던 반면, 사라는 대신 팀원과 자신의 경쟁자, 그리고 그 임원의 선택까지 칭찬을 했다. 그것이 바로 사라의 차별화 지점이었다. 임원은 이렇게 말했다.

"능력도 뛰어나지만, 우리 기업이 꼭 필요로 하는 인재라는 생각에 당신을 택한 겁니다."

어떤 이들은 칭찬을 마치 귀한 보물처럼 여긴다. 그들은 최대한 많은 인정과 존경, 보상이 성공의 열쇠라고 믿는다. 이러한 믿음은 학교가 학생들을 가르치는 철학이자 비즈니스 세계가 요구하는 생각이다. 그러나 칭찬과 인정이 제로섬 게임이라고 생각하면 사람들은 받기만 하고 나누지는 않을 것이다. 결국 우리 모두는 칭찬에 굶주리는 칭찬 구두쇠가 될 것이다.

많은 이가 **칭찬은 재생 가능한 자원**이라고 생각하지 않는다. 그러나 칭찬은 선순환을 창조한다. 더 많이 칭찬할수록 더 많이 칭찬을 받는다. 인정과 칭찬은 더 높은 성과를 자극한다. 더 높은 성과는 다시 더 많은 인정과 칭찬을 자극한다. 즉, 칭찬은 할수록 늘어난다.

우리는 '칭찬 구두쇠'가 아니라 '칭찬 프리즘'이 되어야 한다. 빛이 프리즘을 통과하면 다양한 파장이 여러 각도로 굴절되면서 무지개가 만들어진다. 프리즘은 들어온 빛을 흡수하거나 굴절시키는 데 그치지 않는다. 더 많은 사람을 빛나게 함으로써 주변을 더 아름답게 만든다. 사라는 진정한 칭찬 프리즘이다. 그녀는 칭찬의 빛을 팀원들에게로 분산했다. 칭찬의 빛을 흡수해서 소멸시키지 않았다. 주변 동료를 밝게 비추면서 스스로 더 빛났다.

지난 5년간의 연구를 통해 나는 생태계 내 모든 구성원에게 진정한 칭찬의 빛을 발할 때 자신은 물론 집단의 잠재력까지 높일 수 있다는 사실을 발견했다. 앞서 《행복의 특권》에서는 다른 사람의 감정을 고양시킴으로써 그들의 열정과 성과를 높이는 방법에 대해 설명했다.[1] 그리고 여기서는 주변 사람의 집단적 동기와 성과를 끌어올리는 방법을 보여주는 새로운 연구를 소개하고자 한다. 이를 통해 우리는 생태계 전반에 걸쳐 잠재력을 유기적으로 배양하는 비옥한 토양을 만들 수 있다.

: **칭찬은 무한 자원이다. 마음껏, 제대로 하자**

더 많은 칭찬을 베풀수록 더 많은 칭찬을 받는다. 칭찬이 풍성할 때 칭찬 구두쇠도 칭찬을 베푼다. 칭찬이 무한한 자원이라면 아낄 이유가 뭐란 말인가? 칭찬을 아낄수록 우리가 받을 칭찬도 줄어든다. 한번 생각해보자. 팀이 거둔 성공을 혼자 차지했는데, 나중에 팀원들이 그 사실을 알게 된다면? 틀림없이 이기적인 팀장이라는 말을 들을 것이다. 다른 동료나 상사도 앞으로 일을 맡기는 데 주저할 것이다. 연인 사이에서 칭찬을 아낀다면? 상대는 칭찬은 물론 연인이 중요하게 생각하는 것에 대해서도 인색해질 것이다. 결국 관계 만족도는 떨어진다. 13세기 페르시아 시인 루미는 이렇게 썼다. "우울증은 칭찬에 대한 거부와 관련 있다."

문제의 핵심은 우리가 칭찬과 인정에 반응하는 방식이다. 칭찬에 대한 가장 일반적인 반응은 굴절이다. 즉, 칭찬을 받으면 우리는 대개 수줍음이나 겸손을 드러낸다("운이 좋았어요"). 아니면 칭찬이 귀한 자원이라는 잘못된 믿음으로 흡수해버린다. 그러나 굴절이든 흡수든 칭찬은 완전히 빛나기 전에 소멸한다. 우리는 칭찬의 빛을 받아들여 이를 다른 사람에게 굴절시키는 방법을 찾아야 한다.

칭찬의 빛을 거부할 때, 이는 소멸한다. 그러나 여러 방향으로 굴절시킬 때 더 밝게 빛난다.

상사나 부모로서 열정, 동기, 영감을 불어넣고 싶다면, 우리는 칭찬을 완전히 새롭게 생각해야 한다. 우리는 종종 의도하지 않은 실수로 칭찬의 불을 꺼뜨리고 만다. 한 가지 실수는 스탠퍼드대학교 교수 캐럴 드웩Carol Dweck이 자신의 저서 《마인드셋Mindset》에서 언급한 것으로, 과정이 아닌 결과에 대해서만 칭찬하는 것이다. 실수는 그것만이 아니다. 첫째, 우리는 다른 사람의 성공을 인정하면서도 본의 아니게 그들의 실패에 주목한다. 둘째, 비교를 통해 칭찬하려 한다. 다시 말해, 한 사람을 칭찬하기 위해 여러 사람을 희생시킨다. 우리는 팀 전체보다 개인(이미 충분한 보상을 받은)을 칭찬하는 데 더 익숙하다. 또한 칭찬은 사방으로 자연스럽게 발산하는 게 아니라 위에서 아래로 떨어지는 것이라 생각한다.

이 장에서는 기업과 공동체, 그리고 가정에서 칭찬의 힘을 극대화하는 여섯 가지 전략을 소개하고자 한다.

전략 #1: 칭찬과 비교를 잘 구분한다

전략 #2: 잘한 일, 장점에 집중하여 칭찬한다

전략 #3: 성취에 기여한 모든 사람을 칭찬한다

전략 #4: 칭찬을 보상의 수단으로 활용한다

전략 #5: 긍정적인 성향을 지닌 사람들을 격려한다

전략 #6: 미래의 잠재력을 칭찬한다

전략 #1 칭찬과 비교를 잘 구분한다

강연을 마치고 내가 종종 듣게 되는 칭찬 중 최악은 이러한 것이다.

"오늘 강연 중 최고였어요."

뭐가 문제일까? 우선 다른 강연자를 깎아내린다. 그때 다른 강연자가 곁에 있기라도 했다면? 다음으로 다른 경우에 내가 최고의 강연자가 아닐 수도 있다는 사실을 떠올리게 만들어 긴장감과 경쟁심을 자극한다. 이런 칭찬은 나를 격려하는 것이 아니라 앞으로 강연하는 데 불안감만 키운다.

비교는 우리가 칭찬을 하면서 쉽게 저지르는 보편적인 실수 중 하나다.

"당신의 보고서가 잭보다 훨씬 낫군요."

"당신이 여기서 제일 똑똑합니다."

"그날 경기에서 최고의 선수였어요."

이런 칭찬도 마찬가지다. 그 이유가 뭘까? **그건 사실 칭찬이 아니라 비교다.** 한 사람을 높이기 위해 다른 사람을 깎아내리는 것이다! 진정한 칭찬이란 이런 것이다.

"보고서가 훌륭했어요."

"강연이 흥미진진했어요."

이러한 칭찬은 그 대상을 다른 누군가와 비교하지 않는다.

어떤 사람이 더 낫다고 말하면 다른 사람이 '더 못하다'는 뜻이 된다. 그리고 '더 낫다' 혹은 '최고다'라고 칭찬할 때 우리는 무의식적으로 그 사람에 대한 기대를 낮추는 것이다. 다른 사람을 이기기 위해 노력한다면 그것은 충분히 큰 목표가 아니다. 다른 사람보다 더 낫다는 칭찬을 들을 때 사람들은 이제 노력을 그만해도 되겠다는 생각을 하게 된다. 잠재력 실현에는 근처에도 가지 않았으면서 말이다.

　다른 사람을 칭찬하고자 한다면 비교는 금물이다. 사실 나도 이러한 문제에서는 완전히 자유롭지 않다. 지금껏 나 역시 우리 가족을 포함하여 많은 사람을 그런 식으로 칭찬했기 때문이다. 그러나 지금은 그게 잘못된 칭찬이라는 사실을 알고 있다. 흥분을 감추지 못하고 자녀에게 "이번 경기에서 네가 제일 잘했어!"라고 말한다면 그 의도가 아무리 선한 것이었다고 해도 칭찬과 인정이 다른 사람과의 비교로부터 온다는 사실을 자녀에게 전하는 것이다. 비교 칭찬은 빅 포텐셜에 중대한 위협이다. 그럼에도 우리는 무심결에 그러한 실수를 저지른다.

　얼마나 자주 비교의 함정에 빠지는지 생각해보자. 사람들은 이렇게 말한다.

　"당신은 이 방에서 제일 매력적인/똑똑한/재미있는 사람입니다."

　그런데 한 사람을 칭찬하기 위해 나머지 모두를 깎아내려야 할 이유는 무엇인가? 또 그 사람이 자신보다 더 매력적이고/똑똑하고/재미있는 사람들로 가득한 다른 방으로 가게 된다면? 이제 우리는 이렇게 말해야 한다.

　"당신은 매력적이고 똑똑하고 재미있는 사람입니다." 비교 칭찬은 성공, 리더십, 창조성, 매력, 사랑 등 우리가 소중하게 생각하는 모든 것이 제한된 자원이라는 스몰 포텐셜의 마음가짐에서 비롯된다. 이러한 태도는 성공을 제로섬 게임으로 바라본다. 집단 내에서 일부만 성공할 수 있다고 말한다면 다른 모두의 열정과 야망, 잠재력을 짓밟는 것이다.

비교 칭찬을 멈추는 가장 손쉬운 방법은 최상급 표현을 사용하지 않는 것이다. '최고', '가장 빠른', '가장 똑똑한', '가장 예쁜' 등 최상급의 표현은 누군가 그 자체로 훌륭하다고 말하지 않고, 다른 사람을 깎아내림으로써 돋보이게 만든다. 내가 생각하는 최고의 칭찬 원칙은 다음과 같다. **다른 사람을 희생함으로써 어떤 사람을 돋보이게 하지 말라.**

그렇다면 강연을 마치고 내가 듣고 싶은 칭찬은 뭘까? 그것은 강연 방식에 관한 이야기가 아니다. 사실 나는 내가 강연에서 소개한 긍정적인 습관을 실천하고 있다거나, 또는 어려움에 처한 친구에게 내 책을 선물하겠다는 이야기를 제일 좋아한다. 누군가를 칭찬하는 가장 좋은 방법은 그의 조언에 따라 자신의 행동을 바꾸는 것이다. **최고의 칭찬은 행동 변화를 보여주는 것이다.**

우리 사회의 문화, 특히 교육 시스템은 미묘하면서도 위험한 형태의 비교 칭찬으로 가득하다. 유명 대학 교수 중 상당수가 상대 평가 방식을 고집함으로써 평가에 대한 왜곡된 태도를 드러낸다. 그들의 입장은 기존의 평가 방식으로 학생들의 학업 성취도를 높일 수 있다는 믿음에서 비롯되었다. 그러나 그 믿음은 착각에 불과하다.

첫째, 소수만이 A를 받을 수 있다고 말할 때 이는 학생들에게 학문적 성과는 제한적인 자원이라는 생각을 전하는 것이다. 이런 생각은 우리가 말하는 빅 포텐셜과 정면으로 대치된다. 둘째, 미국 아이비리그 학생들은 고향에서 수재 소리를 들었던 이들이다. 그렇다면 왜 대학에서는 30퍼센트가 반드시 C학점을 받아야 하는 것일까? 마지막으로 셋째, 학문을 사랑하는 똑똑한 학생조차 학점 걱정에 정말로 듣고 싶은 과목을 듣지 못하는 경우가 빈번하다.

어떤 이는 경쟁은 건전한 것이라고 말한다. 그리고 의대처럼 가장 우수한 학생을 선발해야 하는 곳에서는 상대 평가 방식을 엄격하게 적용해야 한다고 주장한다. 그러나 우리 사회에 의사 공급이 한참 부족한 현실을 고려할 때 이러한 주장은 설득력이 부족하다. 사실 많은 학생을 탈락시켜야 하는 주된 이유는 본과 과정을 담당할 교수 규모가 충분치 않기 때문이다. 그렇지 않다면, 아직 제대로 적응도 하지 못한 신입생을 탈락시켜야 하는 이유가 뭐란 말인가? 만약 충분한 학습 기회가 주어졌을 때 훌륭한 의사가 될 재목이라면?

이러한 측면에서 볼 때 오늘날 대학은 학생에게 충분한 성장 기회를 허락하지 않은 채 잠재력을 질식시키고 있다. 이로 인해 우리 사회에는 수많은 엘리트 의사가 아니라, 스트레스에 지치고 각성제에 중독된 의대생들, 그리고 많은 학생을 담당해야 할 부족한 수의 교수들만 남아 있다. 이러한 흐름이 계속된다면, 2장에서 소개했듯이 닭들은 알을 많이 낳는 것이 아니라 죽을 때까지 서로를 부리로 쪼아댈 것이다.

비즈니스 세계 역시 기존의 인사고과 시스템으로, 특히 직원들에 대한 상대평가 방식으로 비교 칭찬의 오류를 똑같이 저지르고 있다. 언뜻 생각하기에 이러한 평가 방식은 아무런 문제가 없어 보인다. 그러나 대학의 상대평가 방식과 마찬가지로 심각한 피해를 조직에 입힌다. 경영진이 인사고과에서 소수 직원에게만 A등급을 허용하는 기존 방식을 고집할 때 나머지 직원은 의욕을 잃거나 분노할 것이다.

〈하버드비즈니스리뷰〉에 발표된 한 흥미로운 기사에서 뉴로리더십연구소NeuroLeadership Institute의 데이비드 록David Rock은 기존 인사고과 시스템이 시대에 뒤떨어졌다는 주장을 몇 가지 근거를 바탕으로 제시했다. 가장 먼저, 최근 많은 기업이 채택한 상대평가 시스템은 오늘날 업무 방식을 전혀 고려하지 않는다. 점점 더 많은 업무가 다양한 팀에 동시에 속한 여러 직원의 협력으로 이뤄진다. 전 세계에 걸쳐 여러 팀이 함께 업무를 추진하는 경우도 드물지 않다. 록은 이렇게 주장한다.

"팀원의 개별성과를 정확하게 평가하기란 불가능에 가깝다. 특히 여러 팀에 속해서 업무를 추진하는 경우, 관리자는 팀원이 정확하게 어떤 일을 하는지, 그리고 업무의 구체적인 내용은 무엇인지 속속들이 파악하기 힘들다. 게다가 1년에 한번 이뤄지는 기존 평가 방식은 이러한 비즈니스 현실과 점점 더 멀어지고 있다."[2]

물론 이런 우려도 있다. 기존 평가 시스템을 완전히 없애버린다면 직원의 성과에 대한 칭찬과 인정도 사라지지 않을까? 그러나 사실은 정반대다. 뉴로리더십연구소는 30대 기업을 대상으로 한 분석에서 기존 평가 시스템을 중단할 때 오히려 관리자가 직원들에게 칭찬과 긍정적인 피드백을 3~4배 더 많이 준다는 사실을 확인했다. 다행스럽게도 앞서가는 일부 기업은 이러한 아이디어를 적극적으로 받아들이고 있다.

지난 몇 년 동안 나는 캘리포니아 북부에 있는 어도비Adobe 사와 함께 일을 하고 있다. 2011년 어도비 경영진은 직원의 성과와 만족감을 가로막는 요인을 규명하기 위한 대규모 회의를 열었다. 그리고 1~5점으로 이뤄지는 기존 평가 시스템을 주된 장애물로 지적했다. 그 시스템이 훌륭한 인재를 영입하고 유지하는 과정에 오히려 방해가 된다는 사실을 인식했을 때 경영진은 전면 폐지를 결정했다. 또한 연간 성과 평가로 하위 10퍼센트의 인력을 해고하는 아이디어를 처음으로 실시했던 GE조차 최근 시대에 뒤떨어진 평가 시스템의 상당 부분을 없앴다.

시어도어 루스벨트는 이렇게 말했다.

"비교는 기쁨을 앗아가는 도둑이다."

진심으로 누군가를 칭찬하고자 한다면 가장 먼저 비교를 중단해야 한다.

전략 #2 잘한 일, 장점에 집중하여 칭찬한다

2016년 말, 나는 프린세스크루즈라인Princess Cruise Lines과 계약을 맺었다. 그들의 요구 사항은 직원들의 열정, 긍정성, 행복이 고객 만족도에 어떤 영향을 미치는지 파악해달라는 것이었다. 물론 이를 위해 나는 그들이 운항하는 크루즈를 직접 타봐야 했다. 그 무렵 어머니의 70번째 생신과 부모님의 결혼 40주년 기념일이 있었다. 그래서 나는 이번 출장을 가족과 친지 26명과 함께하기로 결정했다.

언제나 내게 큰 도움이 되었던 우리 가족과 친척은 이제 행복을 조사하기 위해 함께 여행을 떠나게 되었다. 그중 어떤 이는 수제 초콜릿을 포함하여 선상에서 제공하는 모든 음식을 맛보면서 행복감을 연구했다. 좀 더 의욕이 넘치는 이는 어느 나라에 정박해 있는지에 따라 행복감이 어떻게 달라지는지를 분석했다. 당시 두 살이던 내 아들은 카리브해에 있는 국가인 벨리즈를 최고로 꼽았는데 그 이유는 트럭이 가장 많이 보였기 때문이다. (매일 낮잠을 자기 전 세 시간 동안 엄격한 조사를 바탕으로) 아들이 어느 나라에 트럭이 더 많은지 정신이 팔려 있는 동안, 나는 승무원들을 일일이 만나가며 무엇이 그들의 열정에 영향을 주는지 물었다. 그리고 크루즈 승객을 어떻게 대하고 어떤 서비스를 제공하는지 살펴보았다.

크루즈 여행 두 번째 날, 가족 연구팀 대표인 나와 여동생은 아래층으로 내려가 승무원들이 사용하는 방과 복잡한 복도, 다양한 내부 시설을 둘러보았다. 그리고 서른 명의 승무원과 함께 선상의 직장 생활에 대해 이야기를 나눠보았다. 나는 매번 이렇게 물었다.

"크루즈에서 일을 시작하고 가장 좋았던 적은 언제였습니까? 그리고 그 이유는 뭔가요?"

나는 크루즈에서 내려 열대 우림을 탐험했을 때라거나 갑판 수영장에서 오후의 자유 시간을 여유롭게 보냈을 때, 혹은 동료들과 파티를 열었을 때를 대답으로 예상했다. 그러나 놀랍게도 승무원들은 상사에게 칭찬의 말을 들었을 때 가장 기뻤다는 이야기를 들려주었다. 나와 여동생은 의아한 눈빛으로 서로를 쳐다보았고, 승무원들이 또 다른 순간을 떠올려보도록 유도했다. **그러나 8~9명의 승무원이 잇달아 상사의 칭찬을 최고의 순간으로 꼽자, 나는 어떤 중요한 진실을 목격하게 되었다는 느낌이 들었다.**

잠시만 생각해보자. 대부분 20대 젊은이인 승무원들은 크루즈를 타고 돌아다니면서 세상을 구경하고 이국적인 곳을 탐험한다. 그런데도 그들이 최고의 기쁨을 느꼈던 순간은 낯선 지역을 돌아다니거나 파티를 즐길 때가 아니었다. 대신 그들은 상사에게서 칭찬을 받을 때를 최고의 순간으로 꼽았다.

우리가 놀란 것은 그뿐만이 아니었다. 나는 상사에게서 인정받고 뿌듯함을 느낄 때, 승무원들이 새롭게 얻은 긍정적 에너지를 승객에게 그대로 나눠준다는 사실을 발견했다. 그들은 더 친절하게 승객을 대하고, 더 많은 도움을 주고, 더 효율적으로 업무를 처리하며, 더 수준 높은 서비스를 제공함으로써 승객이 더 좋은 여행을 누리도록 최선을 다했다. 크루즈에 탄 지 얼마 지나지 않아 나는 고객 만족도를 높이는 최고의 비결은 관리자가 승무원에게 진정성 있는 칭찬의 말을 자주 언급하는 것이라고 결론을 내렸다.

19세기 시인이자 극작가 오스카 와일드는 이렇게 말했다.

"매력적인 것을 (말하기를) 포기할 때, 우리는 무엇이 매력적인지 생각하는 것을 멈추게 된다."

이는 신경과학에서 말하는 '긍정적인 것에 주목하라'는 말의 완벽한 설명이다. 또한 내가 아내와 함께 PBS 프로그램인 〈행복을 불어넣기Inspire Happiness〉에서 선택한 전략이기도 하다. 말과 행동은 두뇌가 집중할 대상을 결정한다. 칭찬 거리를 찾기 위해 사회적 생태계를 면밀히 살필 때 우리의 두뇌는 긍정적인 요소에 주목하게 된다. 그리고 무언가에 주목할 때 두뇌는 그것을 반복한다. 오프라와 함께 했던 '슈퍼 소울 선데이'에서 언급했던 것처럼 "더 많이 축하할수록 우리의 삶에서 축하할 일이 더 많이 생긴다."

칭찬은 두뇌가 긍정적인 것에 집중하도록 만든다. 반대로 비난은 부정적인 것에 집중하게 한다. 또 우리는 두뇌가 집중하는 일을 반복한다. 따라서 칭찬은 칭찬을 낳는 것이다. 기존 성과 평가 방식이 실제 성과에 악영향을 미치는 이유는 직원들이 부정적인 것에 집중하도록 만들기 때문이다. 많은 관리자는 긍정적인 것이 아니라 잘못이나 개선해야 할 부분에 집중한다. 두뇌의 관점에서 볼 때 이러한 접근방식은 직원들이 장점보다는 단점에, 가능성보다는 결함에 더 많은 관심을 기울이도록 만든다. 그리고 긍정적인 것에 소홀하게 만든다. 우리 두뇌는 소홀하게 여기는 것을 반복하지 않는다.

물론 그렇다고 해서 관리자가 솔직한 피드백을 주어서는 안 된다거나, 개선 사항과 보완점을 지적해서는 안 된다는 뜻은 아니다. 우리는 문제와 결함을 직시해야 한다. 그럼에도 개선과 보완을 위해서는 열정과 힘, 에너지가 필요하다. 그리고 칭찬은 바로 그러한 정신적 자원을 공급하는 역할을 맡는다. 이러한 측면에서 칭찬은 개선과 발전을 이끄는 원동력이다.

일부 관리자는 분명한 비판도 확실한 칭찬도 아닌 중립적인 피드백이 더 낫다고 말한다. 사실은 그렇지 않다. 칭찬을 하지 않을 때 관리자는 긍정적인 행동을 강화할 수 있는 기회를 낭비하는 것이다. 칭찬이 없을 때 두뇌는 자연스럽게 부정적인 곳을 향한다. 그리고 자신에 대한 비판에 주목한다. 최근 두각을 드러내고 있는 젊은 신경과학자 브렌트 펄Brent Furl의 설명에 따르면, 비판, 거부, 두려움을 인식할 때 "두뇌는 사고 중추를 마비시키고 방어 기제를 활성화하는 신경전달물질을 분비한다. 그러면 더 충동적이고 예민해진다. 원래 인간은 실제로 존재하는 것보다 더 많은 위험과 비판을 인식한다."

관심은 두뇌에 무엇을 반복해야 할지 말해준다는 사실을 다시 한 번 명심하자. 이러한 점에서 우리는 매일 긍정적인 사례에 집중하는 연습을 해야 한다. 내가 제일 중요하게 여기는 습관이자 강연 때마다 늘 빼놓지 않고 이야기하는 것은 매일 아침 2분 동안(최대) 칭찬과 감사의 메시지를 문자나 이메일로 보내는 것이다. 이 습관은 여러 다양한 이유로 강력한 힘을 발휘한다. 첫째, 긍정적인 사례를 찾기 위해 주변 사람을 면밀히 관찰하게 된다. 나는 이를 통해 칭찬의 대상을 더 많이 발견한다. 기업 강연에서 이 습관의 중요성을 강조하고 난 뒤, 나는 아침에 쓰는 짧은 이메일 덕분에 하루 동안 칭찬하고 인정해야 할 더 많은 대상을 발견하게 된다는 이야기를 관리자로부터 종종 듣는다.

이제 잠시 책을 내려놓고 이 습관을 직접 실천해보자. 주소록에서 대상을 골라 문자메시지를 보내보자. 그리고 그 안에 진정성이 담긴 칭찬과 감사의 메시지를 담자. 매일 새로운 사람을 선택해보자. 친구, 직장 동료, 은사, 자녀의 선생님, 친척, 의사 등등. 칭찬 메시지를 계속 보내다보면 이 행동은 어느덧 습관으로 자리 잡을 것이다.

훌륭한 사례에 관심을 집중하는 태도는 긍정적인 행동을 강화할 뿐 아니라 사람들을 기분 좋게 만든다. 이는 다시 우리 자신을 기분 좋게 만든다. 여러분은 아마도 많은 사람이 칭찬을 자신에게 되돌려준다는 사실을 발견하게 될 것이다. 자신이 좋은 사람이라는 말을 얼마나 많이 듣게 되는지 깜짝 놀랄 것이다!

우리는 다른 이가 살아가는 세상을 밝게 해주고, 다른 사람은 우리가 살아가는 세상을 밝혀준다. 우리는 칭찬을 통해 상대에게 칭찬할 권리를 주는 것이다. 이제 그들 역시 칭찬을 베푸는 사람으로 거듭나고 그렇게 선순환이 시작된다.

크루즈 승무원, 일반 사무직, 또는 학생이든 간에 다른 사람이 성과와 잠재력을 개선하도록 도움을 주고 싶다면, 우리는 그들의 훌륭한 행동에 관심을 집중해야 한다. 빛이 프리즘을 통해 굴절되듯이 진정한 칭찬을 전할 때 그 칭찬은 굴절을 거쳐 자신에게 더 환한 빛으로 돌아온다. 그러기 위해서는 우리가 먼저 칭찬에 관심을 집중해야 한다.

전략 #3 성취에 기여한 모든 사람을 칭찬한다

나는 지난 10년간 500회 이상 세일즈 컨퍼런스에 참석해서 강연을 했다. 그렇다. 무려 500회나. 거기서 나는 많은 것을 목격했다. 처음 세일즈 컨퍼런스에 참석했을 때 나는 어색한 자세로 무대 위에 올랐다. 나를 향한 관중의 눈빛에 압도되어 짙은 안개 속에 갇힌 듯했다. "정글에 잘 오셨습니다!"라는 외침이 메아리 되어 울리는 것 같았다. 그날 나는 명상에 관한 연구, 일상생활 속에서 말 그대로 '소음을 제거하는' 방법을 주제로 이야기를 했다. 그리고 다른 컨퍼런스에서는 나를 소개한 경영자가 직접 무대로 올라와 유리벽 (사실은 설탕으로 만든)을 망치로 내려치는 장면을 지켜보았다. 그는 그 퍼포먼스를 통해 '세일즈를 가로막는 모든 장벽을 부술 만반의 준비가 되었다'는 각오를 직원들에게 강조하고자 했다. 세 번째 망치질에 유리벽이 산산조각 나면서 앞좌석에서 소란이 일었다. 사람들은 그게 진짜 유리인 줄 알고 깜짝 놀랐다. 또 다른 컨퍼런스에서는 뿔이 긴 소가 무대에 등장하기도 했다(그 이유는 아직까지 모른다). 어쨌든 내 말은 500회가 넘는 컨퍼런스에서 매번 깜짝 놀랄 만한 사건이 있었지만, 그럼에도 공통점이 항상 있었다는 사실이다.

컨퍼런스 동안 직원들은 가만히 앉아 CEO나 임원의 이야기를 듣는다. 연단에 선 그들은 비즈니스스쿨에서 배웠던 그대로 성과를 칭찬한다. 그들은 칭찬 거리를 찾기 위해 컨퍼런스가 열리기 몇 주 전에 비서에게 부탁해 누가 최고의 매출을 올렸는지, 누가 가장 많은 계약을 성사시켰는지, 또 누가 최고의 비즈니스 기회를 발굴했는지 알아본다. 그리고 그렇게 알아낸 우수사원을 무대 위로 불러 그들이 이룩한 성과를 읊어댄다. 그들과 악수를 나누고 기념사진을 찍는다. 그러고 나면 우수 사원은 다시 VIP 자리로 돌아간다. 그동안 95퍼센트의 직원들은 객석에 가만히 앉아 있다. 대부분 스마트폰으로 문자를 확인하거나 ESPN.com 같은 스포츠 사이트를 몰래

본다. 지루함과 비참함, 혹은 좌절감을 느끼면서 말이다.

최고 성과자에게 주어지는 이러한 유형의 칭찬을 나는 '스몰 포텐셜 칭찬'이라 부른다. 스몰 포텐셜 칭찬은 이미 최고의 자리에 오른 사람을 다시 한 번 조명한다. 그러고 나서 그 조명은 곧바로 꺼진다. 반면 **빅 포텐셜 칭찬은 훌륭한 성과를 가능하게 만든 지원 시스템 전반에 불을 밝힌다.** 직장 동료나 친구, 가족 등 성공에 기여한 모두는 칭찬의 '기반'이다. 우리가 기반을 칭찬할 때 우리를 지원하는 시스템 전체를 강화하게 된다.

그렇다고 해서 실적이 저조한 팀원들 모두에게도 트로피를 나눠줘야 한다고 말하는 것은 아니다. 그것은 진정한 칭찬이 아니다. 한 연구는 진정성 없는 칭찬을 할 때 오히려 신뢰를 잃어버리게 된다는 사실을 말해준다.[3] 다만 성과에 대해 칭찬할 때 그것을 가능하게 만들어준 다른 구성원의 노력도 동시에 인정해야 한다는 뜻이다. 물론 상위 성과자에 대한 칭찬을 중단하고 하위 성과자만 칭찬하라는 의미도 아니다. 득점을 기록한 선수 외에도 그 뒤에서 도움을 준 다른 선수의 노력도 인정해야 한다는 뜻이다.

득점을 기록한 선수는 이미 관중의 환호와 짜릿한 흥분을 보상으로 받았다. 마찬가지로 기업의 상위 성과자들은 승진과 연봉으로 보상을 받는다. 이러한 점에서 성공의 주인공은 아니지만 마찬가지로 중요한 역할을 수행한 이들에게 관심을 더 집중해야 하는 것이다. 칭찬 기반에 빛을 밝힐 때 그 빛은 최고 성과자를 더 돋보이게 만들 것이다.

상위 성과자에 대한 칭찬에 대부분 관심을 쏟는 바람에 '조직 전반의 사기'를 외면하는 경우가 종종 발생한다. 스페인의 한 연구팀은 〈기분이 좋을수록 더욱 강해진다Feeling Good Makes Us Stronger: How Team Resilience Mediates the Effect of Positive Emotions on Team Performance〉라는 제목의 논문에서 개인의 감정을 다뤘던 바버라 프레드릭슨Barbara Fredrickson의 연구 성과를 확장하여 팀의 집단적 감정에 주목했다.[4] 연구팀은 한두 명의 뛰어난 구성원이 팀 내에 존재해도 집단의 회복탄력성이 낮다면 팀 전체와 구성원들 개인의 성과 모두 어려움을 겪는다는 사실을 확인했다. 최고 성과자에게만 보상을 집중하는 방식은 필연적으로 구성원 사이에 시기, 질투, 건강하지 못한 경쟁심을 자극함으로써 조직의 회복탄력성과 사기, 신뢰를 망가뜨린다.

앨라배마대학교 미식축구팀 감독이자 성공적인 지도자로 손꼽히는 닉 세이번Nick Saban은 다른 감독들처럼 칭찬하지 않았다. 그는 개별 선수를 칭찬하지 않는다. 예를 들어 MVP 선수에게 먼저 트로피를 건네는 전통을 따르지 않는다. 세이번의 입장에서 특정 선수를 추켜세우는 것은 팀 전체의 역량을 향상하는 목표와 반대되는 일이다. 어떤 미식축구 선수도 혼자서는 챔피언십에서 우승할 수 없다. 마찬가지로 어떤 상위 성과자도 혼자서 비즈니스 성과를 일

귀넬 수 없다. 세이번의 철학은 이렇다. **우승에 대해 칭찬받아야 할 대상은 팀 전체다.**

미주리주 미식축구팀 감독을 역임한 게리 핑켈Gary Pinkel은 세이번에 대해 이렇게 평가했다.

"놀라운 일을 해냈습니다. 기적에 가까운 업적이죠. 최고의 선수들이 그의 시스템을 적극적으로 받아들이고 팀원의 한 사람으로 뛰도록 만들었습니다. 그게 핵심입니다. 선수들은 서로를 위해, 그리고 팀을 위해 뜁니다. 그래서 항상 좋은 성적을 올릴 수 있는 겁니다."[5]

세이번은 슈퍼스타가 아니라 기반을 칭찬함으로써 스타 시스템을 강화한다.

군대 조직 역시 칭찬을 어떻게 해야 하는지 잘 이해하고 있다. 내가 장학금을 받기 위해 해군 ROTC 신병훈련소에 들어갔을 때 교관들은 달리기나 행진을 가장 잘하는 훈련생에게 특별히 주목하지 않았다. 사실 전투 상황에서 한 사람이 얼마나 빨리 달리는가는 별로 중요하지 않다. 소대원 한 명이 뒤처지면 모두가 곤경에 처한다. 따라서 ROTC 훈련생 중 한 명이라도 장애물을 넘지 못하면 전체가 다시 시작해야 한다. 팀원 모두가 정해진 시간 안에 목표 지점에 도달하지 못하면 모두가 벌을 받는다. 한 사람이라도 고무보트에서 내리지 못하면 교관은 보트를 뒤집어버린다.

'함께 성공하거나 혼자 실패한다.'

이 구호는 빅 포텐셜의 핵심이기도 하다. 오늘날 학교와 기업이 반드시 주목해야 할 소중한 가치다.

조직의 규모와 상관없이 성공은 진공 상태에서 일어나지 않는다. 그래서 나는 칭찬을 받을 때마다(주로 내 책을 읽고 인생이 바뀌었다는 이메일이나 강연 후에 받는 기립 박수) 우리 팀원들에게 이렇게 말한다. "우리가 최고라는 이메일을 받았어요", 혹은 "대규모 컨퍼런스에서 강연 요청이 들어왔습니다." 그것은 우리 팀이 거둔 성과이기 때문이다. 비록 책 표지에 내 이름만 적혀 있고 나 혼자 강연 무대에 서지만, 우리 팀의 노력은 내가 쓴 모든 책과 내가 한 모든 강연의 일부다. 여러분의 경우도 마찬가지다. 그건 겸손이 아니라 사실이다.

앞으로 칭찬을 들을 때마다 누구의 도움이 있었는지 떠올려보라. 그렇다고 자신의 역할을 과소평가하라는 말은 아니다. 다만 자신이 받은 칭찬을 흡수해서 소멸시키는 것이 아니라, 굴절시켜 다른 사람들까지 빛나게 만들어야 한다는 뜻이다. 계약 성사를 위해 데이터를 정리해준 연구팀 직원이든, 공을 받아 달렸던 러닝백이든, 시험 전날 밤 퀴즈를 내준 가족이든 성공에 도움을 준 모든 이를 빛나게 만들어야 한다. 이를 통해 우리는 앞으로 계속해서 칭찬을 제공해줄 시스템, 즉 기반을 강화하게 된다.

같은 맥락에서 매일 아침 이메일이나 문자메시지로 누군가를 칭찬할 때 그 사람의 성공에 기여한 다른 사람들을 떠올려라. 예를 들어 직장 동료에게 획기적인 마케팅 캠페인 성공을 축하하는 메시지를 보내고자 한다면, 동료의 성공에 기여한 다른 사람에게도 비슷한 메시지를 보내라. 마이클 조던은 이렇게 말했다.

"재능은 경기를 이기게 하지만, 팀워크와 지성은 챔피언십 우승을 가져다준다."

칭찬은 슈퍼스타뿐 아니라 그를 도와준 모든 선수에게로 흘러가야 한다.

상위 성과자만 무대 위에 서게 할 것이 아니라, 비서든, 창고 직원이든, 멘토든 간에 성과에 기여한 모든 직원을 불러야 한다. 최고 성과자에게 포상을 할 때 그에게 도움을 준 사람도 함께 연단에서 감사를 표해야 마땅하다. 이미 집중 조명을 받은 슈퍼스타에게 더 많은 관심을 드러내기보다 존재감을 떨칠 기회를 좀처럼 잡지 못한 나머지 별들에게 관심을 표하라.

학교와 가정도 마찬가지다. 자녀가 뭔가 좋은 일을 했을 때 부모는 도움을 준 다른 이를 칭찬할 기회를 발견할 수 있다. 예를 들어 추운 날씨에도 형이 골을 넣도록 응원했던 동생을 칭찬할 수 있다. 또 동생에게 글을 가르친 언니를 칭찬할 수 있다. 혹은 자녀가 특정 과목에서 좋은 성적을 받아왔을 때 중요한 역할을 해준 담당 교사에게 고마움을 전할 수 있다.

기반을 칭찬하는 과정에서 중요한 것은 구체성과 진정성이다.

다시 말해 부하 직원에게 그저 "이번 프로젝트를 도와줘서 고마워"라고 두루뭉술하게 칭찬하는 것이 아니라, 그 직원이 이번 프로젝트에 어떤 기여를 했는지 구체적으로 언급하라. '첫째와 셋째에게 도움을 준' 둘째에게 고맙다고 말하지 말라. 오빠와 동생이 어떤 도움을 받았는지 구체적으로 표현하라. 칭찬의 구체성이 높아질수록 진정성도 함께 높아진다. 그런 칭찬을 받은 사람은 더 많은 이에게 칭찬을 선사할 것이다.

오늘날 개인의 성취는 시대에 뒤떨어진 개념이 되었다. 어떤 사람도 혼자서 신약을 개발하거나 암을 치료할 수 없다. 나아가 최고의 발견과 진보는 슈퍼스타가 아니라 스타 시스템에 의해 이뤄진다. 칭찬과 인정을 베풀 때, 이 점을 반드시 명심하자.

전략 #4 칭찬을 보상의 수단으로 활용한다

나는 〈하버드비즈니스리뷰〉 기사에서 〈포천〉 100대 기업의 한 경영자를 만난 이야기를 소개했다. 그는 내게 이렇게 말했다.

"우리 기업에는 칭찬이나 인정 프로그램이 필요 없습니다. 직원들이 열심히 일하도록 충분히 높은 연봉을 주니까요."

이는 경영자의 일반적인 착각이다. 그 생각은 높은 연봉이 곧 높은 열정을 의미한다는 믿음에서 비롯되었다. 오히려 나는 경영자의 연봉이 높은 이유는 직원의 열정을 일깨워야 할 책임을 맡고 있기 때문이라고 생각한다. 다시 말해 경영자가 칭찬을 아낀다면 자신의 소임을 다하지 못하고 있는 셈이다.

유능한 리더는 좋은 성과를 일궈낸 직원을 칭찬한다. 그러나 위대한 리더는 우수한 직원을 칭찬하는 동시에 그들 스스로 칭찬 생산자가 되도록 만든다.

많은 직원이 노력에 비해 충분히 인정받지 못한다고 느낄 때 그들이 느끼는 무력감을 어떻게 칭찬으로 전환할 수 있을까? 빛을 굴절시키는 프리즘에는 여러 면이 있다는 점을 떠올려보자. 학교와 기업, 단체 역시 마찬가지다. 칭찬의 빛을 상사에게서 기다리기보다 직급이나 지위와 상관없이 모두가 칭찬의 빛을 발하는 조직 문화를 구축해야 한다. 다시 말해 칭찬을 민주화해야 한다.

빅 포텐셜로 나아가는 두 갈래 길은 칭찬의 민주화에서 서로 만난다. 즉, 주변 사람의 역량을 강화함으로써 우리 자신의 영향력을 확장할 수 있다. 이를 위해 우리는 주변 사람을 칭찬 구두쇠가 아닌 칭찬 생산자로 바꿔야 한다.

나는 새로운 연구를 통해 인터넷 시대에 칭찬을 민주화하는 가능성의 문을 열었다. 그 아이디어는 애덤 그랜트, 아리아나 허핑턴 Arianna Huffington, 로브 로우Rob Lowe와 함께 강연을 했던 2015년 워크휴먼WorkHuman 컨퍼런스에서 시작되었다. 우리의 활동 분야는 모두 달랐지만 강연에서 전하고자 하는 메시지는 맥락을 같이했다. 그것은 긍정적이고 열정적인 조직을 구축하기 위해서는 실질적이고 확장 가능한 해결책을 마련해야 한다는 것이었다.

구체적으로 말해서 나는 칭찬과 인정으로 비즈니스 성과에 긍정적인 영향을 미치는 방법을 찾고자 했다. 이를 위해 나는 조직 내 구성원끼리 서로 칭찬하고 인정할 수 있도록 돕는 플랫폼을 개발한 업체 글로보포스Globoforce와 손을 잡았다. 그들의 플랫폼을 기반으로 조직 내 모든 구성원은 실시간으로 성공 사례에 대한 소식을 접하고 이를 따라할 수 있다. 현재 그 시스템의 효과는 서서히 모습을 드러내고 있으며 개선된 칭찬 프로그램의 개발을 위한 모형을 제시하고 있다.

가장 먼저 우리 연구팀은 제트블루항공JetBlue Airways을 대상으로 그 플랫폼의 효과를 시험해보았다. 미국 시장조사 기관인 J.D.파워J.D. Power에 따르면 11년 동안이나 저가 항공 중 고객 만족도에서 1등을 차지한 제트블루는 폭발적인 성장 이후로 서비스 중심적인 기업 문화를 구축하기 위해 직원들의 참여를 이끌어내는 과정에서 많은 어려움을 겪고 있었다. 제트블루는 팀워크를 중요시하는 문화적 가치에 주목했고 이를 위해 칭찬을 적극적으로 활용해야 한다고 생각했다.

이러한 결정에 따라 글로보포스는 제트블루의 'P2P 칭찬 프로그램'을 개발했다. 여기서 모든 '크루 멤버crew member'(제트블루 직원을 부르는 말)는 모범적인 행동과 성과에 대해 동료를 추천할 수 있다. 그들의 추천은 내부 뉴스피드를 통해 조직 전반에 공유된다. 또한 추천을 받은 직원은 공식적으로 감사와 축하의 메시지를 남길 수 있으며 포인트를 지급받는다. 이는 신용카드나 항공 마일리지와 비슷한 것으로 직원이 원하는 대로 사용이 가능하다. 포인트로 유명 레스토랑 상품권을 구입하거나, 휴가나 크루즈 여행을 위해 저축해둘 수 있다. 이 프로그램의 목적은 조직 전반에 걸쳐 칭찬을 민주화하는 것이다. 역할이나 지위에 관계없이 누구든 동료를 추천할 수 있고 스스로도 그 대상이 될 수 있다.

우리 연구팀의 실험 결과는 대단히 인상적이었다. 업무 성과와 직원 참여도가 뚜렷하게 증가했고 고객 충성도 역시 높아졌다. 구체적으로 설명하자면 **추천 사례가 10퍼센트 증가할 때마다 제트블루 직원들의 평균 근속 기간은 3퍼센트 늘어났고 참여도는 2퍼센트 높아졌다.** 또한 시만텍Symantec에 의뢰한 외부 평가 결과는 직원 참여도가 전반적으로 14퍼센트 높아졌다는 사실을 보여주었다. 이직이 기업 내에서 가장 많은 비용을 발생시키는 요인 중 하나라는 사실을 감안할 때(직원 한 명을 대체하기 위해 연봉의 20~150퍼센트에 해당하는 비용이 든다) 평균 근속 기간의 3퍼센트 증가는 조직 규모에 따라 많게는 수천만 달러의 비용 절감 효과를 의미한다.

또한 제트블루가 자체적으로 수집한 데이터는 참여도가 높은 직원들이 고객을 세 배나 더 자주 감탄하게 만들어주었고 고객의 긍정적인 피드백을 받을 가능성이 두 배나 더 높은 것으로 나타났다. 이러한 점에서 칭찬의 민주화는 직원의 행복감을 높일 뿐 아니라 고객의 만족도와 충성도에도 마찬가지로 영향을 미친다고 할 수 있다.

청찬을 위한 디지털 플랫폼은 냉정하고 비인간적인 시스템이 아니다. 더 많은 구성원이 청찬 프리즘으로 활동하도록 도움을 주는 근간이다. 이를 통해 많은 직원의 역량을 강화할 수 있다. 청찬이 완전히 자발적으로 이뤄진다는 점에서(인사팀의 지시나 인사고과에 따른 의무사항이 아니라) 유기적인 감사의 표현으로 느껴진다. 그리고 실제로 그렇다. 또한 추천을 받은 직원은 보상으로 자신에게 필요한 것을 선택할 수 있기 때문에 개인적인 만족감은 더 높다. 그 보상은 대량 생산된 전형적인 상패도 아니며, 게다가 채식주의자에게 스테이크 상품권을 주거나, 귀가 들리지 않는 직원에게 아이팟을 선물하는 것처럼 난감한 상황을 피할 수 있다(두 가지 모두 실제 사례다). 그리고 마지막으로, 청찬을 함께 공유함으로써 추천 대상자뿐 아니라 다른 모든 직원 역시 조직의 인정과 감사에서 동기와 열정을 얻는다. 로마의 시인 키케로는 이렇게 말했다.

"감사는 최고의 덕목일 뿐 아니라, 다른 모든 덕목의 원천이다."

여기서 한 가지 분명히 밝혀둘 게 있다. 청찬은 당연히 지급해야 할 연봉 인상을 대체하는 수단이 아니다. 청찬과 급여는 동시에 활용이 가능하다. 물론 좋은 성과에 대해 청찬과 더불어 연봉 인상까지 해준다면 바랄 게 없을 것이다. 그러나 기업의 자금은 한정적이며, 모든 기업은 필연적으로 힘든 시기를 겪게 마련이다. 이러한 점에서 감사와 인정을 보상의 수단으로 활용하는 것은 의미가 있다. 실제 연구 결과는 칭찬이 직원의 업무 만족감뿐 아니라 기업의 수익에도 도움이 된다는 사실을 보여준다. 칭찬은 연봉 인상을 보완함으로써 보다 완성된 보상 시스템에 기여할 수 있다.

링크드인과 손을 잡고 크리스티나 홀Christina Hall, 지미 은구엔 Jimmy Nguyen, 리비 브렌딘Libby Brendin과 공동으로 추진했던 한 연구 프로젝트는 칭찬의 투자수익률이 우리의 기대보다 훨씬 높다는 사실을 보여주었다.

한 가지 놀라운 점은 경제적 보상이 직원의 소속감이나 이직률에 큰 영향을 미치지 않는다는 사실이었다. 반면 칭찬의 '횟수'는 실질적인 영향을 미쳤다. 한 직원이 한 분기에 세 차례 이상 칭찬을 받을 때 다음 평가에서 그들의 성과 점수는 크게 상승한 것으로 드러났다. 그리고 **한 분기에 네 번 이상 칭찬과 인정을 받을 때, 그 직원이 1년 후 같은 직장에 머물 가능성은 96퍼센트로 높아졌다.**

일반적으로 새롭게 채용한 직원이 1년 동안 근속할 확률을 의미하는 유보율은 80퍼센트 수준이다. 칭찬 횟수가 한 번일 때에는 아무런 변화가 없다. 두 번일 때도 유보율은 비슷한 수준을 보인다. 그러나 세 번, 혹은 네 번일 때 유보율은 94퍼센트로 증가했다. 놀라운 변화가 아닐 수 없다. 직원 한 사람을 대체하는 데 들어가는 비용이 평균적으로 4만 달러에 달한다는 점을 감안할 때 단순히 계산해봐도 한 번의 칭찬은 1만 달러의 가치가 있는 셈이다! 이는 우리의 직장과 가정에 중요한 진실을 말해준다. 정말로 중요한 것은 한 번의 칭찬이 아니라 일상생활 속에서 칭찬의 범위를 계속해서 확장해가는 노력이라는 사실을 말이다.

놀라움은 여기서 끝나지 않았다. 어떤 직원이 네 차례 이상 칭찬을 받았을 때 그들이 '동료에게 베푼' 칭찬 횟수가 두 배로 증가한 것으로 나타났다. 즉, 우리는 마법의 티핑포인트를 발견한 것이다. **사람들은 네 차례 이상 칭찬을 받을 때 칭찬 생산자가 된다.** 이제 우리는 칭찬을 계속해서 확장하는 선순환의 출발점을 확인했다. 이를 통해 다른 사람의 역량을 강화함으로써 자신의 영향력을 강화할 수 있다. 다음에서 살펴볼 '히든 31'이 의미하는 바도 바로 이것이다.

전략 #5 긍정적인 성향을 지닌 사람들을 격려한다

칭찬의 선순환을 시작하려면 주변 사람을 칭찬 생산자로 바꿔야 한다는 점을 명심하자. 이를 위해 전반적으로 긍정적인 사람을 활성화해야 한다. 긍정심리학자인 내 아내 미셸과 팀을 이뤄 〈트레이닝매거진〉과 공동으로 추진한 산업 간 연구에서 놀랍게도 우리는 31퍼센트의 사람들이 스스로 '긍정적이지만 직장에서 그러한 성향을 잘 드러내지 않는' 사람이라고 생각한다는 사실을 확인했다. 긍정심리학에서는 드러나지 않은 31퍼센트를 일컬어 '히든 31'

이라 부른다. 나는 히든 31이 칭찬의 물결 효과를 일으키기 위한 핵심이라고 생각한다. 히든 31은 직장에서 긍정성의 챔피언이 되기에 조금은 부족한 사람들이다. 그러나 이들은 전반적으로 낙관적인 사람이기 때문에 더 수월하게 활성화시킬 수 있다.

이 연구 논문을 발표한 이후로 나와 미셸은 긍정적인 사람과 부정적인 사람 중 전반적인 환경에 누가 더 큰 영향을 미치는지 질문을 받곤 한다. 우리의 연구 결과는 둘 다 아니라고 말한다. 영향력이 큰 쪽은 긍정적이든 부정적이든 자신의 감정 상태를 더 잘 표현하는 부류다.

여기서 중요한 사실은 열정적이고 긍정적이지만 그러한 성향을 잘 드러내지 않는 사람이 무려 31퍼센트에 이른다는 점이다. 이 말은 곧 목소리가 큰 부정적인 사람이 전반적인 분위기를 좌지우지한다는 뜻이기도 하다. 이러한 점에서 긍정적인 조직을 구축하려면 히든 31에 해당하는 사람을 음지에서 양지로 끌어내야 한다.

히든 31을 칭찬 생산자 집단으로 전환하기 위해 가장 먼저 누가 이 부류에 해당하는지 확인할 필요가 있다. 우리는 공식적인 설문조사에서 개인적인 대화에 이르기까지 다양한 방법으로 이를 확인할 수 있다. 예를 들어 우리는 한 설문조사에서 이런 질문을 던졌다.

"직장에서 자신의 긍정적인 성향을 얼마나 잘 드러내는지 1~5점으로 평가한다면?"

"팀원들을 얼마나 자연스럽게 칭찬합니까?"

"여러분의 상사는 여러분의 아이디어를 얼마나 긍정적으로 받아들입니까?"

전반적으로 낙관적이지만 그 성향을 잘 드러내지 않는 사람은 변화를 위한 동기를 손쉽게 부여할 수 있는 부류다. 그럼에도 많은 리더는 주로 직원들의 비관적인 태도를 바꾸기 위해 애를 쓴다. 그러나 비관적인 태도에 신경 쓰는 것보다 낙관적인 사람들이 더 활발하게 자신의 생각과 느낌을 표현하도록 격려함으로써 부정적이거나 중립적인 조직 문화를 긍정적인 문화로 더 쉽게 전환할 수 있다.

나는 미셸의 책이 2,000년 인류 역사에서 가장 중요한 두 권의 책 중 하나라고 생각한다(지금 막 비교 칭찬을 했다는 사실을 인정한다). 그리고 이러한 생각이 다만 나의 편향이나 과장만은 아니라고 믿는다. 실제로 나는 내 아내를 무척 자랑스러워한다. 미셸은《행복을 전파하기Broadcasting Happiness》에서 히든 31을 활성화하는 두 가지 방안을 제시했다. 첫째, 더 많이 칭찬함으로써 자신의 '신호'를 강화한다. 더욱 적극적으로 칭찬함으로써(언어적인 칭찬이든, 대화 중 긍정적인 미소든) 우리는 칭찬의 대표 모델로 기능하게 된다. 동시에 대화 분위기를 긍정적인 쪽으로 전환할 수 있다(물론 비현실적인 몽상가가 아니라 합리적인 낙관주의자로 남아 있어야 한다). 둘째, 히든 31을 확인하고 그들이 더 자연스럽게 생각과 감정을 드러내도록 기회를 주어야 한다. 이를테면 축하 이메일을 보내도록 하거나, 아니면 누군가를 칭찬하는 대화에 이들이 자연스럽게 끼어들도록 기회를 마련해줄 수 있다(예를 들어 "밥의 프레젠테이션은 훌륭했습니다. 어떻게 생각하세요?"). 우리는 이러한 배려를 통해 내성적인 사람도 낙관적인 태도를 수월하게 드러내도록 유도할 수 있다.

생각과 감정을 자연스럽게 드러내게 하는 가장 좋은 방법은 이들이 결코 혼자가 아니라는 사실을 인식시켜주는 것이라는 점에서 나는 우리의 연구 결과가 의미 있다고 생각한다.

혹시 여러분도 전반적으로 낙관적인 성격이지만 주변 사람들처럼 적극적으로 그러한 성향을 드러내지 않는 부류라면 지금 용기를 가져도 좋다. 주변 사람의 31퍼센트가 마찬가지이기 때문이다. 다시 말해 우리가 만나서 이야기를 나누는 사람 중 3분의 1이 중립적이거나 부정적인 성격으로 보이지만, 실제로는 긍정적인 태도를 감추고 있을 뿐이다. 이들에게 먼저 진정한 칭찬과 긍정적인 격려로 마음의 문을 열 때 얼마나 많은 이가 똑같이 마음을 열어 보이는지 깜짝 놀랄 것이다.

전략 #6 미래의 잠재력을 칭찬한다

하버드에서 새 학기가 시작되기 하루 전, 매년 긴장과 흥분으로 들뜬 신입생을 대상으로 동아리를 소개하는 행사가 열린다. 이 행사에서 신입생은 여러 부스를 돌아다니며 가입하고 싶은 단체나 사교 클럽, 또는 챔피언십 우승에 도전하는 스포츠팀을 두루두루 살펴볼 수 있다.

그리고 이 행사가 열릴 때면 어김없이 블로커 감독이 서버홀 앞에 나타나 이곳저곳을 기웃거리는 신입생을 살핀다. 재학생들은 그의 이러한 모습에 익숙하다. 그러나 신입생은 그렇지 않다. 나도 예외가 아니었다. 그날 오후 서버홀을 지나 행사장으로 가는데 홍조를 띤 덩치 큰 한 남자가 갑작스럽게 내 길을 막아섰다. 그는 커다란 주먹을 내밀며 이렇게 말했다.

"학생, 노 저어본 적 있나? 내가 보기에 최고의 조정 선수가 되기 위한 이상적인 신체 조건을 가졌는데 말이야."

지금이라면 나는 그의 칭찬을 그냥 미소로 흘려보냈을 것이다. 그 무렵 내 두 다리는 70킬로그램의 체중도 버거울 정도로 허약했다. 그러나 그때는 그가 고도근시인지 의심하기보다 신입생 무리 속에서 내 재능을 알아본 놀라운 선지자라는 생각이 들었다. 나는 한 번도 노를 저어본 적이 없다고 답했다(예전에 웨이코 호수에서 요트를 한 번 타본 게 전부다). 그러자 블로커 감독은 커다란 손을 내 어깨에 올리며 이렇게 말했다.

"그러면 특별히 개인 지도를 해주지. 오늘 저녁 8시에 보트하우스에서 초대받은 사람만 들어올 수 있는 특별 모임이 열린다네. 거기서 신입 부원을 뽑을 거야."

나는 동아리 행사가 끝나기도 전에 부모님께 전화를 걸어 신입생 조정팀에 선발되었다는 소식을 전했다. 그러나 이야기의 후반부는 좀 실망스럽다. 저녁 8시에 그곳에 도착했을 때 보트하우스에는 나처럼 찾아온 신입생들이 적어도 100명은 넘었다. 초대받은 사람만 들어올 수 있다는 감독님의 말은 거짓은 아니었다. 다만 문제는 감독님이 만난 모든 신입생을 초대했다는 것이었다. 나중에 알게 된 사실이지만, 블로커 감독님은 해마다 그렇게 한다고 했다.

귀가 얇은 어린 신입생이 관심과 조언에 목말라 있을 때 블로커 감독님은 그들에게 관심과 조언을 주었다. 그래서 신체 조건이 조정 선수로 이상적이든 아니든 무려 100명이 넘는 학생이 (대부분 그 차이도 모르는)'좌현과 우현'을 맡을 선수를 선발하는 모임에 참석했던 것이다. 당연하게도 많은 이가 첫 테스트도 통과하지 못했다. 그리고 더 많은 이가 1년을 버티지 못했다. 그럼에도 중요한 것은 블로커 감독님이 신입생에게 '도전 기회'를 선사했다는 사실이다. 때로는 진흙 속에서 보석을 발견하기도 한다. 그들은 하버드 조정팀 주전을 맡고 세계적인 선수로 성장한다. 그렇지 못한 경우라 해도 블로커 감독님의 칭찬은 많은 학생이 잠재력에 대한 확신을 갖고 도전 정신을 억누르는 유리 천장을 제거하는 역할을 한다. (이후 이야기가 궁금하신 분들을 위해 말하자면, 그해 봄 나는 처음으로 조정에 도전했다. 그러나 우리가 탄 배는 레인 줄에 걸리고 말았고 여덟 명의 신입생 중 여섯이 더러운 찰스 강물을 너무 많이 마시는 바람에 더 이상 진행할 수 없었다.

그럼에도 노를 저어봤다는 사실만으로 뿌듯했다.)

우리는 다른 사람에게 힘을 실어주려 할 때 종종 '과거의 성공'에 집중한다. 그러나 '미래'도 얼마든지 칭찬 재료가 될 수 있다. 미래의 가능성은 잠재력에 대한 확신을 갖도록 해주기 때문이다. 그러므로 과거의 성공은 물론 앞으로의 가능성에 대해서도 칭찬을 해야 한다.

이를 위한 한 가지 방법은 블로커 감독처럼 미래의 잠재력에 관한 개인의 자질을 언급하는 것이다. 예를 들어 "기업에 많은 관심을 갖고 있는 걸 보니 여기서 훌륭한 리더가 될 것 같군요" 혹은 "정신력과 체력이 뛰어나군요. 우리 팀에 소중한 자산이 되겠어요"라고 말할 수 있다. 이러한 유형의 칭찬도 진정성이 담겨 있을 때 효과가 있다. 그래야만 상대방도 '기업에 대한 관심'이나 '정신력과 체력'을 정체성의 한 부분으로 받아들일 것이다. 그리고 훌륭한 리더나 조정 선수가 되려는 동기를 얻을 것이다.

나는 강연 중에 '내 고향 웨이코에 대한 잘못된 편견'에 대해 종종 언급한다[웨이코라고 하면 실제로 많은 미국인은 1990년대 데이비드 코레쉬David Koresh 사건 (코레쉬를 교주로 받드는 사교 집단으로 건물에 불을 질러 집단 자살 사건을 벌였다-옮긴이)이나 2015년 폭주족 간의 총격전을 떠올린다]. 그러나 최근 HGTV의 인기 리얼리티 프로그램 〈픽서 어퍼Fixer Upper〉 덕분에 많은 사람이 긍정적인 시선으로 웨이코를 바라보게 되었다. 이 프로그램을 본 적이 없는 독자를 위해 간단하게 설명하자면, 칩과 조안나라는 커플이 등장해서 웨이코 지역을 돌아다니며 흉가에 살고 있는 가족을 위해 집을 멋지게 개조해준다. 프로그램을 촬영하는 동안 무엇이 가장 마음에 드는지 물었을 때 칩은 이렇게 대답했다.

"아무도 주목하지 않는 곳을 발견해서 가치 있게 가꾸어주는 일이 좋습니다."

나는 바로 이러한 삶의 철학을 사랑한다. 그것은 곧 미래의 아름다움에 대한 칭찬이다. 다른 사람이 스스로 가능성을 발견하도록 도와줌으로써 그들 역시 주변 사람의 빛을 밝혀주는 프리즘으로 거듭난다. 빅 포텐셜은 이러한 노력으로 실현된다.

6장   나쁜 영향력을 방어한다

비관주의에 맞서는 일상의 기술

: 기쁨의 반대편에 있는 것

내 아버지는 신경과학자였다. 신경과학자의 장한 아들에 걸
맞게 내가 내 아들 레오에게 처음으로 보여준 영화는 픽사가 만
든 〈인사이드 아웃Inside Out〉이었다. UC버클리의 신경과학자 대
처 켈트너Dacher Keltner의 자문을 기반으로 제작된 이 영화는 기쁨,
슬픔, 분노, 혐오, 공포라는 인간의 다섯 가지 감정을 '기쁨', '슬
픔', '버럭', '까칠', '소심'이라는 캐릭터로 재미있게 의인화한 통
찰력 있는 애니메이션 작품이다. 다섯 캐릭터는 라일리라는 소녀
의 두뇌 속에서 주도권을 차지하기 위해 서로 경쟁을 벌인다. 어느
날 라일리는 고향 마을을 떠나 샌프란시스코로 이사를 간다(켈트너
에게 듣기로 그는 원래 '경외'와 '수치'에 해당하는 캐릭터도 제안했지만 픽사는

다섯 가지 감정도 다루기 벅차다는 이유로 거절했다고 한다).

나는 레오가 이 영화를 보고 자신이 왜 다양한 감정을 느끼는 지를 이해하고 각각의 감정에 이름을 붙여보길 원했다. 그리고 자아를 중요시하는 행복 심리학자로서 아이가 무엇보다 '기쁨'이라는 캐릭터를 잘 이해하길 바랐다.

일주일이 흘러 레오와 나는 타깃 매장 장난감 코너에서 우리 친구들을 만났다('만났다'라는 말은 구경만 하고 사지는 않았다는 뜻이다). 나는 〈인사이드 아웃〉에 등장했던 멋진 캐릭터 인형을 가리키며 이렇게 소리쳤다.

"레오야, 저기 기쁨이가 있네!"

눈을 부릅뜬 레오는 환한 미소와 함께 환호성을 지르며 달려 갔다. 그리고는 기쁨이 옆에 있는 인형을 안아들며 이렇게 외쳤다. "슬픔아!"

순간 나는 속으로 이렇게 말했다. '레오야, 안 돼.' 나는 또 한 번 기쁨이를 가리켰다. 그러나 레오는 나의 애원을 무시하고 슬픔이를 꼭 끌어안았다. 문득 그때가 대단히 중요한 순간이라는 생각이 들었다. 그래서 나는 또 다른 슬픔이를 들고 와서 매장 바닥에 주저앉아 레오와 나란히 슬픔이를 위로했다.

그 짧은 시간은 이 책에서 내가 여러분께 전하고자 하는 가장 중요하고 심오한 교훈의 순간이기도 하다. 일반적인 상식과는 반대로 기쁨, 슬픔, 분노, 공포, 혐오와 같은 감정은 빅 포텐셜을 가로막는 장애물이 아니다. 이 감정 모두 의미가 있고 또한 반드시 필요하다. 나는 강연에서 행복의 반대가 불행이 아니라는 이야기를 한다. 사실 불행은 긍정적인 변화를 위한 에너지다. 불행의 감정은 우리가 지금 외롭고 주변의 도움이 필요하다는 사실을 알려주는 역할을 한다. 그리고 자신이 소중하게 여기는 가치에서 멀어지고 있으며 지금의 일이 인생의 우선순위 속에 들어 있지 않다는 경고를 준다.

기쁨의 반대는 슬픔이 아니라 무관심이다. 무관심은 목표를 추구하기 위한 에너지를 모두 잃어버린 심리적 상태를 말한다. 우리가 기쁨을 잃어버릴 때 빅 포텐셜을 향한 여정에서 의미와 결실은 사라진다.

우리는 직장에서, 또 가정에서 삶이 순조롭게 흘러가기를 원한다. 그리고 더 많은 기쁨을 느끼고 더 많은 성공을 거두길 바란다. 모두가 자신의 의견에 동의하고 항상 즐거운 분위기에서 일할 수 있기를 소망한다. 그러나 뜻대로 되지 않을 때 우리는 좌절을 겪는다. 많은 사람이 빠지는 가장 깊은 함정은 빅 포텐셜을 실현할 수 있다는 확신을 잃어버리는 것이다. 악한 자에게 상을 주고 선한 자에게 벌을 내리는 이상한 세상에서 가수 존 메이어는 이렇게 노래했다.

"모든 게 거꾸로 돌아가네 / 우리 세상, 그리고 세상을 이끌어 가는 사람들 / 그래서 우리는 언제나 기다리지 / 세상이 바뀌길."

그러나 기다리기만 한다면 세상은 끝내 변하지 않을 것이다. **우리**

에겐 세상을 통제할 힘은 없지만, 그 안에 선한 가치를 지킬 힘은 있다.

　다행스러운 소식은 세상 모든 일이 순조롭게 흘러가지 않아도 빅 포텐셜을 향한 여정은 계속된다는 것이다. 공포, 분노, 슬픔의 감정이 갑자기 들이닥쳐도 좌절할 필요는 없다. 이러한 감정도 중요하다. 문제는 '균형의 상실'이다. 즉, 공포로 얼어버릴 때, 분노가 폭발할 때, 슬픔으로 절망할 때다. 그렇게 되지 않기 위해 우리는 마음을 극단으로 치닫게 하는 힘으로부터 자신을 '방어'해야 한다.

　2장 이야기를 다시 떠올려보자. 늑대가 다시 옐로스톤 국립공원으로 돌아왔을 때 비버들은 기뻐하지 않았을 것이다. 그러나 늑대는 실질적으로 생태계 균형을 '강화'시켜 주었다. 백신 주사는 우리 몸의 면역 체계에 바이러스를 투여함으로써 질병을 방어할 수 있는 힘을 강화한다. 마찬가지로 잠재력 생태계에서 외부 위협은 면역력을 높인다. 이러한 이야기는 부정적으로 보이는 것들이 어떻게 면역 시스템을 강화하고 균형을 유지하게 만들어주는지를 보여주는 좋은 사례다.

　이 장에서는 부정적인 특성을 경쟁력과 회복탄력성으로 전환하는 방법, 그리고 불균형한 세상에서 성공을 거두는 방법에 대해 이야기를 나눠보도록 하겠다.

： 부정적인 영향력에 대항해야 하는 이유

하버드대학원 시절에 나는 카페에서 글을 쓰고, 생각하고, 사람을 만났다. 때로 카페 생활이 지겨워질 때면 캠퍼스 내 여러 도서관을 돌아다녔다. 로스쿨에서 디자인스쿨에 이르기까지 도서관은 저마다 외관뿐 아니라 느낌도 사뭇 달랐다. 특히 로스쿨 도서관에서 공부할 때면 혼란과 짜증, 피로함이 극에 달했다. 그러나 왜 그런지는 몰랐다. 하버드 로스쿨 도서관의 어떤 요소가 나의 에너지와 집중력을 고갈시켜버렸던 것일까?

머지않아 나는 한 대학원생과 이야기를 나누면서 그 이유를 깨달았다. 그녀는 하버드에 꽤 오랫동안 머물렀고 캠퍼스에서 어떤 장소가 공부하기 좋은지에 대해 풍부한 정보를 갖고 있었다.

그녀는 주로 학부생이 찾는 와이드너 도서관을 "젊은이들의 낙관주의와 신지한 비즈니스, 조금 완화된 어색함의 유쾌한 조합"이라고 평가했다. 다시 말해 지지부진한 프로젝트를 위해 새로운 아이디어를 발견하기 좋은 장소라는 뜻이다. 다음으로 신학대 도서관은 "엄숙하면서도 심오한 영감이 떠오르는 곳"이라는 평가를 내렸다. 즉, 광범위한 주제를 다루는 논문을 쓰기에 적합한 곳이다. 또한 학부생 생활관 내 "부드러우면서도 감상적인" 도서관은 이메일을 쓰거나 연애를 하기에 좋다. 반면 로스쿨 도서관에 대해서는 "풍경은 멋지지만 톡 쏘면서 마지막에는 쓴맛까지 나는 곳"이라고 평했다. 그러고는 어떤 일에도 적합하지 않은 도서관이라고 결론지었다. 사실 그녀의 평가는 옳았다. 하버드 로스쿨 도서관은 캠퍼스 전체에서 가장 아름다운 두 곳의 도서관 중 하나임에도, 나는 몇 번 들르고 나서 마치 전염병에서 도망치듯 그곳을 피해 다녔다. 그 자세한 이유를 이해하기 위해 우리의 빅 포텐셜 연구에 다시 주목해보자.

3장에서는 감성적, 사회적 영향에 대해 우리 두뇌가 어떻게 반응하도록 프로그래밍되어 있는지 살펴보았다. 그리고 단 한 명의 긍정적인 구성원이 어떻게 집단 전체를 '감염'시키는지 확인했다. 마찬가지로 비관주의, 스트레스, 절망감은 간접흡연과 같은 악영향을 미친다.

엥거트Engert와 밀러Miller, 키르쉬바움Kirschbaum, 싱어Singer로 구성된 연구팀은 다른 사람이, 특히 직장 동료나 가족이 스트레스에 고통받는 모습을 지켜보는 것만으로 두뇌의 신경 시스템이 즉각적으로 반응하며, 스트레스 호르몬인 코르티솔 수치가 26퍼센트나 증가한다는 사실을 보여주었다. 또한 낯선 사람 역시 이와 같은 간접적인 스트레스를 준다. 전혀 모르는 사람이 스트레스를 받는 상황을 영상으로 볼 때 피실험자의 24퍼센트가 스트레스 반응을 보였다.[1]

UC리버사이드 연구원 프리드먼Friedman과 리지오Riggio는 누군가 불안을 느끼고 이를 언어적, 혹은 비언어적으로 뚜렷하게 표현할 때 그 모습을 지켜보는 사람들 역시 비슷한 고통을 느끼게 된다는 사실을 보여주었다.[2] 또한 실험을 통해 투명한 벽으로 나뉜 사무 환경에서 일하는 증권거래소 직원들조차 멀리 떨어진 동료의 몸짓을 바라보는 것만으로도 공포의 감정을 느끼게 된다는 사실을 입증해 보였다.

더 놀라운 점은 스트레스 장면을 보거나 듣지 않고도 반응할 수 있다는 사실이다. 우리는 스트레스 상황을 냄새로도 확인할 수 있다. 최근 연구 결과는 스트레스 호르몬이 땀으로 배출된다는 사실을 확인했다.[3] 인간의 후각 시스템은 그 호르몬 냄새를 감지할 수 있을 뿐 아니라 강한 스트레스에 의한 것인지, 아니면 약한 스트레스에 의한 것인지도 구분할 수 있다. 결론적으로 말해 주변을 부정적이고 스트레스에 지친 사람들로 둘러쌀 때 심리적 균형점은 열정적이고 긍정적인 쪽에서 무관심하고 부정적인 쪽으로 넘어간다.

경쟁이 치열한 대학 중에서도 가장 경쟁이 치열한 하버드 로스쿨은 마치 걱정, 불안, 혼란, 스트레스의 배양 접시와 같다. 내 동료 리즈 피터슨Liz Peterson은 연구를 통해 로스쿨 학생들의 입학 당시 비관주의와 우울감 수치는 평균인 반면, 4개월 후 전국 평균보다 세 배나 높아졌다는 사실을 확인했다. 매주 친목회나 사교 모임을 갖는 것으로 유명한 비즈니스스쿨과는 달리, 로스쿨 학생이 학교가 주최한 공식적인 모임에 참석하는 기회는 1년에 두 번 정도에 불과하다. 이로 인해 경쟁은 더 치열해지고 관계는 더 희박해진다. 화려한 양장본의 법학 사전과 두터운 사례집에 파묻혀 사법 시험을 준비하는 동안 로스쿨 학생들은 아마도 자신의 열정과 학습 효율성이 공격당하고 있다는 사실을 알아채지 못할 것이다. 그러나 이러한 공격을 전략적으로 '방어하지' 못할 때 경쟁심과 스트레스를 내뿜는 동료들과 같은 공간에 있다는 사실만으로 잠재력은 크게 위축될 것이다.

또한 오늘날 우리가 깨어 있는 시간 내내 다른 사람의 영향에 과도하게 노출되어 있다는 사실을 살펴보았다. 특히 직장인은 하루 종일 사무실 동료의 스트레스와 지친 에너지를 받아들인다. 게다가 부정적인 뉴스 기사나 소셜미디어의 역겨운 댓글을 쉬지 않고 흡수한다. 지하철이나 버스, 비행기 안에서 승객들의 다급한 몸짓을 보고서도 본능적으로 긴장감을 느낀다.

이러한 외부 영향은 현대 사회를 살아가는 우리로서 피할 수 없는 것들이다. 따라서 긍정적인 영향을 주는 사람을 발견해 주변을 둘러싸는 노력만큼이나 현대 사회에서 피할 수 없는 부정적인 영향자에 맞서 스스로 '방어하는' 노력도 중요하다.

안타깝게도 이러한 부정적인 영향자들은 오늘날 그 어느 때보다 더 많다. 뉴스는 우리의 시각을 부정적인 방향으로 유도한다.[4] 직장과 학교에서 스트레스를 주는 사람은 역사적으로 그 어느 때보다 많다. 우울과 불안으로 고통 받는 사람의 비중은 크게 늘었다.[5]

부정적인 영향자가 단 한 명만 있어도 우리가 살아가는 생태계 전반의 균형을 망가뜨릴 수 있다. 롭 크로스Rob Cross와 앤드루 파커 Andrew Parker는 《사회적 네트워크의 숨겨진 힘The Hidden Power of Social Networks》에서 그들의 의미 있는 연구를 소개했다. "직장 내 불안감 의 90퍼센트는 5퍼센트의 사람이 만들어낸다. 이들은 다른 사람의 에너지를 몽땅 고갈시킨다."[6]

또한 하버드 비즈니스스쿨의 연구 결과는 단 한 명의 부정적인 사람이 팀 내 슈퍼스타보다 훨씬 강력한 영향을 미친다는 사실을 말해준다.[7] 이제 우리는 부정적인 영향력이 아무도 모르는 사이에 생태계 전반에 침투하는 과정을 조금씩 알아가고 있다.

이런 의미에서 이 장은 '암흑의 마술'에 대처하는 방법에 대한 강의라 하겠다. 《해리 포터》 팬이라면 잘 알겠지만 악의 힘에 맞서 는 마법은 대단한 능력이다. 물론 여기서 그런 마법을 소개하겠다 는 것은 아니다. 대신 우리의 에너지와 창조성, 열정, 잠재력을 위 협하는 부정적인 영향력을 차단하고, 해체하고, 물리치는 다섯 가 지 전략을 제시하고자 한다.

전략 #1: 감정의 해자를 만든다
전략 #2: 심리적 요새를 세운다
전략 #3: 심리적 합기도를 배운다
전략 #4: 문제가 생기면 단호하게 벗어난다
전략 #5: 상황이 개선되지 않으면 과감히 포기한다

이 장은 분량은 짧지만, 최고의 방어 전략을 소개한다. 다섯 가지 전략을 모두 실행에 옮겨야 한다는 말은 아니다. 그것보다 직장이나 가정에서 지금 당장 실천에 옮길 수 있는 전략을 선택하는 것이 중요하다. 한 번에 하나씩 완전한 방어막을 구축하고 나서 다른 전략으로 넘어가자. 방어막이 절반밖에 완성되지 않았다면 침략자는 쉽게 넘어올 것이다.

우선 첫 번째 전략으로 이야기를 시작하자. 이 전략은 자신의 감정 상태, 낙관주의, 에너지를 부정적인 영향의 공격으로부터 지키기 위해 우리의 일상생활 주변으로 해자垓字를 만드는 작업을 말한다.

전략 #1 감정의 해자를 만든다

몽생미셸Mont Saint-Michel은 세계적으로 손꼽히는 아름다운 명소다. 대학을 졸업한 뒤 나는 프랑스 파리로 유학을 떠났다. 그곳에서 프랑스어는 완전히 익히지 못했지만 요리만큼은 완전히 섭렵했다. 한번은 주말을 이용해 몽생미셸 섬을 찾았다. 그 요새는 애니메이션 〈라푼젤〉과 비디오 게임 〈다크 소울〉의 배경 모티브가 된 장소이기도 하다.

백년전쟁을 치르는 동안 몽생미셸에 주둔했던 프랑스 군대는 그들보다 훨씬 더 강한 영국 군대의 전면적인 공격을 성공적으로 막아냈다. 그런데 그게 가능했던 것은 프랑스의 병력과 기술, 전략,

혹은 행운 때문이 아니라, 몽생미셸이 조수간만에 따라 섬과 육지가 되는 특수한 지역이기 때문이었다. 완전한 썰물 때를 제외하면 몽생미셸은 바다가 만든 해자에 의해 둘러싸인 섬이다. 몽생미셸의 해자는 좁고 얕은 인공 해자와 다르다. 그 해자의 폭은 만조 때 14미터에 이른다! 밀물이 섬으로 들어가는 좁은 길을 삼켜버리면 걸어서는 들어갈 수 없다. 따라서 프랑스 군대는 영국 군대의 공격을 하루 종일 방어할 필요가 없었다. 썰물 때에만 방어를 튼튼히 하는 것으로 충분했다. 나는 일상생활 속 방어 전략을 설명하면서 해자를 종종 비유로 들곤 한다.

오늘날 우리는 눈부신 기술 발전 덕분에 인류 역사상 그 어느 때보다 긴밀한 관계를 맺으며 살아간다. 그러나 관계를 잇는 미디어 수가 증가할수록 행복감은 오히려 낮아지고 있다. 주된 이유는 스마트폰 뉴스앱에서 트위터 피드, 페이스북 페이지, 이메일에 이르기까지 언제나 손쉽게 활용 가능한 다양한 미디어가 부정적인 소식을 끊임없이 전하기 때문이다. 게다가 우리는 그러한 정보에 중독되어 있다. 지금의 현실을 100년 전에 살았던 사람에게 설명한다고 상상해보자.

'믿기 어렵겠지만, 100년 후 인류는 전 세계 곳곳에서 벌어진 나쁜 소식을 즉각적으로 알 수 있게 됩니다. 아이폰을 한 번 터치하는 것만으로 긍정적인 감정과 집중력, 낙관적인 전망은 안개 속으

로 흩어지게 됩니다. 그게 뭔지는 나중에 설명해줄게요.'

오늘날 인류 역사상 최초로 한 번도 만나지도 않은 사람이 우리 삶에 부정적인 영향을 직접적으로 미칠 수 있는 시대가 열렸다.

긍정심리학자들은 부정적인 정보를 듣는 행위가 스트레스 수위에 직접적인 영향을 미친다는 사실을 알고 있다. 더 나아가 내가 최근에 미셸과 아리아나 허핑턴과 함께 추진한 연구 결과는 그 영향이 동기와 잠재력에 중대한 피해를 입힐 수 있다는 사실을 보여준다. 예를 들면 아침에 부정적인 뉴스를 몇 분 정도만 봐도 하루 동안의 전반적인 감정 흐름에 부정적인 영향이 발생한다. 우리는 그 연구에서 **아침에 부정적인 뉴스를 3분 동안 시청한 사람이 그로부터 6~8시간 후 불행함을 느낄 가능성이 27퍼센트나 증가한다**는 사실을 확인했다.[8] 이러한 점에서 매일 아침 뉴스를 시청하는 습관은 하루 동안의 열정, 에너지, 관계를 망치는 알약을 꼬박꼬박 챙겨 먹는 것과 같다.[9]

이로 인해 우리의 잠재력은 위축된다. 한 대규모 연구단체는 부정적인 감정이 비즈니스 성과에 악영향을 미친다는 사실을 입증했다. 힘든 과제에 직면할 때 부정적인 사람은 더 빨리 지치고, 더 쉽게 포기하고, 더 잘못된 대답을 내놓는다. 오늘날 부정적인 뉴스의 집중포화는 일상생활을 위험에 빠트린다. 이러한 뉴스를 보며 우리가 할 수 있는 일은 거의 없다. 문제 상황에서 자신의 행동이 아무런 의미가 없다는 생각을 일컬어 심리학자들은 '학습된 무력감'이라고 부른다. 학습된 무력감은 낮은 성과는 물론 우울증과 밀접한 관련이 있다.

결국 대부분 뉴스는 우리가 학습된 무력감을 느낄 수밖에 없는 세상 속 사건에 관심을 집중하게 만든다. 뉴스 화면 속에서 주식시장이 500포인트 떨어지고, 쓰나미가 해안 도시를 휩쓸고, IS가 테러를 저지르는 장면이 나온다. 우리는 이러한 사건을 막을 수 있는 힘이 자신에게 없다는 사실을 잘 알고 있다. 물론 세상이 어떻게 돌아가는지도 알아야 하지만 부정적인 뉴스에 대한 과도한 노출은 의도하지 않은 결과로 이어진다. 결국 세상 저편에서 일어나는 문제는 물론, 자신의 삶에서 일어나는 문제도 해결할 수 없다는 무력감에 압도당한다.

부정적인 소식의 원천은 비단 뉴스 채널만이 아니다. 짜증난 고객의 이메일, 불만 가득한 동료의 전화, 위압적인 상사, 비관적인 친구의 페이스북…… 모두 그러한 원천이다. 오늘날 소셜미디어는 하루 24시간 돌아가는 뉴스 채널과 같다.

우리를 암울하게 만들거나 하루의 기분을 망치는 원천은 그밖에도 아주 많다! 나는 사무실에서 일하고 있는데 고급 리조트에서 친구가 보내온 사진, 나는 아직 짝을 만나지 못했는데 결혼 소식을 알리는 친구의 트위터, 중요한 승진 기회를 내가 아닌 동료가 잡았다는 사실을 알려주는 링크드인 메시지, 나는 대학에 떨어졌는데 합격통지서를 들고 웃고 있는 친구의 페이스북 사진도 똑같은 역할을 한다. 물론 우리는 친구와 동료가 잘되길 바란다. 그러나 그것도 자신의 심리 상태가 좋을 때다. 심리적 에너지가 고갈되었을 때 우리는 질투, 슬픔, 분노와 같은 부정적인 감정에 더 쉽게 휘말리게 된다.

위험 요인은 우리 주변에 가득하고 우리는 자신의 성을 지킬 방법을 찾아야 한다. 한 가지 쉬운 전략은 일상생활 주변으로 해자를 만드는 것이다. 이 방법은 간단하면서도 효과적이다. 우선 내 사례를 살펴보자.

나는 아침에 일어나 모닝커피를 마시기 전까지, 그리고 침대 위에서는 어떤 미디어도 확인하지 않는다. 여기서 '미디어'란 뉴스와 이메일, 소셜미디어 피드를 끊임없이 방출하는 TV, 컴퓨터, 스마트폰 등의 장비를 말한다. 이 전략은 곧 몽생미셸처럼 하루 중 가장 취약한 시간에 우리를 지켜주는 바닷물로 둘러싼 해자와 같다. 막 잠에서 깨어났을 때 혈당은 낮고, 다리에 힘도 없고, 정신도 몽롱하다. 그동안은 부정적인 공격에서 자신을 지킬 에너지가 부족하다. 밤 시간 역시 마찬가지다. 잠들기 전 부정적인 뉴스를 접하는 것은 수면을 취하는 동안 자신의 심리 상태를 공포와 불안 쪽으로 기울이는 행위다.

실제 연구 결과는 긍정적이든 부정적이든 모든 형태의 미디어 콘텐츠를 잠들기 전에 접하는 행위는 두뇌를 다시 각성시켜 평균

한 시간의 수면을 앗아간다고 말한다.[10] 미국수면재단도 미디어 해자를 권하고 있다. 잠들기 30분 전 모든 미디어 장비의 전원을 끄라는 것이다. 또한 벤 카터Ben Carter 연구팀은 권위 있는 학술지 〈소아과학JAMA Pediatrics〉에 게재된 한 논문에서 아이가 잠들기 전 태블릿이나 휴대전화의 밝은 조명과 소리에 노출될 때 바이오리듬과 심리적 안정이 방해받는다는 사실을 확인했다.[11] 그러나 안타깝게도 요즘 6~17세의 아이와 청소년 중 72퍼센트가 스마트폰을 끼고 잠자리에 든다. 스마트폰은 이제 테디 베어와 같은 존재가 되었다. 이는 에너지와 집중력을 앗아가 학업 성과를 떨어뜨린다.

해자 방어 전략의 장점은 곧바로 실천할 수 있다는 것이다. 단지 유혹을 떨쳐내기만 하면 된다. 일어나거나 잠들 때 스마트폰을 보는 습관을 버리기가 처음에는 쉽지 않을 것이다. 그러나 장담하건대 노력하면 할수록 쉬워진다. 습관은 행동을 통해 형성되고 또한 사라지기 때문이다.

물론 해자가 직접적으로 부정적인 영향력을 사라지게 만드는 것은 아니다. 다만 일시적으로 공격을 저지함으로써 든든한 방어막을 구축할 수 있는 시간적 여유를 벌어준다. 하루 동안 미디어 장비를 전혀 사용하지 않는 방법과 더불어 연구로 검증된 다음의 네 가지 간단한 방법을 시도해보자. 이를 통해 부정적인 뉴스의 거센 물결로부터 자신을 보호할 수 있다.

▌알림 끄기

일주일 동안 스마트폰의 모든 알림을 중단으로 설정해 스마트폰의 노예에서 벗어나 뉴스를 주도적으로 선택해보자. 애플리케이션 알림은 물론 이메일 알림도 꺼라. 부정적인 내용이 아니라고 해도 모든 알림은 우리의 관심을 앗아간다. 그리고 가족이나 친구와 함께 보내는 시간, 다시 집중력을 높이고 에너지를 회복하기 위한 명상의 시간을 방해한다. 이러한 알림 기능에 굴복당하지 말라.

우리는 《시간 만들기Make Time》의 저자 존 제라츠키John Zeratsky가 '무한 풀infinity pool'이라고 언급했던 무한한 정보의 끊임없는 흐름 속에 휘말리는 실수를 종종 범한다.[12] 그러나 눈에서 멀어지면 마음에서도 멀어지는 법. 알림이 적을수록 집중력을 방해하는 공격과 더 수월하게 맞설 수 있다. 중요한 소식을 놓칠지도 모른다는 두려움에 넘어가지 말자. 정말로 중요한 일이라면 틀림없이 늦지 않게 소식을 접하게 될 것이다.

▌소음 줄이기

우리는 시끄러운 세상에서 살아간다. 소음은 점점 더 커져만 간다. 나는 전작 《행복을 선택한 사람들Before Happiness》에서 명상 수행은 비행기 안에서 노이즈캔슬링 기능이 있는 헤드폰으로 소음을 제거하는 것과 똑같은 방식으로 머릿속 부정적인 소음을 제거할 수 있다고 설명했다.

출근길에 라디오나 팟캐스트를 듣는다면 출발 후 5분 동안은 장비를 켜지 않는 방식으로 삶에서 소음을 조금이나마 줄여보자.[13] 그리고 라디오나 팟캐스트를 듣는 동안 광고가 흘러나올 때 소리를 줄여보자. 주변 소음으로 폭격당할 때 우리의 몸이 전하는 신호에 귀 기울이기는 쉽지 않다.

▌회의 디톡스

의미 없는 회의는 에너지와 생산성을 빨아들이는 블랙홀이다. 오늘날 수많은 기업과 팀이 이러한 회의로 어려움을 겪는다. 그런데 회의가 소음에 불과한 것인지, 아니면 실제로 생산적이고 필요한 것인지 어떻게 구분할 수 있을까? 이를 위해 드롭박스Dropbox 사례에 주목해보자.

드롭박스는 2주일 동안 모든 회의를 중단하는 과감한 시도를 했다. 회의를 영원히 중단할 수는 없다는 사실은 잘 알고 있었다. 그러나 2주간의 회의 디톡스 덕분에 그들은 기존의 습관에서 벗어나 개별 회의의 가치를 객관적으로 평가할 수 있었다. 그런 뒤 일상적인 회의를 재개했다.

드롭박스의 시도는 한 달 동안 당 섭취를 금하는 디톡스 프로그램과 같다. 이를 통해 우리는 어떤 형태의 에너지가 필요한지, 어떤 것이 없어도 되는지 파악할 수 있다. 이후 2년 동안 드롭박스의 회의 시간은 점차 짧아졌으며, 직원 수가 세 배로 증가했음에도 업

무 생산성은 더 높아졌다.[14)

▮ 자동 필터 장치

캐나다 기업인 존 스틱스John Stix는 이동통신 분야에서 엄청난 부를 벌어들인 인물이다. 다른 부모와 마찬가지로 스틱스 역시 자신의 자녀가 온라인 세상에 노출되는 문제로 큰 어려움을 겪었다. 스틱스는 기술이 이러한 문제의 원인이기도 하지만 동시에 해결책이 될 수도 있다고 생각했다. 그래서 그는 자신의 전문성을 발휘하여 '키즈와이파이KidsWifi'라는 장비를 개발했다.

콘센트에 직접 연결하는 무드등처럼 생긴 최첨단 라우터 장비 키즈와이파이는 복잡한 알고리즘을 기반으로 주변의 모든 장비에서 아이에게 적합하지 않은 콘텐츠를 확인하고 걸러내는 기능을 한다. 만약 이와 비슷한 장비를 가지고 부정적인 뉴스를 자동적으로 걸러낼 수 있다면 CNN닷컴에 접속해서 부정적인 뉴스와 긍정적인 뉴스의 비율을 마음대로 설정할 수 있을 것이다. 그러면 전쟁이나 재해 등 인류가 겪는 갖가지 고통에 대한 끔찍한 기사와 영상을 의식적으로 외면할 필요도 없을 것이다. 독자 중 누군가가 이런 기계를 개발해줬으면 좋겠다!

전략 #2 심리적 요새를 세운다

2016년 6월 12일, 사회에 대한 증오로 가득한 한 남성이 올랜도의 펄스나이트클럽에 있던 군중을 향해 자신의 분노를 무차별적으로 발산했다. 미국 역사상 가장 끔찍한 총기 난사 중 하나로 기록된 이 사건의 여파는 큰 사회적 혼란으로 이어졌다. 수십 명의 희생자가 한밤중에 그 지역의 유일한 1급 트라우마센터인 올랜도헬스병원으로 몰렸다.

그러나 불행 중 다행으로 올랜도헬스 직원들은 이와 같은 끔찍한 사건에 대한 대비가 철저히 되어 있었다. 의사와 간호사들은 모두 매년 실시하는 교육은 물론, 수많은 비극에 대한 경험으로 위기 상황에 대처하는 법을 잘 알고 있었다. 그들은 신속한 입원 절차, 불필요한 실수를 예방하기 위한 규칙, 의료진과 환자 가족 사이에 원활한 의사소통을 위한 시스템을 마련해두고 있었다. 또 심리적으로, 감정적으로 충분한 준비가 되어 있었다. 그들이 그럴 수 있었던 것은 엄청난 스트레스와 고통의 상황에서 침착하게 임무를 수행하고 희망의 끈을 놓지 않도록 위안을 주는 심리 훈련법을 개발했기 때문이다.

이번 총격 사건이 터지기 2년 전, 올랜도헬스병원 관리자들은 의료진과 행정 직원이 긍정적인 습관을 갖도록 만드는 교육 프로그램에 집중했다. 교육 프로그램을 시작하기에 앞서 이들은 나를 초청해 간호사부터 행정 직원에 이르는 조직 전반에 걸쳐 두 차례 강연을 하도록 했다. 다음으로 '오렌지색 개구리Orange Frog'라는 이름의 트레이너를 고용해 4장에서 소개했던 우화를 바탕으로 올랜도헬스만의 사회적 이야기를 만들어내도록 했다.

가장 먼저 병원 관리자들은 행정, 예산, 스트레스에 관한 언급 없이 곧바로 회의를 시작하는 방안을 선택했다. 그들은 대신 감사 이야기로 회의를 시작했다. 감사의 대상에 대한 이야기로 회의를 시작하는 훈련을 통해 직원들은 심리적 회복탄력성의 방어벽을 구축했다. 이후 펄스나이트클럽 총기 사고가 터졌을 때 그들은 희생자를 위해 그 방어벽을 적극 활용했다.

총기 사고가 터지고 나서 나는 올랜도헬스로부터 전화를 받았다. 그들은 최악의 참사가 벌어진 다음 날 아침에도 변함없이 감사의 말로 회의를 시작했다는 이야기를 들려줬다. 그들은 그곳의 희생자를 도울 수 있다는 사실에 대해, 전국에서 몰린 사랑의 손길에 대해, 그리고 기대어 울 수 있게 어깨를 내어준 사람들에게 감사를 드렸다. 스트레스, 충격, 슬픔으로 정신이 없던 순간에 그들은 감사를 통해 하나로 뭉쳤다.

나는 올랜도헬스의 한 관리자를 초청해서 그들이 처참한 비극 앞에서도 어떻게 동요하지 않고 꿋꿋이 임무를 수행했는지, 어떻게 공동체 지원을 받고, 총격 사건에 대한 새로운 이야기를 쓸 수 있었는지를 주제로 영상을 제작했다. 포지티브리서치positiveresearch.com에 들어가면 지금도 그 영상을 볼 수 있다. 극단적인 상황에서도 의미 있는 이야기를 발견할 수 있다는 사실을 분명히 확인하게 될 것이다.

요새는 전시에 상황이 불리한 쪽이 퇴각하기 위해 튼튼하게 구축한 군사 시설이다. 그리고 심리적 요새는 정신적으로 힘든 상황에서 물러설 수 있는 안전한 곳이다. **감사를 매일 실천하는 것도 심리적 요새를 구축할 수 있는 한 가지 사례다.** 여기서 나는 스트레스, 고난, 슬픔에서 자신을 지키기 위해 요새를 구축하는 몇 가지 방법을 소개하고자 한다.

▎기분 좋은 일 세 가지 떠올리기

하루가 힘들 때, 특히 좌절감이나 우울감이 느껴질 때, 나는 24시간 동안 일어난 기분 좋은 일 세 가지를 떠올려본다. 이러한 노력으로 내 두뇌가 다시 낙관적인 상태를 유지하도록 만들 뿐 아니라 외부 상황에 대처하는 정신적 역량을 강화할 수 있다.

두뇌가 낙관주의를 준비하도록 함으로써 회복탄력성을 강화하는 심리적 요새를 구축할 수 있다. 최근 연구 결과는 일상생활 속에서 일어나는 긍정적인 일을 떠올림으로써 업무 생산성을 높일 수 있다는 사실을 보여준다.

케임브리지대학교의 J. 챈슬러J. Chancellor, UC리버사이드의 K. 레이어스K. Layous와 S. 류보머스키S. Lyubomirsky로 구성된 연구팀은 일본에 있는 한 기업을 대상으로 6주 동안 기발한 실험을 진행했다.[15] 그들은 기업의 모든 직원이 업무 시간에 활동과 관계를 측정하도록 특별히 제작된 소시오메트리 명찰을 달고 다니도록 했다.

그리고 무작위로 직원들을 선별해 일주일 동안 있었던 기분 좋은 일 세 가지를 보고하도록 했다.

그 결과, 이 과제를 수행한 직원들은 6주 후 행복감이 더 높아진 것으로 드러났다. 게다가 많은 업무를 열정적으로 더 빨리 처리한 것으로 나타났다! 일주일에 10분간 기분 좋은 일을 떠올리도록 하는 것만으로 연구팀은 직원들이 더 열정적으로 더 많은 일을 더 빨리 처리하도록 만들었던 것이다. 덕분에 퇴근 시간도 앞당겨졌다.

우리는 이 방법을 직장과 가정에서 쉽게 실천할 수 있다. '감사 목요일'처럼 특별한 날을 정해서 한 주에 있었던 기분 좋은 일 세 가지를 떠올려보는 시간을 갖자.

▌ 힘나는 말로 대화 시작하기

한 연구 결과는 대화를 시작하는 말이 대화의 전반적인 분위기를 좌우한다고 말한다. 따라서 분노, 스트레스, 공격의 말로 대화를 시작하려는 움직임을 차단하는 노력이 중요하다. 내 아내이자 뛰어난 연구원인 미셸은 《행복을 전파하기》에서 '파워 리드power lead'를 통해 부정적인 대화 분위기를 막을 수 있다고 설명한다.[16]

전화 통화를 할 때 "너무 바빠서 정신이 없네"라거나 "이번 주는 시간이 너무 안 가. 금요일은 아직 멀었어"라는 말로 대화를 시작하지 말라는 뜻이다. 대신 한숨을 돌리고 이렇게 시작하자. "너랑 통화할 수 있어서 다행이야", 혹은 "당신과 함께 일하게 되어 기쁩니다."

마찬가지로 업무로 스트레스를 받은 동료의 부정적인 말이나 표정에 대해 똑같은 말과 표정으로 반응하는 대신 미소나 긍정의 끄덕임으로 대하자. "요즘 어떠세요?"라는 상대의 인사에 어려움을 토로하려는 충동을 자제하고 기분 좋은 말로 답하자(물론 진정성 있게). "좋은 하루가 될 것 같아요", "밖에 하늘이 얼마나 좋은지 몰라요." 이 간단한 대답만으로 스트레스와 피로, 퇴근 때까지 어떻게 시간을 때울 것인지처럼 부정적인 주제로 대화가 시작되는 것을 막고 긍정적인 분위기로 흐름을 이끌어갈 수 있다.

▌2분 명상하기

미래지향적인 기업은 최고가 되기 위해 기꺼이 위험을 무릅쓴다. 부실 자산을 매입하는 은행에서 파산한 기업에 1억 달러를 투자하는 헤지펀드에 이르기까지, 나는 금융적으로 위험한 선택을 한 다양한 기업과 함께 일했다. 그러나 미래지향적인 기업의 경영자도 하루 2분 호흡에 집중하는 명상 투자에는 종종 망설이는 모습을 보인다. 미셸과 내가 컨퍼런스에서 900회 넘게 강연을 하는 동안 고위급 간부가 명상의 장점에 대해 질문한 경우는 딱 '두 번'에 불과했다.

"더 빨리 움직이고 적은 투자로 많은 성과를 일궈내자."

이러한 생각은 근시안적이고 위험 회피적인 비즈니스 접근방식이다. 진정한 선견지명이 있는 경영자는 반대로 업무 속도를 늦추는 것이 직원의 생산성을 끌어올리기 위한 최고의 전략이라는 점을 이해한다.

긍정심리학을 조직 전반에 효과적으로 적용한 선도적인 기업인 애트나Aetna는 명상과 요가 훈련 프로그램을 도입함으로써 놀라운 성과를 확인했다.[17] 애트나 전체 근로자 중 이 프로그램에 참여한 1만 5,000명(1/4이 넘는)의 직원들은 일주일 단위로 동일 생산량을 달성하는 데 들어가는 시간이 평균 62분 줄어든 것으로 나타났다. 이 말은 곧 기업의 1인당 생산성이 연간 약 3,000달러 증가했다는 뜻이다!

그러나 이러한 결과조차 명상의 핵심 가치를 충분히 보여주지 못한다. 그 이유는 이직·채용·재교육에 들어가는 비용, 고객 서비스 및 세일즈 업무에서 직원에 대한 긍정적인 영향은 고려하지 않았기 때문이다. 내 유능한 동료이자 미국스트레스연구소 소장인 하이디 해나Heidi Hanna는 종종 이런 말을 한다.

"스트레스는 에너지의 신용카드입니다. 연체가 가능하지만 이자가 붙죠."

여기에 나는 '명상이 회복탄력성의 신용카드'라는 말을 덧붙이고 싶다. 명상에 더 많은 시간을 투자할수록 나중에 더 많은 보상을 얻을 것이기 때문이다.

내가 여기서 제안하는 명상은 하루에 세 시간씩 가부좌 자세로

딱딱한 바닥에 앉아 주문을 외는 그런 훈련이 아니다. 명상에 관한 연구 결과는 하루 몇 분만으로 충분히 효과를 볼 수 있다는 사실을 말해준다.

응용긍정연구소Institute of Applied Positive Research의 에이미 블랭슨Amy Blankson은 갓 입사한 구글 직원을 대상으로 흥미진진한 시범 연구를 추진했다. 여기서 블랭슨은 '하루 2분' 동안 명상하고 감사 일기를 쓰는 프로그램에 참여한 직원이 그렇지 않은 직원에 비해 더 높은 열정을 느낀다는 사실을 확인했다.

만일 명상에 대한 거부감이 있거나 '내가 할 수 있는 일'이 아니라고 생각한다면, 하루 2분 동안 호흡이 들어오고 나가는 것을 지켜보면서 현재에 집중하자. 미래를 내다보기 위해서는 미래에 대한 걱정을 잠시 미뤄둘 줄 알아야 한다. 그 대신 지금 여기서 자신의 심리적 요새로 돌아가는 연습을 하자.

전략 #3 심리적 합기도를 배운다

스트레스에 대한 걱정 때문에 스트레스를 받는 것은 이제 모든 사회의 취미가 되었다. 그 이유를 이해하기는 어렵지 않지만 우리는 스트레스와 맞서 싸우는 과정에서 그 힘을 더 강화하고 있다. 지난 몇 년 동안 우리가 추진한 연구에 따르면 스트레스를 위협으로 인식하는 태도는 신체에 부정적인 영향을 미치고 창조성, 생산성은 물론 전반적인 업무 효율에도 심각한 피해를 입힌다. 그러나 놀랍

게도 스트레스는 잠재력을 더 높여주기도 한다.[18]

스탠퍼드대학교 심신연구소Mind & Body Lab의 앨리아 크럼Alia Crum, 예일대학교 감성지능연구소 설립자 피터 샐러베이Peter Salovey 와 함께 투자은행 UBS에서 추진했던 실험에서, 우리는 팀 리더가 스트레스를 긍정적인 요인으로 바라볼 때, 즉 스트레스를 위협이 아니라 도전 과제로 인식할 때 팀원들의 건강에 미치는 부정적인 영향이 8퍼센트 줄고, 향후 3주간 업무 생산성이 8퍼센트 증가한다 는 사실을 확인했다.[19]

그렇다면 스트레스를 어떻게 새로운 시선으로 바라볼 수 있을 까? 앨리아는 자신의 아버지 토머스 크럼Thomas Crum과 함께 이를 위한 효과적인 방법을 개발했다. 사실 앨리아와 그녀의 아버지는 모두 합기도 유단자다. 합기도는 상대의 공격에 정면으로 대응하기 보다 힘의 방향을 바꾸는 호신술이다. 두 사람은 합기도 정신을 기 반으로 심리적 호신술을 개발했다. 이 방법의 핵심은 스트레스를 막거나 부정하려는 노력을 중단하고 대신에 에너지 방향을 긍정적 인 쪽으로 돌리는 것이다.

누구든 심리적 합기도를 일상생활에서 쉽게 활용할 수 있다. 스트레스를 억압이 아니라 강화의 에너지로 전환하기 위해서 먼저 모든 스트레스 원천에는 의미가 담겨 있다는 사실을 이해해야 한 다. 스트레스는 없지만 지루한 일을 하는 사람을 알고 있는가? 그 를 보면 자신도 그런 일을 하고 싶다는 생각이 드는가? 아마도 아닐 것이다. 스트레스가 심해도 지루하고 무료한 것보다는 낫다.

나는 스트레스가 없는 가정이나 결혼 생활, 혹은 인생을 만난 적이 없다. 그 이유는 **스트레스가 의미로부터 비롯되기 때문이다.** 예일대학교 연구원과 함께 UBS에서 추진한 연구를 통해 나는 스트레스의 부정적인 효과는 우리가 의미에서 멀어질 때 높아진다는 사실을 확인했다.

자신의 이메일함이 스팸 메일로 가득하다고 상상해보자. 그래도 스트레스는 받지 않을 것이다. 몽땅 삭제해버리면 그만이다. 반면 비즈니스 관계자나 가족, 친구에게서 온 이메일로 가득하다면 다를 것이다. 어떻게 해야 늦지 않게 모든 메일에 답해줄 수 있을까?

마찬가지로 자녀의 친구가 수학에서 낙제점을 받았다면 스트레스를 받지 않을 것이다. 그러나 여러분의 자녀가 그랬다면? 우리는 관심을 기울일 때만 스트레스를 받는다. 나는 원고 마감으로 스트레스를 받는다. 그건 내가 이번 작품에 대해 각별한 애정을 갖고 있기 때문이다.

어떤 일에 스트레스를 느낀다면 스스로 이렇게 물어보자.

"왜 그것에 많은 관심을 기울이는가?"

그 이유를 생각해보고 필요하다면 종이에 적어 모니터나 냉장고에 붙여두고 곰곰이 고민해보자. 학생 시절에 시험이나 논문 준

비로 스트레스를 받을 때 나는 내가 학점과 졸업에 그토록 신경을 쓰는 이유에 대해 생각했다. 그러던 어느 날 갑자기 에너지가 다시 솟구치는 것을 경험했다.

우리의 두뇌는 에너지 낭비를 혐오한다. 따라서 뭔가에 대한 가치를 잃어버릴 때 그 대상에 에너지를 투자하지 않으려 한다. 심리적 합기도는 스트레스 에너지를 자신이 의미 있게 생각하는 대상으로 전환하는 방법이다.

자녀의 행복이든, 강인한 리더로서의 평판이든, 팀에 대한 약속이든, 스트레스를 주는 대상에서 다시 한 번 의미를 발견할 때 우리는 그 대상을 우선순위 목록에 집어넣어 에너지를 생산적인 방향으로 흘러가게 만들 수 있다. 새롭게 시작한 흥미로운 프로젝트에 관한 이메일이 들어 있을 거라고 생각하면 가득 찬 메일함은 더 이상 스트레스 원천이 아니다. 자녀에 대한 사랑을 떠올리면 아이를 차에 태우고 축구 훈련장과 치과를 분주히 돌아다니는 일은 별로 힘들게 느껴지지 않을 것이다. 켈리 맥고니걸Kelly McGonigal 박사는 《스트레스의 힘The Upside of Stress》에서 이렇게 설명했다.

"불편함을 피하지 말고 의미를 찾으려고 노력하면 건강에 더 도움이 된다."

모든 스트레스 요인에는 우리가 중요하게 생각하는 가치가 숨어 있다. 스트레스에 맞서 싸울 수도 있지만 스트레스를 에너지와 열정의 원천으로 이용할 수도 있다.

많은 경영자가 내게 전화해서는 최근 그들의 회사가 엄청난 변화와 시련을 겪고 있다는 이야기를 들려준다. 이로 인해 업무 효율성이 떨어지고, 인재가 빠져나가고, 조직 체계가 흔들린다고 말한다. 그러면 나는 군대를 떠올려보라고 이야기한다.

군대에는 언제나 스트레스와 불확실성이 존재한다. 신입은 휴가지 해변이 아니라 신병훈련소에서 땀을 흘린다. 그럼에도 군대는 그 어느 조직보다 더 높은 효율성과 확실성, 충성심을 자랑한다. 그것은 수세기에 걸친 훈련을 통해 (1) 새로운 시각으로 바라보고, (2) 언제나 동료와 함께함으로써 의미 있는 이야기와 사회적 관계를 만들어낼 수 있다는 사실을 배웠기 때문이다.

군대 문화는 스트레스를 위협이 아니라 공동의 과제로 바라보게 함으로써 자부심을 심어준다. 사실 이 이야기는 군대에만 국한된 것은 아니다. 군대가 무기를 대량학살 도구가 아니라 최고의 방어 수단으로 바라보는 것처럼 세상의 모든 기업과 조직은 스트레스를 잠재력을 높이는 원동력으로 바라볼 수 있다.

혼자서 스트레스를 해결하고자 할 때 결과는 재앙으로 이어질 수 있다. 그러나 스트레스 에너지를 다른 사람을 돕는 데 쓴다면 부정적인 영향을 없앨 수 있을 것이다. 2년 전 나는 〈스테이트 오브 플레이State of Play: Happiness〉라는 제목의 HBO 다큐멘터리 프로그램

제작에 참여했다. 여기서 나는 제작진과 함께 긍정적인 감정을 자연스럽게 표현하기 힘든 문화 속의 스트레스가 높은 상황에서 탄력적인 사회적 지원 시스템을 구축하는 방법을 소개했다.

프로그램 전반부는 평균 경력이 3.3년에 불과한 NFL 소속팀들이 어떻게 선수들의 행복감을 높이는지 다룬다. 사람들 대부분 NFL 세계가 경쟁이 치열하고, 항상 부상의 위험이 있고, 모두들 너무 '거칠어서' 감정에 관한 이야기는 나누기 힘들 것이라 생각한다.

후반부는 최정예 특수 부대인 네이비실의 이야기를 다룬다. 이곳에서 개인의 감정은 고려 대상이 아니다. 또한 부상의 위험을 넘어 죽음의 위험까지 항상 존재한다. 이 프로그램은 NFL과 네이비실 사례를 통해 팀워크와 열정, 충성심의 비밀은 스트레스 그 자체가 아니라 '함께 스트레스를 이겨내기 위해 서로 협력하는 과정'이라는 사실을 확인시켜준다.

예를 들어 NFL 뉴욕자이언츠에서 디펜시브 엔드(4명의 수비 라인에서 바깥쪽에 위치하는 두 명을 칭하는 용어-옮긴이)로 활약한 마이클 스트라한은 내게 '부상에 대한 걱정이나 은퇴를 고민했던 시즌이 아니라, 우승을 향한 열망으로 동료들과 적극적으로 도움을 주고받았던 시즌의 성적이 훨씬 좋았다'는 이야기를 들려주었다. 나는 여러 네이비실 대원과 NFL 선수들에게 비슷한 이야기를 듣고 난 후 기업과 조직을 위한 중요한 교훈을 얻었다. 그것은 **우리가 속한 조직이 스트레스를 개인적 부담이 아니라 집단적 과제로 바라보도록 만**

들어야 한다는 것이다.

다큐멘터리가 방송으로 나가고 1년이 흘러 나는 무주택 서민을 지원하는 비영리단체인 해비타트Habitat의 CEO 조너선 렉포드Jonathan Reckford와 인터뷰를 나눌 기회가 있었다. 나는 그에게서 스트레스를 위협이 아니라 동기를 부여하는 기회로 바라보는 조직 문화를 구축하고 유지하는 비결에 대해 듣고 싶었다. 렉포드는 내게 매년 수천 명이 숭고한 사명을 추구하고 세상을 변화시키기 위해 자원봉사자로 등록한다는 이야기를 들려줬다. 그러나 지원자 중 많은 이가 조직의 한계와 예산 부족, 이상과 현실 사이의 괴리를 느끼고, 조직과 시스템이 자신의 열정을 가로막고 있다고 생각하면서 쉽게 그만둔다고 했다.

그럼에도 일부 지원자는 이러한 문제를 자신의 열정에 대한 장애물로 보지 않고 오히려 잠재력을 최대한 실현하도록 자극하는 도전 과제로 인식한다. 그들은 묻는다. "어떻게 해야 소중한 자원을 효과적으로 활용할 수 있을까?", "어떻게 해야 관료주의와 같은 장애물을 극복할 수 있을까?", 그리고 더 중요하게 "세상을 더 나은 곳으로 바꾸기 위해 이곳에 모인 사람들과 어떻게 도움을 주고받을 수 있을까?"

렉포드는 CEO로서 자신의 역할이 리더와 구성원 모두 세상을 새로운 시선으로 바라보도록 영감을 주고 교육하는 것이라고 생각했다. 다시 말해 스트레스를 포기해야 할 이유가 아니라 팀워크를 강화하고 열정을 끌어올리는 원동력으로 바라보도록 만들고자 했다.

이 방법을 일상 속에서 어떻게 적용할 수 있을까? 먼저 가능성과 위험 부담이 모두 높은 상황에 처해 있다면 스스로 이렇게 물어보자.

"여기서 나와 운명을 함께할 사람은 누구일까?"

직장 동료, 학교 친구, 개인적으로 알지 못하지만 네트워크나 지원 단체를 통해 만난 사람 등 우리는 힘든 상황을 함께 헤쳐나갈 누군가를 발견할 수 있다. 무거운 짐이 혼자 져야 할 부담이 아니라는 사실을 이해했다면 자신과 함께할 사람을 동정하기보다 그들을 도울 수 있는 다양한 방법을 시도하자. 이를 통해 도전 과제를 자신의 공감 근육을 강화하는 기회로, 또 지원 네트워크의 유대 관계를 다질 수 있는 기회로 바라보게 된다.

다음으로 스트레스를 주는 요인에 대해 이야기하는 방법에 주목하자. 가족에게 자신의 업무가 짜증 나고 골치 아프고 버거운 것이라고 설명하는 대신, 새로운 사람을 만나고 배우고 잠재력을 높이는 기회라고 말해보자. 처음에는 스스로 의문이 들지 몰라도 우리가 선택한 표현은 자기 자신은 물론 주변 사람의 태도와 인식까지 서서히 바꿔놓을 것이다.

자신의 직장에 대해 언제나 투덜거리는 부모 밑에 숙제나 운동을 매번 징징대며 미루는 자녀가 있는 가정을 본 적이 있을 것이다.

부모(그리고 직장 상사)는 자신의 행동을 통해 자녀(그리고 팀원)를 교육한다. 그러므로 자신의 말과 행동으로 자녀와 팀원은 물론 자기자신까지도 힘든 과제를 피해야 할 장애물이 아니라 도전해야 할 기회로 바라보도록 하자.

▌실패도 기회로 바라보기

실패에 대한 인식을 새롭게 바꾸는 것 역시 심리적 합기도의 또 다른 기술이다. 많은 이가 실패도 스트레스나 전염병처럼 피해야 할 위험이라 생각한다. 그러나 우리는 실패 역시 얼마든지 에너지와 동기 부여의 원천으로 삼을 수 있다.

스탠퍼드대학교의 캐럴 드웩은 특히 실패를 바라보는 마음가짐이 잠재력에 어떤 영향을 미치는지 처음으로 연구를 통해 규명하고자 했다. 실패를 성장의 구름판으로 생각하는(성장형 태도) 아이가 실패를 절망적이고 지능과 재능의 결핍으로 받아들이는(고정형 태도) 아이보다 더 유연하게 대처하고, 쉽게 포기하지 않으며, 오래 버틴다는 사실은 이제 널리 알려진 연구 결과다. 그러나 드웩이 카일라 하이모비츠Kyla Haimovitz와 함께 흥미진진한 연구 프로젝트를 통해 확인한 성과는 아직 잘 알려져 있지 않다. 그들의 연구에 따르면 이러한 태도는 서로 연결되어 있다. 고정형 태도는 성장형 태도보다 '전염성'이 더 높은 것으로 드러났다. 부모가 '실패를 기회로' 바라보는 태도를 갖고 있다고 하더라도 자녀가 반드시 그런 태도를 갖는 것은 아니다.[20] 반면 부모가 '실패를 좌절로' 바라보는 태도를 갖고 있을 때 자녀가 부모의 태도를 그대로 이어받을 가능성은 훨씬 더 높다. 다시 말해, 실패를 초대받지 않은 저녁 손님으로 바라보는 것을 중단할 때 자기 자신과 주변 사람의 잠재력을 효과적으로 지킬 수 있다.

그렇다고 해서 일부러 스트레스를 받거나 실패하라는 뜻은 아니다. 사실 현대인은 일과 삶에서 일부러 만들어낼 필요가 없을 정도로 충분히 많은 스트레스와 실패를 겪는다. 그러므로 피할 수 없는 스트레스를 받아들이고 그 에너지를 건설적인 방향으로 전환하면 된다. 이제 스트레스를 잠재력을 실현하는 도전과제로 바라봄으로써 주변 사람과 도움을 주고받고 책임을 공유하자.

▌ 부정적인 환상 의심하기

2016년 10월에 나는 서던 캘리포니아에 있는 뱅크오브아메리카 휴양지에서 저녁 강연을 하게 되었다. 나는 많은 직원이 뉴욕과 시카고 지역에서 근무하고 있다는 사실을 알고 있었다. 이 말은 내 강연이 그들에게 꽤 늦은 시간에 시작된다는 의미였다. 그래서 나는 관중의 흥미를 자극하기 위해, 혹은 적어도 졸지 않도록 만들기 위해 최선을 다했다.

강연 중반까지는 모든 게 순조로웠다. 그러나 그 이후로 사람들이 산만해지는 모습이 눈에 들어왔다. 어떤 이는 스마트폰을 들여다보고 다른 이는 서로 잡담을 나누었다. 나는 그 상황을 어떻게 해석해야 할지 몰랐다. 피곤한 걸까? 강연이 재미없는 걸까? 내 연구 결과를 받아들일 수 없다고 속삭이는 걸까? 불안한 마음에 나는 그 세 가지 모두가 원인이라고 결론을 내렸다. 그리고 관중의 집중력을 다시 끌어모으기 위해 15분 동안 강연을 더 이어나갔다. 예전에 좋은 반응을 얻었던 이야기를 들려줬지만 강의실 분위기는 더욱 썰렁해질 뿐이었다.

결국 나는 포기하고 말았다. 지치고 무거운 마음으로 호텔에 들어섰을 때 나는 강연에 참석한 사람 대부분이 호텔 로비의 바에 모여 있는 광경을 목격했다. 그들은 TV 앞에 옹기종기 모여 있었다. 그들이 뚫어지게 바라보고 있었던 것은 다름 아닌 월드시리즈 7차전이었다. 시카고 컵스와 클리블랜드 인디언스의 최종 결승전이 벌어지고 있었고 8회에 클리블랜드가 막 동점을 만든 순간이었다. 그때 비로소 나는 내 강연이 문제가 아니었다고 안도할 수 있었다. 사람들은 강연이 끝나자마자 역사적인 경기를 시청하려고 마음이 급했던 것이다. 그러나 나는 그 상황을 완전히 잘못 해석했고 그 때문에 잔뜩 스트레스를 받았다.

자기중심적으로 생각하는 성향은 인간의 본능이다. 우리는 자신이 문제의 원인이라고, 혹은 농담의 주인공이라고 착각한다. 월드시리즈 결승전이 열리는 저녁에 강의실에 앉은 야구 팬이 산만해 보인 것이 오로지 나 때문이라고 생각한다. 그러나 이러한 해석은 부정적인 환상일 때가 많다. 존재하지도 않는 위협을 잘못 인식한 것이다.

일상생활 속에서 종종 고개를 드는 '부정적인 환상'에 각별히 주의하라. 파티에서 자신에게 무례하게 굴었던 사람도 어쩌면 그저 수줍음이 많았던 것인지 모른다. 하루 종일 빈둥거리는 직장 동료도 어쩌면 우울증이나 개인적인 사정으로 어려움을 겪고 있는 것인지 모른다. 나를 무시한 새로운 지인은 어쩌면 내게 위협을 느낀 것일지 모른다.

지금 상대방의 행동을 비관적으로 해석하고 있다면 사실은 완전히 다른 상황이 전개되고 있는 것은 아닌지 한번 의심해보자. 우리는 또 다른 가능성의 문을 열어놓음으로써 고민의 소용돌이에 휘말릴 위험에서 벗어날 수 있다. 또한 심리적 자원을 생산적인 형태로 활용할 수 있다.

전략 #4 문제가 생기면 단호하게 벗어난다

어릴 적 우리는 문제를 피해서는 안 된다고 배웠다. 그러나 심리학자로서 나는 이 말에 동의할 수 없다. 우리는 '절대적으로' 문제를 회피해야 한다. 적어도 잠시 동안이라도. **일반적인 상식과 달리 문제에서 벗어나는 시간을 의식적으로 마련함으로써 우리는 경쟁력을 높일 수 있다.**

이 장 첫머리에서 내 아들이 좋아하는 영화에 대해 언급했다. 이제 내가 좋아하는 영화를 소개할까 한다. 1990년대에 나온 〈밥에게 무슨 일이 생겼나What About Bob?〉에서 정신과 의사 레오 마빈은 짜증 나도록 집요한 환자 밥 월리를 어떻게든 떼어놓으려 한다. 그래서 그는 이런 처방전을 써준다. "문제를 잊고 잠시 휴가를 떠날 것." 그러나 밥이 마빈이 살고 있는 동네로 휴가를 오면서 그 계획은 수포로 돌아간다. 비록 코미디 영화이긴 하나 마빈의 처방전은 사실 과학적 근거가 있다.

나는 지난 2년간 미국관광협회와 함께 '타임오프Time Off'라는 이름의 새로운 연구 프로젝트를 추진했다. 그 목적은 휴가가 비즈니스 관점에서 어떤 효용이 있는지 밝혀내는 것이었다.[21] 미국관광협회의 보고서에 따르면 최근 미국인들은 지난 40년 동안 그 어느 때보다 여행을 적게 떠나고 있다. 프로젝트 책임자 게리 오스터Gary Oster는 주요한 이유가 휴가를 떠나는 것이 상사에게 부정적인 이미지를 심어줄 수 있으며, 따라서 승진이나 연봉에 불이익을 받을지 모른다고 걱정하기 때문이라고 분석했다.

그러나 우리의 연구 결과는 그렇지 않다는 사실을 보여주었다. 유급 휴가는 관리자의 평가와 승진, 연봉에 긍정적인 영향을 미치는 것으로 드러났다. 주어진 유급 휴가를 모두 쓰는 근로자 집단의 승진 및 연봉 인상 가능성이 휴가를 11일 이상 남겨두는 집단에 비

해 6.5퍼센트 더 높은 것으로 드러났다.[22]

그럼에도 열 명의 근로자 중 네 명은 많은 업무를 남겨두고 마지못해 휴가를 떠난다고 답했다.[23] 미국관광협회에 따르면 휴가가 가져다주는 한 가지 중요한 혜택은 업무 생산성을 크게 높여준다는 것이다. 근로자는 휴가를 가지 않아도 여전히 많은 업무를 처리해야 한다. 반면 재충전의 시간을 미리 잡아둘 때 동일한 양의 업무를 더 빨리 처리한다.

《행복의 특권》에서 나는 두뇌가 긍정적일 때 생산성은 31퍼센트, 기업 매출은 37퍼센트 증가한다고 언급했다. 나아가 창조성은 세 배, 수익성도 세 배로 증가한다. 나는 또한 10년간의 연구를 기반으로 한 〈하버드비즈니스리뷰〉 기사에서 이렇게 주장했다. **"오늘날 경제 상황에서 최고의 경쟁력은 긍정적이고 활동적인 두뇌다."**[24]

한 가지 주의해야 할 점이 있다. 해변으로 휴가를 떠나거나 이탈리아 시골 마을을 돌아다니고, 고향 친구나 사랑하는 사람의 집을 방문하는 일은 우리 두뇌를 더 행복하고 긍정적으로 만들어주지만, 모든 휴가가 그런 것은 아니다. 위 기사에서 나는 예전에 네덜란드에서 했던 연구 프로젝트를 소개했다. 연구 결과는 '일반적인' 휴가는 사람들의 에너지와 행복감을 높여주지 못한다는 것이었다.[25]

나는 응용긍정연구소에서 일하는 아내 미셸과 함께 전 세계

400명 이상의 여행자를 대상으로 설문조사를 했다. 그 결과, 우리는 '현명하게 여행에 접근할 때' 휴가의 94퍼센트가 여행자의 행복과 에너지 수준을 높여준다는 사실을 확인했다. 현명한 접근이란 다음과 같다.

1. 한 달 전에 미리 휴가 일정을 잡고, (업무와 관련하여 무차별 이메일 폭격을 맞지 않도록) 사전에 직장 동료와 조율하여 업무 공백에 대비한다.
2. 현재 지역을 벗어난다(멀면 멀수록 좋다).
3. 생각하는 휴가지를 이미 다녀온 사람을 만나본다.
4. (급박하게 항공권이나 숙박을 알아보면서 스트레스 받지 않도록) 사전에 구체적인 사항을 정리해둔다.

준비된 여행은 행복감과 활력을 높여 돌아왔을 때 생산성, 성과, 유연성을 강화해준다. 그래도 선뜻 휴가를 내지 못하겠다면 휴가가 곧 연봉 인상이라고 생각하자! 이 사실을 이해하기 위해 굳이 논문까지 들여다볼 필요는 없다. 간단한 계산만 하면 된다. 유급 휴가를 남겨둘 경우 시간당 급여를 자발적으로 삭감하는 셈이다. 그래도 휴가를 떠나는 게 죄책감이 든다면(열정이 부족하다는 인식을 줄까봐, 혹은 할 일이 너무 많아서) 유급 휴가는 근로자의 업무 생산성과 성과를 높이고, 승진 속도를 가속화하고, 행복감을 높일 것이라는 기대가 과학적으로 입증되었다는 사실에 주목하자.

전략 #5 상황이 개선되지 않으면 과감히 포기한다

《행복의 특권》에서 내가 대학 시절에 피실험자로 참여했던 한 가지 실험에 관한 이야기를 했다. 이번 책을 쓰며 그 실험에 대한 기억이 다섯 번째 전략의 핵심이라 할 수 있는 회복탄력성의 측면에서 내게 새로운 의미로 다가왔다. 그래서 다시 한 번 짤막하게 소개하고자 한다.

나는 20달러를 준다는 얘기를 듣고 매사추세츠 종합병원에서 실시한 실험에 자원했다. 실험 목적은 노인이 넘어지는 유형을 분석하는 것이라고 했다. 그러나 실제 노인을 실험실에 모셔놓고 반복해서 넘어지도록 요구할 수는 없는 노릇이었다. 그래서 연구팀은 가엾은 대학생들에게 돈을 주고 노인 역할을 대신 맡도록 했다.

병원에 도착하자 연구원들은 내 무릎과 팔꿈치에 센서를 부착했다. 그러고는 매트가 깔린 어두침침한 복도를 왔다 갔다 걸어 다니라고 했다. 복도를 지나는 동안 네 가지 상황이 벌어진다. 바닥이 꺼지면서 넘어지거나, 바닥이 오른쪽으로 기울면서 넘어지거나, 오른쪽 다리에 매달린 줄이 팽팽하게 당겨지면서 넘어지거나, 아무 일도 일어나지 않으면 (노인들이 넘어지는 모습을 상상하면서) 내가 알아서 넘어져야 한다.

여러분은 아마도 그런 내가 불쌍하게 느껴질 것이다. 그리고 실제로 그랬다. 나는 무려 '세 시간' 동안 불안과 공포로 가득한 복도를 '200번'이나 왕복했다. 가끔씩 보조 연구원이 들어와 실험을 중단하고 싶은지 물었다. 나는 물론 정말로 그만두고 싶었다. 그러나 20달러를 받아야 했다. 당시 내겐 꽤 큰 액수였다. 그래서 이곳저곳에 멍이 들면서도 끝까지 포기하지 않았다.

마침내 실험이 끝나고 보조 연구원 뒤로 교수가 따라 들어왔다. 그는 내게 직접 설명을 해줬다. 사실 이번 실험에는 속임수가 있었고, 실험의 진짜 목적은 경제적 이득과 회복탄력성과의 관계를 알아보기 위한 것이라고 했다. 그들이 알고 싶었던 것은 피실험자가 실험을 포기하는 시점이었다. 그리고 언제 그만두든 모두에게 20달러를 지급했다. 나중에 안 사실이지만 세 시간 실험을 끝까지 버텨낸 끈기 있고 멍청한 피실험자는 내가 유일했다.

요즘 우리는 인내와 끈기의 가치에 대해 많은 이야기를 듣는다. 실제로 인내와 끈기가 성공과 밀접한 관련이 있음을 보여주는 많은 연구 결과가 쏟아지고 있다. 그러나 여기서 내가 힘들었던 옛날 실험을 다시 언급한 이유는 인내와 끈기가 비록 가치 있는 자질이기는 하지만 항상 최고의 결과로 이어지는 것은 아니라는 사실을 보여주는 좋은 사례이기 때문이다. 바로 그 인내와 끈기 때문에 나는 세 시간 동안 수없이 넘어져야 했다. 한 번 넘어지고 곧장 집으로 간 학생도 똑같이 20달러를 받았음에도 말이다. 우리는 일과 삶의 여정에서 계속해서 넘어질 때가 있다. 그럴 때마다 무작정 일어나 다시 도전하기보다는 혹시 잘못된 길로 들어선 것은 아닌지 스스로에게 물어보자.

나는 이 조언이 '잠재력의 한계를 확장하자'라는 이 책의 주제와는 잘 어울리지 않는다는 사실을 알고 있다. 그러나 한번 생각해 보자. 수잰 세게르스트롬Suzanne Segerstrom과 리스 네스Lise Nes의 연구 결과에 따르면 한 가지 목표만을 지나치게 오랫동안 고집할 때 우리는 그밖에 성취 가능한 다양한 목표를 놓치게 된다.[26]

나는 세 시간짜리 실험을 끝까지 포기하지 않는 바람에 학업에 투자할 수 있는 소중한 시간을 잃어버렸다. 마찬가지로 어떤 고객과 계약을 맺기 위해 오랜 시간을 투자했지만 결국 수포로 돌아갔다면, 더 쉽게 성사시킬 수 있는 다른 계약 건을 놓친 셈이다. 또는 변화를 거부하는 부정적인 사람과의 관계에 오랫동안 집중한다면 여러 명의 긍정적인 사람과 관계 맺을 수 있는 소중한 기회를 날려버린 것이다. 자신의 창조성, 시간, 에너지를 좋아하지 않는 일에 오랫동안 투자하고 있다면 더 나은 길을 모색하기 위한 정신적 에너지를 고갈하고 있는 것이다.

때로는 포기하는 자가 이긴다. 끈기와 회복탄력성은 물론 소중한 자질이지만 절대적으로 지켜야 할 가치는 아니다. 이 장에서 소개한 모든 전략을 시도했으나 상황이 개선될 기미가 보이지 않는다면, 포기해야 할 때가 왔다는 신호다. 전략이 아무리 훌륭해도 우리의 힘으로 어떻게 해볼 수 없는 상황도 있다. 예를 들어 직장에서 오랫동안 인정받지 못하면 강력한 방어는 아무 소용없다. 직장을 옮기는 선택이 정답이다. 상대가 나를 이용하려 들면 스트레스를 이기기 위한 예방 접종은 쓸모없다. 관계를 끊는 게 답이다. 매일 아침 눈을 뜰 때 지금 하고 있는 일이 꿈이나 열정과 상관없다는 생각이 든다면 휴가도 도움이 되지 않는다. 어서 다른 길을 찾아야한다. 이런 판단이 섰다면 망설이지 말자. 참호를 깊이 파면 팔수록 그만큼 빠져나오기 힘들다.

낙관적인 자세를 유지하는 것은 훌륭한 태도지만 불행에서 벗어날 수 있는 길이 보인다면 영웅이 되기를 고집하지 말자. 혹시 지금 이런 상황에 처해 있는가? 스스로 솔직하게 물어보라. 승산이 전혀 없는 싸움을 끝까지 하느니, 현실적으로 이길 수 있는 다른 전쟁터를 찾아보라.

'언제 버티고 언제 포기해야 하는지'를 판단하기 위해서 지혜와 함께 자신에 대한 정확한 이해가 필요하다. 이러한 점에서 3장에서 소개한 '둘러싸기'가 의미 있다. 새로운 길을 찾아 떠나야 하는 정확한 시점을 말해주는 과학적 연구 결과는 아직 없다. 그러나 우리는 앞길을 모색하고 나아가는 과정에서 긍정적인 영향자에게 실질적인 도움을 얻을 수 있다. '기둥' 역할을 하는 친구로부터 새로운 길을 찾아 떠나야 할 시점이 왔는지 조언을 구할 수 있다. '다리' 역할을 하는 친구의 도움으로 목표를 향한 또 다른 여정을 발견할 수 있다. '확장자' 역할을 하는 친구와 전화 통화를 하면서 새로운 여정이 자신을 어디로 데려다 놓을 것인지 예측해볼 수 있다.

빅 포텐셜을 실현하기 위해 우리는 다른 사람의 도움을 받아 어둠으로부터 자신을 지키고 빛을 향해 나아가야 한다. 이를 위해 에너지와 열정을 꾸준히 높게 유지해야 한다. 이제 마지막 전략으로, 빅 포텐셜의 각 원칙을 조합함으로써 스타 시스템을 밝게 빛나도록 만들어줄 집단적 피드백 선순환을 시작하는 법을 살펴보자.

7장 선순환의 에너지를 유지한다

빅 포텐셜의 흐름을 멈추지 않는 법

: **운동 제1법칙은 빅 포텐셜에도 적용된다**

브라이언 오코너Brian O'Connor는 뉴욕 채퍼콰 지역에 있는 학교에서 5학년 사회 과목을 맡고 있다. 아이들이 TV를 너무 많이 본다고 한탄하는 세상에서 오코너는 오히려 TV를 통해 학생들의 동기를 자극한다.

특히 오코너는 〈CNN 히어로즈〉라는 프로그램을 수업 시간에 종종 틀어준다. 이 프로그램에는 다양한 분야에서 활동하는 생활 속 영웅들이 등장하여 여러 가지 방식으로 사회에 기여한다. 오코너는 에피소드 한 편을 아이들과 함께 시청하고 나서 언젠가 따라 하고픈 영웅적인 모습을 종이에 적어보도록 한다. 더 나아가 아이들이 이들 주인공에게 직접 편지를 써보도록 한다. 학생들은 편지에 주인공의 용기에 대해 감사를 표하면서, 그러한 행동을 축하하기 위한 일종의 영상통화 인터뷰 '스카이프 파티Skype party'에 그들을 초대한다. 처음에 오코너는 아이들 편지에 아무도 대답을 하지 않을 것이라고 생각했다. 그러나 7년이 흐른 지금 교실 벽면은 〈CNN 히어로즈〉의 주인공과 아이들이 스카이프로 화상 통화를 나눈 사진으로 가득하다.

그러나 오코너가 더 놀란 것은 아이들 표정이었다. 학생들은 칭찬 받아 마땅한 일을 한 영웅을 축하하고 응원하면서 진심으로 기뻐했다. 오코너는 말한다. "아이들 표정만 보면 아마 케이티 페리 같은 스타와 영상 통화를 했을 거라고 생각할 겁니다. 그러나 이 주인공들은 아이들에게 연예인 못지않은 유명인입니다."[1]

오코너의 수업에는 중요한 진실이 숨어 있다. 이 주인공들은 가치 있는 활동이 어떤 것인지 학생들에게 생생하게 보여줌으로써, 아이들 스스로 그러한 미래를 꿈꾸도록 용기를 불어넣는다. 평범한 교사는 영웅에 대해 가르친다. 그러나 슈퍼스타 교사는 학생들이 영웅의 길을 따라가도록 동기를 부여한다.

오코너와 같은 교사는 자석과 같은 존재다. 그는 마법 같은 자력을 발산한다. 일반적인 금속은 모든 전자가 무작위한 방향으로 회전하면서 서로의 에너지를 상쇄한다. 그러나 금속이 자석과 결합하면 일부 전자는 같은 방향으로 회전하고 많은 전자가 같은 방향으로 회전할수록, 더 많은 다른 전자가 합류하면서 자력은 강해진다. 마침내 일반적인 금속이 갑자기 강력한 자석으로 변한다. 이러한 점에서 오코너는 자석과 같은 존재다. **그가 긍정적인 방향으로 강한 에너지를 흘려보내면 학생들의 에너지 역시 긍정적인 방향으로 흘러간다.**

이 장에서는 오코너와 같은 자석이 되어 주변 사람을 끌어당기고 그들이 에너지를 빅 포텐셜 방향으로 흘려보내도록 만드는 방법에 대해 살펴보고자 한다.

여러분은 아마 관성의 법칙으로도 불리는 뉴턴의 운동 제1법칙을 들어봤을 것이다.

'운동 중인 물체는 계속해서 운동하려 한다.'

그런데 비즈니스 세계에서 움직임을 지속적으로 유지하기 힘든 이유는 무엇일까? 여기에도 뉴턴의 법칙이 적용된다면 목표를 향해 달리기 시작할 때 아무런 힘을 들이지 않아도 그 움직임이 끝까지 지속되어야 하는 것이 아닐까?

현실이 그렇지 못한 이유를 이해하기 위해 컨퍼런스에 참석한다고 상상해보자. 거기서 우리는 다양한 아이디어와 카리스마 넘치는 CEO, 비영리단체 캠페인, 혹은 조금은 이상해 보이는 행복 강연자를 만나게 된다. 그리고 컨퍼런스 행사장을 나서면서 에너지가 넘치고, 팀원들과 함께 세상에 뛰어들 만반의 준비가 된 듯한 느낌이 든다.

그러나 다음 날 사무실에 출근했을 때 어제 느꼈던 에너지가 몸과 마음으로부터 조금씩 빠져나간다는 느낌이 든다. 새롭게 시작된 에너지 흐름이 서서히 느려지다가 어느 순간 멈춰버리고 만다. 컨퍼런스에서 느꼈던 흥분은 얼마 지나지 않아 사라지고 지겨운 일상이 다시 시작된다. 아무런 변화도 없다. 이처럼 자신을 뒤에서 밀어주는 관성의 힘이 없으면 변화의 움직임은 머지않아 중단되고, 심지어 퇴보하기도 한다.

문제는 뉴턴의 법칙이 비즈니스 세계에 적용되지 않는다는 사실이 아니다. 대신 우리는 뉴턴의 제1법칙을 완전하게 이해할 필요가 있다. 공학자들은 그 법칙에 이러한 단서가 붙어 있다는 사실을 안다. '운동하는 물체는 계속해서 운동한다. 단, 운동을 방해하는 힘이 작용하지 않는다면.' 뒤에서 밀어주는 긍정적인 힘이 없으면 생활 속에서 발생하는 마찰과 세상에 지나치게 많은 부정적인 영향이 운동을 방해하는 힘으로 작용한다.

다음으로 컨퍼런스를 마치고 출근했을 때 열정적인 동료가 컨퍼런스 이야기를 들려달라고 한다고 상상해보자. 여러분은 신이 나서 컨퍼런스에서 들었던 새로운 아이디어와 모범 사례에 관한 이야기를 들려준다. 또 회식 자리에서 많은 동료에게 똑같은 이야기를 들려준다. 여러분의 두뇌는 컨퍼런스에서 들었던 내용을 다시 한 번 떠올리고, 좋은 아이디어를 실천으로 옮기고, 동료들에게 영감을 전한다. 게다가 한 동료가 반짝이는 눈빛으로 여러분이 들려준 아이디어를 가지고 새로운 프로젝트를 함께 시작하자고 제안할 때 자신의 에너지가 전염성이 있다는 사실을 실감하게 된다. 이제 여러분의 에너지와 관성의 힘은 갑작스럽게 확장되기 시작한다.

보스턴대학교 물리학부는 이러한 현상을 간단명료하게 설명해준다. "힘은 긍정적인 방향이나 부정적인 방향으로 작용할 수 있다. 운동과 같은 방향으로 작용할 때 그 힘은 긍정적인 역할을 하고, 반대 방향으로 작용할 때 부정적인 역할을 하는 것이다."

목표를 향한 움직임을 지속적으로 '유지'시켜주는 힘이 없으면 우리가 살아가는 세상은 관성의 힘을 서서히 약화시킨다. 반면 긍정적인 에너지가 뒤에서 밀어주면 관성의 힘은 그대로 유지된다. 그리고 동시에 다른 사람까지 이끌어준다.

모든 사람의 에너지가 서로 얽혀 있기 때문에 생태계 내부에 더 많은 긍정적인 에너지를 만들어낼수록 더 많은 잠재력을 실현할 수 있다. 이 장에서는 집단적인 에너지가 목표를 향해 흘러가도록 하기 위한 세 가지 실용적인 전략을 소개하고자 한다.

전략 #1: 자신의 일과 삶에서 의미를 발견한다

전략 #2: 미래의 모습을 생생하고 구체적으로 시각화한다

전략 #3: 일상의 모든 일을 축하한다

지금까지 이야기는 빅 포텐셜을 실현하기 위한 과정을 '구축'하는 것이었다. 그러나 그 흐름을 지속적으로 '유지'하기 위해서 빅 포텐셜은 움직이는 목표물이지 고정된 종착점이 아니라는 사실을 이해해야 한다. 만족하고 안주하는 순간, 에너지 흐름은 서서히 느려지다가 멈춰선다. 지금부터는 잠재력의 유리 천장을 들어올리는 긍정적인 선순환을 시작함으로써 에너지의 흐름을 지속적으로 '유지'하는 방법에 대해 다뤄볼 것이다.

전략 #1 자신의 일과 삶에서 의미를 발견한다

워싱턴 D.C.에서 북쪽으로 100킬로미터 떨어진 곳에 미국 대통령 별장인 캠프 데이비드Camp David가 있다. 역사적으로 많은 세계 지도자가 이곳에 모여 국제적인 사안에 대해 논의하고, 갈등을 해결하고, 세계적인 차원에서 협력을 약속했다. 백악관에서 헬기를 타면 캠프 데이비드까지 25분밖에 걸리지 않는다.

지금까지 미국의 많은 대통령이 다양한 이유와 방식으로 이 시설을 이용했다. 레이건 대통령 부부는 그곳의 고요함을 사랑했다. 그들은 세상의 소음에서 벗어나 재충전이 필요할 때 즐겨 찾았다. 카터 대통령은 이곳에서 이스라엘, 이집트와 함께 열두 번에 걸쳐 비밀리에 평화협상을 가졌다. 그 성과물이 바로 역사적인 '캠프 데이비드 협정'이다.

이곳을 거의 찾지 않은 대통령도 있다. 대표적으로 트럼프가 그렇다. 그는 본인 소유의 마라라고리조트에 비해 캠프 데이비드가 "너무 촌스럽다"라고 평했다. 반면 조지 W. 부시처럼 아주 자주 찾은 이들도 있다. 그는 두 번의 임기 동안 총 487일을 그곳에 머물렀다.[2] 오바마는 행정부 인사들이 그곳에서 머리를 식히고 강연을 들으면서 새로운 열정을 얻도록 했던 첫 번째 대통령이었다. 덕분에 2015년 봄, 나는 영광스럽게도 백악관 요청으로 캠프 데이비드에서 강연을 하게 되었다.

강연이 있던 날 물론 나와 미셸은 에어포스원이나 에어포스투를 타고 그곳에 가지는 못했다. 그래서 나는 작지만 그곳과 어울리는 혼다 시빅을 렌트하기로 결정했다(시빅을 몰고 캠프 데이비드로 가는 것이 '시민의 의무Civic duty'라고 몇 번 농담을 건넸지만 아내는 한 번도 웃질 않았다). 구글 지도에 '캠프 데이비드'를 검색해봐야 절대 그곳을 찾을 수 없다. 온라인 지도상 캠프 데이비드는 일부러 잘못된 위치로 표기되어 있다. 그래서 나는 이메일로 받은 손 그림 지도를 보고 그곳을 찾아가야 했다. 당연히 여기서 캠프 데이비드의 정확한 위치를 공개할 수는 없다.

혹시 여러분이 그곳으로 가는 길을 발견한다고 해도 죽음의 공포와 직면하게 될 것이다. 우리는 좁은 길로 접어들면서 약 2.2킬로미터 구간 동안 무시무시한 신호판을 지나쳐야 했다. 이를테면 이런 식이었다.

'출입금지. 길이 아님. 지금 무단침입을 하고 있음. 무단침입으

로 종신형을 받을 수 있음. 총격을 받을 수 있음.'

마지막으로 등장한 신호판은 이랬다.

'군사 기지에 불법적으로 들어온 자는 사형에 처함.'

약 10미터를 더 들어가자 조그마한 나무 팻말이 나왔다. 마치 미술에 별로 흥미가 없는 여덟 살 아이가 수업 시간에 만든 것처럼 보였다. 팻말에는 이렇게 적혀 있었다.

'캠프 데이비드에 오신 걸 환영합니다.'

시빅은 철저한 보안 검사를 받았다. 그리고 미셸과 나는 아이폰과 같은 '반입금지 품목'을 몽땅 압수당한 채 중무장한 군인들과 함께 경비소에서 대기했다.

신분이 확인되고 나서야(아마도 이중, 삼중으로 확인이 이뤄졌을 것이다) 분위기는 좀 나아졌다. 상냥한 표정의 군인이 골프 카트를 몰고 우리 쪽으로 다가왔다. 그 카트에는 우리 두 사람의 이름이 적힌 플래카드가 걸려 있었다(내가 그 플래카드를 집으로 들고 와서 책상에 얹어 놓았을지는 여러분의 상상에 맡긴다).

우리가 카트를 타고 도착한 곳은 아름다운 예배당 건물이었다. 거기서 우리는 또 다른 강연자인 윌리엄 헨리 맥라븐William Henry McRaven의 강연을 긴장된 마음으로 지켜보았다. 맥라븐은 합동특전사령부를 이끌고 오사마 빈 라덴을 사살한 넵튠 스피어 작전은 물론, 약 1만 건에 달하는 작전을 수행한 장성급 인물이다. 지금까지 내가 본 것 중 가장 거친 개회사가 끝나고 내 차례가 돌아왔다. 강연 뒤에는 열띤 토론이 있었다. 거기서 나온 이야기는 이 장의 핵심 주제와 밀접한 관련이 있다.

캠프 데이비드 예배당에 모인 사람들은(고위 관료를 포함해서) 모두 임시직이었다. 일반적으로 내 강연을 듣는 청중 대부분은 내년에도 똑같은 자리에서 일하고 있을 가능성이 높다. 반면 그 예배당에 모인 사람들은 다음 선거 결과에 따라 일자리를 잃을 수도 있다는 사실을 잘 알고 있었다. 그래서 나는 이렇게 고민했다. 이들이 '다음 대통령은 누가 될까?'라는 질문에 에너지를 낭비하지 말고, 임기를 마칠 때까지 열정을 유지하도록 하려면 어떻게 해야 할까?

나는 많은 이가 이미 열정과 집중력을 유지하는 데 어려움을 겪고 있다는 사실을 확인했다. 그래서 강연 초반에는 그들이 처음 백악관에 들어섰을 때 느꼈을 흥분을 상기시켜주고자 했다. 처음으로 "백악관의 톰입니다"라고 전화를 받았을 때 어떤 기분이 들었는지 떠올려보도록 했다. 또한 백악관이 있는 펜실베이니아 1600번가에서 근무할 수 있기를 얼마나 소망했던지, 그 꿈이 현실로 이뤄졌을 때 얼마나 기뻤는지 떠올리도록 했다. 그러나 안타깝게도 이런 시도에 대한 청중의 반응은 싸늘했다.

어떤 이는 일반 '시민'으로 돌아가 대여섯 시에 퇴근해서 스미소니언박물관 건물 사이에 있는 내셔널몰을 돌아다니며 화창한 오후를 만끽하기를 고대하고 있다고 했다. 빨리 마쳐야 밤 9시에 퇴근해서 다음 날 아침 6시에 출근해야 하는 자신의 처지를 생각하면 시민들이 부럽다는 마음이 든다고 했다. 또 다른 이는 스트레스와 과중한 업무, 정치적 싸움에 지쳐 이제는 자기 일이 멋지게 느껴지지 않는다고 했다. 놀랍게도 백악관에서 일하는 사람들조차 이처럼 쉽게 일에 대한 열정을 잃어가고 있었다.

한 가지 희망을 발견했다. 내가 아직도 자부심을 느끼게 하는 것이 무엇이냐고 묻자, 한 여성이 손을 들고 친구나 제자를 백악관에 초청해 자신이 일하는 유서 깊은 그곳을 구경시켜줄 때가 그렇다는 이야기를 들려주었다. 그녀는 지인과 함께 발소리가 울리는 백악관 복도를 걸으면서 커다란 대통령 초상화를 보여주고, 역사적인 협정이 이뤄졌던 화려한 회의장을 둘러볼 때 자신의 일에 대한 열정이 새롭게 샘솟는다고 했다.

그녀는 그 이야기를 하면서 업무 스트레스의 파편을 피하기 위해 눈을 꼭 감았다가 새롭게 뜬 것 같은 느낌이 든다는 소감을 밝혔다. 그녀가 말을 마치자 예배당 분위기가 갑자기 바뀐 것 같았다. 청중은 일제히 고개를 끄덕였고, 사람들은 번갈아가며 백악관을 구경시켜주고 나서 일을 대하는 태도가 달라졌다는 이야기를 했다.

이유가 뭘까? 그것은 방문객에게 대통령 집무실 가까이서 일하는 자신의 모습을 보여주고, 오랜 전통을 자랑하는 자신의 일터를 구경시켜줌으로써 업무 속에 숨어 있던 '의미'를 새롭게 발견했기 때문이다. 방문객의 놀라는 눈빛을 보는 것만으로도 그들은 자신이 그곳에서 일하고 있다는 특권을 다시 한 번 떠올렸다. 방문객의 눈에 비친 흥분감이 그들 자신의 눈에도 반영되었던 것이다.

이처럼 지위 높은 사람들이 백악관을 구경시켜주는 시시한 일(농담이다) 때문에 활력과 에너지를 새롭게 느낀다는 사실은 쉽게 믿기지 않는다. 어쨌든 이들은 국가의 기밀정보를 다루는 고위급 인사이며 세상에서 가장 강력한 권력자에게 자문을 주는 인재다. 방문객에게 백악관을 구경시켜주는 것보다 훨씬 더 중요한 일을 하는 사람들이다. 그런 중책을 맡은 사람들이 어떻게 일에 대한 열정을 잃어버릴 수 있을까? 앞서 말했듯 긍정적인 힘이 작용하지 않으면 운동 에너지는 서서히 떨어지기 때문이다.

물론 우리는 대부분 백악관과 같은 특별한 곳에서 일하지 않지만 스트레스와 갈등 요인은 우리의 운동 에너지를 조금씩 갉아먹는다. 대부분 가정과 직장에서 우리는 자신이 맡은 책임에만 집중하는 경향이 있다. 반면 학교에 바래다줄 아이가 있고, 청소해야 할 집이 있고, 아침 일찍 출근해야 할 직장이 있다는 것이 특권이라는 사실은 좀처럼 떠올리지 못한다. 책임에 따른 스트레스를 무시하려는 게 아니다. 다만 더 많은 책임을 지고 있으면 그 안에서 더 많은 의미를 발견할 수 있다는 점을 강조하고 싶다. **의미는 바쁘고 스트레스가 많은 상황에서 우리를 계속해서 앞으로 나아가게 만드는 '긍정적인 힘'이다.** 그리고 '의미의 발견'을 통해 의미를 새로운 시선으로 바라봄으로써 관성의 힘을 유지할 수 있다.

의미의 발견이 가져다주는 혜택을 누리기 위해 행정부나 기업 경영진과 같은 높은 자리에서 일해야 하는 것은 아니다. 백악관 방문처럼 의미의 발견은 단순한 사건이 아니다. 그 핵심은 '책임의 여정'을 '의미의 여정'으로 전환할 수 있다는 사실이다.

'무슨 일을 하느냐'는 질문에 사람들 대부분 자신이 맡은 '책임'에 대해 말한다. 이런 식이다.

"감사원에 있습니다. 세무 자료에서 오류를 발견하는 일을 맡고 있죠."

"저는 연구원입니다. 통계적인 패턴을 발견하는 일을 합니다."

"저는 열차의 차장입니다. 요금 징수를 맡고 있죠."

그러나 이렇게 자신의 직업을 설명할 때 우리는 상대는 물론 자신의 두뇌까지 지루하게 만든다. 그런 기능적인 설명을 듣고 누가 흥미를 느끼겠는가? 예일대학교 연구원 에이미 브제스니에프스키가 주장한 것처럼 열정, 성공, 에너지, 잠재력은 자신의 일을 단지 돈벌이 수단으로 생각하는지 아니면 중요한 의미가 담긴 '사명'으로 생각하는지에 달려 있다는 사실을 잊지 말자.

다음 번 모임에서 '무슨 일을 하느냐'는 질문을 받을지 모르니 새로운 답변을 준비해두자. 업무적 책임에서 벗어나 자신의 일과 관련된 중요한 의미에 대해 설명하라. 변호사라면 '법률 문서를 작성하고 고객에게 수수료를 청구'하는 게 아니라 '정의 실현에 기여한다'거나 '법의 정신을 수호하는 일'이라고 설명할 수 있겠다. 교사라면 '이번 주에 학생들의 시험 성적을 매겨야 한다'고 말할 게 아니라 '아이들이 새로운 부모와 지도자 세대로 성장할 수 있도록 돕는 일을 하고 있다'고 이야기해도 좋겠다. 청소부라면 단지 '거리와 공원에서 쓰레기를 줍는다'라고 할 게 아니라 '지구를 보호하고 미래 세대에게 자연을 온전히 물려주기 위해 노력하고 있다'고 말할 수 있다.

일에서 의미를 발견하는 가장 좋은 방법은 자신의 일과 관련된 '눈에 보이는 이야기'를 만드는 것이다. 이를테면 팀원이나 가족에게 작년 한 해 동안 가장 의미 있는 순간을 담은 사진을 보내달라고 하여 그 사진들을 모아 실물 앨범이나 온라인 앨범으로 만드는 것이다(온라인 앨범 서비스를 제공하는 웹사이트는 많다. 15분에서 30분 정도 투자로 멋진 앨범을 완성할 수 있다). 이러한 노력은 자신은 물론 팀원과 가족에게 활력을 주고 또 '의미 있는 기억'을 오랫동안 간직하게 해준다. 사람들은 에너지가 고갈될 때 언제라도 사진을 꺼내보며 다시 활기를 찾을 수 있다. 이탈리아 시인 체사레 파베세Cesare Pavese 는 이런 말을 남겼다.

"우리는 하루를 기억하지 않는다. 순간을 기억할 뿐이다."

나는 여기에 이렇게 덧붙이고 싶다. **의미 있는 순간을 더 많이 간직할수록 우리는 거기서 더 많은 가치를 발견할 수 있다.** 나아가 이러한 의미의 여정에 다른 사람을 초대함으로써 집단적인 관성의 힘과 에너지를 얻을 수 있다.

집단적 관성을 창조하기 위해 훌륭한 전략을 세운 대표적 기업으로 자포스Zappos를 꼽을 수 있다. 나는 예전에 온라인으로 신발과 의류를 유통하는 그 기업에서 열린 전체 회의에 초청받은 적이 있다. 자포스 방문을 위해 공항에 내렸을 때 내 가이드를 맡은 한 콜센터 직원이 차를 몰고 마중을 나왔다(물론 에어포스원과 에어포스투는 그날도 구경하지 못했다).

자포스는 전 세계 비즈니스 리더를 초대하여 그들의 사무 환경을 둘러보고 자포스의 특별한 마법을 소개하는 것으로 유명하다. 초대받은 리더들은 긍정적인 기업 문화를 구축하는 방법에 대해 소중한 아이디어를 얻어간다. 그러나 이 기발한 전통의 실제 효용은 다른 데 있다. 그것은 바로 '의미 여행Tours of Meaning'이라는 것이다. 사실 이 여행의 가치는 자포스 직원들을 위한 것이다. 백악관 인사들처럼 자포스 직원들도 유명한 비즈니스 리더가 자기 회사의 콜센터를 돌아다니며 효율성에 감탄하고, 긍정적인 에너지에 강한 인상을 받고, 자포스의 성공을 따라할 수 있는 방법에 대해 물을 때, 자신들이 그처럼 대단한 조직에서 일하고 있다는 사실에 자부심을 느낀다.

빅 포텐셜은 다른 사람의 에너지를 이용하는 것이 아니다. 다만 우리가 곤경에 처할 때 우리 자신보다 다른 이가 우리의 일과 삶에서 특별한 의미를 더 쉽게 발견할 수 있다는 점을 상기하자. 그러므로 우리가 놓치고 있는 중요한 의미를 발견하기 위해 주변 사람을 초대하자.

내 두 살짜리 아들은 쓰레기 청소차를 무척 좋아한다. 나는 레오가 자신의 영웅을 만날 수 있도록 일주일에 두 번 아침 일찍 골목길에서 아이와 함께 청소차를 기다린다. 청소차가 골목으로 들어와 냄새나는 쓰레기 수거함 뚜껑을 열 때, 레오는 초롱초롱한 눈망울로 그 장면을 지켜본다. 처음에 청소부들은 아무렇지 않게 일을 했지만 레오가 자기들을 선망의 눈빛으로 바라본다는 걸 알고는 우리에게 미소를 지어 보였다. 그리고 더 열심히, 더 활기차게 작업에 임했고, 때로는 우리 바로 앞에 멈춰 서서 폐기물을 압축하는 장면을 보여줌으로써 어린 팬으로부터 돌고래 비명을 자아내기도 했다. 나는 청소부들도 역시 레오에게 받은 에너지를 가지고 다른 골목으로, 또 자녀가 기다리는 집으로 돌아갔을 거라고 생각한다.

여러분은 자신의 직업과 인생을 다른 이에게 어떻게 설명하는가? 그들과 여러분 자신을 더 우울하게 만드는 여행으로 설명하는가, 아니면 자신의 활력을 자극하고 의미를 강화하는 여행으로 소개하는가?

관성의 힘이 없을 때 움직이는 물체는 언젠가 정지하게 된다는 점을 명심하라. 그러나 빅 포텐셜을 향해 나아가기 위해서는 관성의 힘만으로는 부족하다. 우리가 만들어낸 에너지 흐름을 오래 유지하려면 방향을 분명히 정해야 한다. 그러다 라스베이거스같이 예상치 못한 곳으로 흘러간다고 해도 말이다.

전략 #2 미래의 모습을 생생하고 구체적으로 시각화한다

사람들은 이렇게 말한다.

"라스베이거스에서 벌어진 일은 라스베이거스에만 남는다."

나는 이 말이 항상 진실은 아니라고 생각한다. 만약 진실이라면 직원들을 교육하고 동기 부여를 하기 위해 일부러 라스베이거스까지 와서 컨퍼런스를 여는 많은 기업은 헛고생을 하는 것이니 말이다.

나도 컨퍼런스에 참석하러 라스베이거스에 들른 적이 있다. 그 기업의 CEO는 컨퍼런스를 열어서 3,000명에 달하는 직원들의 열정을 일깨우고자 했다. 그러나 그가 늘어놓은 것은 전부 진부한 이야기였다.

"우리는 할 수 있습니다."

"올해 목표치를 넘어설 수 있습니다."

"우리의 미래는 밝습니다."

내가 보기에 그 회사 직원들은 구체적인 비전을 원했다. 그러나 CEO의 연설에서 그들이 원하는 내용은 없었다. 청중은 무표정한 얼굴로 앉아 때로 억지웃음을 짓거나 박수를 쳐서 월급 주는 사람에게 최소한의 예를 갖추고 있었다. 다음으로 교육 담당자가 올라와 짧은 이야기를 하는 동안(사실 그 내용은 직원들에게 보낸 이메일에 모두 나와 있었다) 얼마 남지 않은 에너지조차 완전히 말라버리고 말았다. 청중은 관심을 끄고 귀를 닫았다. 그러고 나서 한 일선 관리자의 15분 연설이 이어졌다.

그가 입을 여는 순간, 강당 분위기가 바뀌기 시작했다. 평범한 외모에 다소 직설적인 어법을 구사하는 그 관리자는 목표를 달성하기 위해 6개월간 조직 전반에 걸쳐 다양한 부서와 어떻게 협력해왔는지 구체적으로 설명했다. 그의 말은 "우리의 미래는 밝습니다" 같은 CEO의 뜬구름 잡는 소리와는 달랐다. 관리자는 목표 달성을 위한 다섯 가지 계획과 관련하여 조직이 어떻게 성공을 추구할 것인지를 대단히 전문적이고도 정확하게 설명했다. 이런 식이었다.

"우리가 X기술을 도입하면 업무처리 방식에 많은 변화가 있을 것이며, 여러분 모두 뚜렷한 개선을 확인하게 될 것입니다. 그리고 Y전략을 실행하면 여러 지역 사업부가 높은 수익을 기록할 것으로 기대합니다. 이러한 성과를 언론을 통해 알린다면 놀라운 홍보 효과를 거둘 수 있고, 몇몇 사업부는 뚜렷한 매출 성장을 기록하게 될 것입니다. 우리가 성공한다면 고객들은 깜짝 놀랄 것입니다. 그리고 소셜미디어에 우리 기업과 여러분에 대한 이야기를 퍼뜨릴 것입니다."

그는 자석과 같은 존재였다. 나는 그 회사 직원이 아니었지만 그가 제시한 전략을 그대로 실천한다면 직원들의 열정과 조직의 성과가 어떻게 달라질지 생생하게 그려볼 수 있었다. 15분 만에 비전에 관한 구체적인 사항 모두를 설명하느라 엄청나게 빠른 속도로 이야기를 했음에도, 그가 내려올 때 관객석에서 우레와 같은 박수가 터져나왔다.

그날 저녁, 나는 컨퍼런스가 끝난 뒤 열린 칵테일 파티에 참석했다. 거기서 손쉽게 CEO와 만나 인사를 나눌 수 있었다. 그의 곁에 몇 사람밖에 없었기 때문이다. 교육 담당자를 만나기는 더 쉬웠다. 그는 혼자서 술을 마시고 있었다. 그러나 마지막 연설을 했던 관리자는 얼굴조차 보기 힘들었다. 그에게 영감을 얻어 감사의 말을 전하고 악수를 나누려는 많은 직원에게 둘러싸여 있었기 때문이다. 그의 연설은 짧았지만 그날 아침에 내가 목격했던 무관심과 관행을 극복하기 위해 직원들이 필요로 했던 에너지를 그들에게 가져다주기에 충분했다.

비난으로 가득한 소셜미디어 세상에서 일부 기업은 정치에 능한 CEO를 영입하고자 눈독을 들인다. 그러나 정치적인 CEO는 대단히 신중해서 스캔들은 일으키지 않지만 표현이 너무 모호해 어떤 입장인지 파악하기 힘들다. 이러한 CEO들의 공통적인 문제점은 직원들에게 열정, 동기, 비전 같은 중요한 가치를 제시하지 못한다는 것이다.

반면 그날 컨퍼런스에서 본 그 관리자는 구체적인 비전 속에 모든 해결책이 들어 있다는 사실을 잘 이해했다. 공허한 동기 부여와 진부한 이야기, 그리고 실질적이고 유지 가능한 관성의 힘 사이의 갈림길은 '밝은 미래'가 어떤 것인지 생생하게 떠올릴 수 있도록 구체적인 이야기를 들려줄 수 있느냐에 달렸다.

만약 여러분이 상상력이 부족하거나 실용적인 측면에 집착하는 사람이라면, 아마도 내가 제시한 '시각화'의 위력을 받아들이기 힘들 것이다. 아직도 많은 이가 시각화 방법을 실질적인 해결책을 외면한 게으른 대체물 정도로 알고 있다. 그러나 내가 여기서 말하는 시각화는 그저 한 걸음 물러서서 좋은 일이 일어날 것이라고 막연히 기대하는 것과는 다르다. 심리적 표상이 행동에 중대한 영향을 미친다고 말하는 연구 결과는 이미 많이 나와 있다.

예를 들어 옥스퍼드대학교와 케임브리지대학교에서 최근에 발표한 연구 결과는 밝은 미래를 '생생히' 상상함으로써 에너지와 관성의 힘을 배가시킬 수 있다고 말한다. 이러한 에너지와 힘은 건설적인 행동으로 이어진다. 마음의 눈으로 성공한 미래를 구체적으로 떠올릴 때 우리 두뇌는 그러한 미래를 실현하는 데 집중한다.[3] 어떤 일을 생생히 떠올릴수록 그것을 실현할 가능성이 더 높아지기 때문이다. 전설적인 골프 선수 잭 니클라우스Jack Nicklaus는 자신의 책《골프 마이 웨이Golf My Way》에서 자신이 사용하는 멘탈 게임에 대해 자세하게 설명했다. 그의 생생한 묘사에 주목하자. 그는 그저

"공이 홀에 빨려 들어가는 걸 상상합니다"라고 말하지 않았다. 대신 이렇게 묘사했다.

"저는 훈련할 때 샷을 하기 전에 항상 선명한 이미지를 머릿속에 떠올립니다. 마치 영화처럼요. 먼저 푸른 잔디 위에 놓인 하얀 공을 상상합니다. 그리고 그곳으로 날아가기 위한 공의 궤적과 방향, 땅에 떨어지는 모습까지 선명하게 그려봅니다. 다시 장면이 바뀌면 방금 그려본 영상을 현실로 만들어줄 제 스윙을 떠올립니다. 이와 같은 저만의 영화를 마무리하고 나서야 비로소 클럽을 선택하고 스윙 자세를 취합니다."[4]

이러한 방식은 니클라우스만의 특별한 의식이 아니다. 실제 연구 자료는 성공한 상황을 시각화함으로써 성공 가능성을 높일 수 있다는 사실을 보여준다. 연구 결과에 따르면 샷을 시각화할 때 성공 가능성이 더 높아진다.[5] 놀라운 것은 새벽 5시에 일어나서 자세를 잡는 모습이나 농구공이 골대를 향해 떠나는 순간 손에서 느껴지는 감각을 시각화할 때 성공률이 훨씬 높아진다. 마찬가지로 제삼자의 시선으로 자신이 대중 앞에서 당당하게 연설하는 모습을 시각화할 때(2층 객석에서 자신의 모습을 바라보는 것처럼) 불안이 크게 감소하고 자신감이 높아진다.

이러한 효과를 일컫는 '지각 시뮬레이션perceptual simulations'[6]의 힘은 아직 연구 중이다. 나는 댈러스에 있는 두뇌건강연구소Center for BrainHealth와 함께 외상 후 증후군을 겪고 있는 군인이나 자폐증, 학습 장애로 어려움을 겪는 학생을 대상으로 긍정적인 미래를 떠올리게 하는 방법을 시도하고 있다. 긍정적인 미래를 상상하면 낙관주의와 더불어 심리적, 신체적 행복감을 높일 수 있다는 사실을 보여준 사이먼 블랙웰Simon Blackwell 연구팀의 성과를 기반으로,[7] 우리 연구팀은 긍정적인 사회관계나 시각화를 극대화한 가상현실 시뮬레이션을 통해 인간의 두뇌가 희망적인 이미지를 만들어내는 방법을 학습할 수 있다고 확신한다.

또한 뉴욕주립대학교의 탈리 샤롯Tali Sharot 연구팀은 권위 있는 학술지 〈네이처〉에 게재한 논문에서, 시각화가 구체적일수록 신경적인 차원에서 미래 상황의 특정한 감정을 실제로 느낄 수 있다는 사실을 보여주었다.[8] 예로 승진을 했을 때 느끼게 될 기쁨을 생생하게 시각화하면 우리는 그 똑같은 느낌을 '미리 경험'할 수 있다.[9] 이러한 경험은 승진을 현실로 만들기 위해 필요한 동기와 방향성을 제공한다. 이처럼 생생한 시각화는 자석과도 같이 우리를 더 나은 미래로 끌어당긴다.

생생한 시각화는 행동을 바꾼다. 2004년 미국 대선 하루 전날, 한 연구팀은 피실험자들이 제삼자의 눈, 또는 위에서 내려다보는 시선으로 자신이 투표하는 모습을 시각화하도록 했다. 연구팀은 투표소로 걸어들어가 선거 용지에 기표하는 모습을 머릿속으로 떠올린 피실험자 집단의 투표율이 더 높게 나타날 것이라는 가설을 세웠다.[10] 실험 결과 이러한 방식으로 시각화 작업을 수행한 피실험자 집단의 투표율이 통제 집단의 투표율보다 실제로 훨씬 더 높게 나왔다.

클리블랜드 클리닉Cleveland Clinic 연구팀이 발표해서 널리 알려진 연구 결과는 놀랍게도 운동처럼 건강에 도움을 주는 행동을 시각화함으로써 실제로 그러한 행동을 실천한 것과 비슷한 신체적 변화가 나타났다는 사실을 보여준다. 연구팀의 광 유에Guang Yue 연구원은 매주 특정 시간 동안 가상으로 운동한 집단과 똑같은 시간 동안 체육관에서 실제로 운동을 한 집단 사이의 차이를 비교했다. 실제로 운동한 집단의 근육량은 예상대로 평균 30퍼센트 증가했다. 놀라운 것은 아령 한 번 들지 않고 마음속으로만 운동한 집단도 근육량이 13.5퍼센트나 증가했다는 사실이다. 이 효과는 이후 3개월 동안 지속되었다. 이러한 실험 결과에 비춰볼 때 우리 두뇌는 적어도 시각화의 위력에서만큼은 아직 그 잠재력을 실현하지 못하고 있다.

▌ 탈출 경로 대신 성공 경로 떠올리기

대학 시절에 나는 가슴 아픈 실연을 했다. 신경과학자인 아버지는 이렇게 위로하셨다.

"얘야, 단지 10억 개의 뉴런이 잘못된 방향을 가리키고 있을 뿐이란다."

아버지의 말씀은 실연 후 받았던 가장 이상한 위로였다. 그러나 이제는 그게 무슨 뜻이었는지 이해한다. 그 무렵 나는 틈만 나면 헤어진 여자친구가 새 남자친구를 사귀었을 거라고 상상했다. 그 상상 속에서 두 사람은 근사한 레스토랑의 포근한 소파에 붙어 앉아 사랑을 속삭였다. 혹은 타깃 매장을 돌아다니며 다정하게 먹거리를 고르며 행복해했다. 언젠가부터 나의 두뇌는 이러한 상상이 실제라고 믿기 시작했다(그건 사실이 아니었다).

긍정적인 시각화를 통해 마음의 에너지가 긍정적인 결과를 향해 흘러가도록 만들 수 있는 것처럼, 부정적인 시각화는 에너지를 부정적인 결과로 흘러가게 한다. 저자이자 강연자로 활동하고 있는 브레네 브라운은 청중에게 '무대연습 비극'에 대해 경고한다. 무대연습 비극이란 미래에 일어날지 모르는 비극을 실제 사건인 것처럼 머릿속으로 미리 경험하는 것을 말한다.

솔직히 말하면 나도 종종 그렇다. 잠자리에 들면서 집 안에 도둑이 들면 어떻게 해야 하나 상상하곤 한다. 상상 속에서 도둑은 레오의 방으로 들어가고, 나는 아들을 지키기 위해서 어떤 무기를 들어야 할지 고민한다. 레오와 함께 지붕으로 탈출하는 모습을 떠올린다. 그러다가 만약 지붕에서 미끄러진다면? 레오의 머리를 감싸 안고 뛰어내려야 할까? 그러다가 내 다리가 부러져 더는 도망치지 못하게 되면?

이 글을 쓰면서도 벌써 내 가슴은 두근거린다. 나는 지금 마음속으로 무대연습 비극을 체험한 것이다. 그러나 지금까지 그런 사고는 없었다. 아마 앞으로도 없을 듯하다. 물론 미래의 위험을 미리 생각해봄으로써 사전에 대비할 수 있다. 그러나 도둑이 들 때를 대비해 도망가는 길을 상상하느라 자주 마음을 졸인다면, '성공을 향한 길'에 쏟아야 할 에너지는 바닥나고 말 것이다.

악몽 같은 시나리오를 자꾸 떠올리는 대신 주말에 가족과 함께할 수 있는 재미있는 놀이를 상상하면서 잠자리에 들 수 있다. 아니면 내일 새로운 방식으로 레오에게 알파벳을 가르칠 궁리를 할 수도 있다. 이는 시간을 생산적으로 활용하고 심리적 에너지를 건전한 방향으로 흘러가게 하는 선택일 것이다.

긍정적이든 부정적이든 시각화는 생생할수록 더 현실처럼 다가온다. 그리고 연구 결과는 현실처럼 느껴질수록 실제 행동에 더 많은 영향을 미친다는 사실을 말해준다.[11] **이러한 사실을 깨달을 때, 우리는 비로소 심리적 이미지로 두려움을 키우는 악순환에서 벗어나 실질적인 힘을 주는 세상에 대한 이미지로 넘어갈 수 있다.**

따라서 우리는 무대연습 비극 대신에 무대연습 성공을 선택해야 한다. 그러나 어떤 무대연습도 혼자서는 할 수 없듯이, 빅 포텐셜의 힘을 지속적으로 유지해주는 관성의 힘을 만들어내기 위해서는 팀원, 가족, 친구의 도움이 필요하다.

▎이야기의 힘을 활용하기

최고의 테니스 선수는 물론 취미로 테니스를 즐기는 나처럼 평범한 사람들도 공을 날려 보낼 곳을 확인하고, 라켓에 공을 정확하게 맞추고, 팔로스루(테니스공을 쳐낸 후 라켓의 스윙-옮긴이)를 충분히 하는 것이 중요하다는 사실을 알고 있다. 그러나 라스베이거스에서 만난 CEO를 포함하여 오늘날 많은 리더가 조직과 팀에 대해 갖고 있는 비전은 대단히 흐릿하다. 추상적인 비전으로는 직원의 공감을 얻지 못하고 영감을 주지도 못한다. 일단 실패했다는 생각이 들면 팔로스루도 아무 의미 없다. 경영자가 구체적인 근거를 제시하지 않으면서 그저 "우리의 미래는 밝습니다"라고 외치기만 한다면 직원들과 아무런 감정 교류도 할 수 없다. 경영 분야의 대가 피터 센게는 1990년에 이렇게 말했다.

"체계적인 사고가 없는 비전은 변화를 위해 필요한 요소에 대한 깊이 있는 이해 없이 미래를 그저 아름답게만 그리는 것으로 끝나고 만다. 체계적인 사고를 위해서는 잠재력을 실현하기 위해 구성원이 공유해야 하는 비전, 심리적 모형과 학습, 그리고 개인적인 숙련이 필요하다."[12]

경영자, 교사, 정치인, 학부모는 저자가 독자의 마음속에서 생생한 이미지를 불러내기 위해 사용하는 다양한 표현으로부터 비전을 세우고, 심리적 모형을 만들고, 조직 학습을 강화하는 기술을 배울 수 있다. 예로 소설가는 그저 "어둡고 폭풍이 치는 날이었다"라고 묘사하지 않고 "피아니스트가 건반을 두드리듯 빗방울이 거세게 창문을 때리는 날이었다"라고 표현한다.

자신이 제시한 비전을 사람들이 받아들이도록 하려면 목표를 이룬 상황을 생생하게 묘사해서 마음을 움직여야 한다. 예를 들어 관리자가 솔직하고 공감을 불러일으키는 이메일을 쓰는 요령에 대해 팀원들에게 설명한다면, 개선된 고객서비스에 고마움을 표하는 많은 답장이 고객에게서 올 것이다. 비영리단체 리더는 새로운 모금 행사의 잠재적 성과를 설명하면서 도움을 받는 사람의 웃는 사진을 보여줄 수 있을 것이다. 또 스포츠팀 감독은 연패를 끊고 플레이오프에서 우승했을 때 관중석에서 터져나올 박수갈채에 대해 선수들에게 말할 수 있을 것이다.

부모도 마찬가지다. "성적이 오르면 얼마나 기분이 좋을지 생각해보렴"이라거나 "대학에 합격하면 얼마나 행복할지 상상해봐"라고 말하기보다, 고등학교 졸업식에서 졸업생 대표로 연설하는 모습을 생생하게 떠올려보라고 하는 게 더 효과가 있다. 혹은 캠퍼스 구내매점에서 산 대학 로고가 들어간 스웨터를 입고 10월에 도서관 벤치에 앉아 책을 읽는 모습을 상상해보라고 말해도 좋겠다. 자녀에게 그저 앞날이 창창하다고 말하는 것만으로는 부족하다. 미래가 어떤 모습일지 자녀가 구체적으로 그려볼 수 있도록 도와줘야 한다.

밀라노에서 있었던 강연 전날 밤 나는 긍정심리학의 아버지인

펜실베이니아대학교의 마틴 셀리그만Martin Seligman 교수,《선택의 심리학The Paradox of Choice》의 저자 배리 슈워츠Barry Schwartz와 함께 저녁을 먹었다. 대화를 나누던 도중(사실 나는 너무 긴장을 해서 제대로 대화에 끼지 못했다) 셀리그만 박사는 이런 말을 했다.

"인간의 행동을 결정하는 것은 과거가 아니라 미래입니다."

솔직히 말해서 그때만 해도 나는 그 말에 동의하지 못했다. 그러나 지금은 그게 무슨 의미인지 이해한다. 미래에 대한 생생한 그림이 우리의 행동을 잡아당긴다는 뜻이다.

미래를 생생하게 떠올리기 위한 효과적이고 검증된 한 가지 방법은 이를 직접 써보는 것이다. 미래 사건에 관한 이야기를 직접 만들어봄으로써 우리는 심리적 에너지를 긍정적인 방향으로 흘러가게 만들 수 있다.

로라 킹Laura King은 한 연구에서 사람들에게 최고의 자아(스스로 되고자 하는, 혹은 될 수 있다고 생각하는 유형의 인물)에 대해 글을 쓰게 했을 때 그들의 건강과 행복감이 크게 높아졌다는 사실을 확인했다.[13] 또한 크리스틴 레이어스Kristin Layous, 캐서린 넬슨Katherine Nelson, 소냐 류보머스키로 구성된 연구팀은 피실험자에게 일주일에 한 번 최고의 미래를 상상하여 글을 쓰도록 했다. 한 달 후, 신체 건강과 행복감, 대인 관계(잠재력을 장기적으로 높이기 위해 필요한 세 가지 요소)가 크게 개선된 것으로 드러났다.[14]

직장이나 삶에서 성취하고픈 목표가 있다면 그걸 이야기로 써보라! 그리고 최대한 생생하게 묘사해보라. 미래에 최고의 자신이 출연할 흥미롭고 생동감 넘치는 할리우드 블록버스터 영화 시나리오를 쓰는 것처럼 말이다.

이 방법을 쓰면 단기적 효과 이상의 성과를 가져온다. 긍정적인 미래를 생생하게 떠올린 노력의 효과는 금방 사라지지 않는다. 우울증 환자를 대상으로 한 연구에서 미래를 생생하게 떠올리는 훈련으로 낙관적인 태도를 강화하고 우울감을 낮출 수 있다는 결과가 나왔다. 게다가 그 효과는 7개월까지 이어졌다.[15]

이러한 연구 결과에는 중요한 의미가 있다. 내가 지금 이 글을 쓰는 동안 미국에서는 치열한 대선 경쟁이 펼쳐지고 있다(2016년 미국 대통령 선거를 말함—옮긴이). 공화당과 민주당은 이번에 패하면 앞으로 4~8년이 재앙의 기간이 될 것이라고 떠들어댄다. 상황을 이해하지 못하는 바는 아니지만 이러한 접근방식은 우리 사회의 에너지를 파괴하고 사회적 공포를 증폭한다. 모든 시민이 우리 사회가 직면한 도전과제를 슬기롭게 극복하는 모습을 떠올릴 때, 더 나은 세상을 만드는 데 필요한 에너지를 장기적으로 이어나갈 수 있다.

전략 #3 일상의 모든 일을 축하한다

오늘은 아침 일찍 글을 쓰다가 생각을 정리하기 위해 동네를 한 바퀴 돌았다. 지나가던 길에 갖가지 포스터와 풍선으로 장식된

정원이 눈에 들어왔다. 집 앞에 세워진 자동차 창문에는 "우리 지역에 행운이 있기를!"이라는 응원 문구가 미식축구공 그림과 함께 적혀 있었다. 그걸 보는 순간 웃음이 났다. 미식축구에 열광했던 고등학교 시절이 떠올랐기 때문이다. 정확히 말하자면 고등학교 미식축구부 선수들의 이야기를 다룬 TV 드라마 〈프라이데이 나이트 라이츠Friday Night Lights〉를 한꺼번에 몰아서 봤던 기억이 났다.

스타 쿼터백으로 뛰었던 사람이든, 아니면 금요일 밤 TV로 FNL을 시청했던 사람이든 고등학교 시절은 모두에게 혼란과 좌절의 시간이다. 들끓는 호르몬, 무성한 소문, 애틋한 사랑이 그리운 것은 아니지만 공동의 과제를 해결하기 위해 서로 격려하고 함께 승리를 축하했던 때는 무척 그립다. 문 앞에 붙어 있던 "매출 대박 나세요!"라고 적힌 쪽지를 마지막으로 보았던 때가 언제인가? 새 직장을 얻었다고 축하 모임을 했던 적은 언제인가? 빅 포텐셜을 향해 열심히 달려가는 것만으로는 부족하다. 노력과 성과에 대해 축하할 줄도 알아야 한다.

축하가 없는 삶은 진정한 삶이 아니다. 직장을 비롯한 다양한 곳에서 좋은 성과를 올리고도 함께한 사람들과 축하하지 않는다면 진정한 성공이 아니다. 다 같이 축하하지 않는 것은 자기 혼자서 성공을 일궈냈다는 스몰 포텐셜 마음가짐을 무의식적으로 간직하고 있기 때문이다. 그러나 빅 포텐셜은 집단을 통해 실현된다. 따라서 축하도 집단적으로 이뤄져야 한다.

지금까지 살아오는 동안 특별히 행복하고 기억에 남을 만한 순간을 떠올려보자. 아마도 가족이나 친구, 연인과 함께한 특별한 날이 기억날 것이다. 화려하든 소박하든 간에 우리는 가까운 사람의 결혼을 축하한다. 그리고 생일이나 홈커밍데이(학교 졸업생이 모교를 방문하는 행사-옮긴이), 집들이에 이들을 초대한다. 특별한 날에 근사한 저녁을 먹고, 출산을 축하하는 파티를 열고, 시상식에 참석한다. 내가《행복의 특권》과《행복을 선택한 사람들》의 출판기념회를 열었을 때 내 동생 에이미는 책 모양의 케이크를 선물해주었다. 동생이 오렌지와 흑설탕으로 정성스럽게 장식해서 만든 케이크는 진짜 책처럼 보였다(크림으로 만든 작은 유니콘까지 얹어서 자기 작품임을 표현하는 것도 잊지 않았다). 솔직히 말해 에이미에게 케이크를 하나 더 받고 싶은 욕심도 이 책을 쓴 이유 중 하나다. 축하는 동기를 부여하는 강력한 힘이다. 삶에서 일어나는 특별한 순간을 밝혀주는 빛이자, 그 자체로 최고의 순간이기 때문이다.

나는 하버드 신학교 시절에 성인이란 자신이 가진 많은 것을 희생한 사람이라고 믿었다. 물질 소유에서 벗어나 자유롭게 살아가는 것이 최고로 숭고한 삶이 아니던가? 우리는《성경》에서 자신의 재산을 가난한 이에게 나눠준 사람이나 광야에서 40일 동안 금식한 사람의 이야기를 쉽게 찾아볼 수 있다. 나는 오랜 연구를 통해 축제 역시 금식만큼이나 신성한 의식이라는 사실을 깨닫게 되었다. 금식은 우리에게 욕심을 버리고, 정신을 맑게 하고, 겸손한 자세를 유지하라고 말한다. 반면 축제는 우리가 얼마나 발전했으며 그 발전을 앞으로 나아갈 원동력으로 삼을 수 있다는 사실을 말해준다.

┃ 작은 것을 축하하기

예전에 캘리포니아에 있는 한 병원과 함께 일을 한 적이 있었다. 그 병원에서는 암 환자가 회복할 때마다 간호사 몇 명이 모여 조촐한 다과회를 열어주었다. 그 소문이 퍼지면서 의사와 원무과 직원들도 동참했다. 또한 '완쾌 축하 파티' 소식을 전해들은 예전 환자들까지 참석하기도 했다. 우리는 큰 성공을 원한다. 암을 이겨낸 것이야말로 무엇보다 큰 성공이라는 점에서 축하받아야 마땅하다. 그러나 한 가지 주목해야 할 사실이 있다. 큰 성공도 중요하지만, 축하를 하기 위해 작은 성공도 놓치지 않아야 한다.

우리는 대개 출산이나 승진, 졸업 등 특별한 사건이 있을 때만 축하를 한다. 그런데 이처럼 드물게 일어나는 사건을 위해서만 축하를 아껴둬야 할까? 나는 《행복의 특권》에서 발전에 대한 확인, 그리고 결승점이 얼마 남지 않았다는 확신을 통해 목표 달성을 위한 동기를 부여할 수 있다고 설명했다. 그러나 결승점이 너무 멀게 느껴질 때가 있다. 그래서 목표 달성을 위한 여정에서 얻는 작은 성과를 축하할 필요가 있다. 실제로 이러한 노력은 큰 의미가 있다.

나는 아내, 아내의 친구와 함께 작은 성공 축하하기가 강력한 힘을 발휘한다는 사실을 직접 확인했다. 아내의 친구는 남편이 집안일에 너무 무관심하다며 불만을 토로했다. 둘은 맞벌이 부부인데 그녀가 퇴근한 뒤 집에 돌아와 저녁을 준비하고 아이를 돌보는 동안 남편은 소파에 기대 스포츠 채널만 본다고 했다. 처음에 그녀는 남편에게 이런저런 일을 부탁했지만 남편을 설득하는 것보다 자신이 직접 하는 게 더 쉽다는 사실을 깨달았다. 남편이 더 무관심해질수록 그녀는 더 많은 잔소리를 했다. 얼마 지나지 않아 그녀는 자신의 심리적 에너지가 잘못된 방향으로 흘러가고 있다는 사실을 깨달았다. 잔소리는 남편을 움직이지 못했다. 잔소리를 할수록 남편은 심드렁한 표정으로 소파에 깊숙이 몸을 묻을 뿐이었다. 전형적인 악순환 사례였다.

이후 아내는 친구에게 일주일간 그녀의 남편에게 축하 캠페인을 벌이자고 제안했다. 즉, 일주일 동안 잔소리 대신 남편이 하는 모든 집안일에 대해 적극적으로 축하를 하도록 했다(이때 주의해야 할 점은 절대 비아냥거리지 말아야 한다는 것이다). 처음에 그녀는 어처구니없는 표정을 지었지만, 어쨌든 해보기로 했다. 낚시 장비와 운동복으로 온 집안이 어질러져 있어도 아무 말을 하지 않았다. 대신 "오늘 저녁에 아이들이랑 놀아줘서 고마워"라고만 했다. 그리고 저녁식사 준비를 도와주지 않았다고 투덜대는 대신 이렇게 말했다. "피자를 주문해줘서 고마워. 좋은 선택이었어." 2주일 내내 그렇게 남편이 집안일에 적극적으로 참여하고 있다는 사실을 인식시켰다.

이런 긍정적인 피드백을 받은 남편은 충분히 열심히 집안일을 돌보고 있다고 생각해서 더 게을러졌을까? 결과는 정반대였다. 남편은 목요일에 두 달 전부터 물이 새던 호스를 수리했고, 토요일에는 테이블 정리를 했다. 남편이 부엌을 치우는 것은 시어머니가 오지 않고서는 좀처럼 목격하기 힘든 장면이었다. 남편이 갑작스레 달라진 이유는 뭘까? 그는 아내가 자신에게 새롭게 부여한 이미지를 완성하고자 했던 것이다. 아내의 칭찬 덕분에 그는 집안일을 적극적으로 돌보는 자상한 남편이라는 새로운 이미지를 갖게 되었다.

챔피언십 우승은 물론 개인의 장점이나 일상적인 성과(비록 사소한 것이라 해도)를 통해 함께 축하하는 일은 모두가 긍정적인 자기 이미지를 갖고, 스스로 행복과 성공을 누릴 만한 가치 있는 사람이라고 생각하게 만든다. 마찬가지로 친절함과 창조성, 성실함에 대해 상대방을 칭찬하면 이들이 스스로를 친절하고, 창조적이고, 부지런한 사람으로 바라보게 만든다. 이처럼 칭찬은 자석처럼 에너지를 긍정적인 방향으로 잡아당기는 역할을 한다.

같은 방법을 상사나 동료, 자녀에게 적용해볼 수 있다. 나는 아들 레오에게 그렇게 했다. 예전에 레오는 자러 가는 것을 무척 싫어했다. 우리 부부의 전략은 그저 단호하게 대하는 것이었다. "이제 들어가서 자"라고 말할 때마다 레오의 반응은 이랬다. "싫어요. 아래층에서 트럭을 가지고 놀래요." 그러나 레오가 잠자리에 들 때마다 칭찬하고, 다음 날 아침에 일어났을 때 축하를 하자 상황은 바뀌었다. 요즘 레오는 제 발로 걸어 침실로 간다. 일찍 잠자리에 드는 착한 아이라는 새로운 이미지에 따라 행동하기 때문이다.

와튼 비즈니스스쿨의 애덤 그랜트는 흥미진진한 실험을 추진했다. 그는 선한 행동을 칭찬하면 더 많은 선한 행동을 유도할 수 있다는 사실을 보여주었다. 실험에서 그랜트는 사람들이 더 많은 금액을 기부하도록 동기를 부여하는 방법에 주목했다.[16] 일반적인 기부 요청 방식은 과거에 다른 사람에게 도움을 받았던 기억을 떠올리게 하는 것이다. 이러한 접근방식은 다른 사람의 선행을 떠올리게 해서 더 적극적으로 기부에 참여하도록 자극한다. 다시 말해 선행에 대해 은혜를 갚도록 설득하는 것이다.

그러나 이 방식은 효과가 크지 않다. 그래서 그랜트 연구팀은 그 방식을 뒤집어보기로 했다. 피실험자들에게 자신이 과거에 다른 사람에게 베풀었던 선행 세 가지를 떠올려보도록 한 것이다. 그 결과 자신이 했던 선행을 떠올린 집단이 다른 사람에게 받은 선행을 떠올린 집단보다 더 많은 금액을 기부한 것으로 드러났다. 그 이유는 뭘까?

과거에 자신이 했던 선행을 떠올릴 때 그들은 자신에 대한 새로운 이미지를 만들어낸다. 앞에서 얘기한 내 아내 친구의 남편과 내 아들 레오도 그랬다. 그랜트의 실험에서 사람들은 이렇게 생각했다. "나는 선행을 베푸는 사람이야. 그러니까 기부를 해야지."

빅 포텐셜의 힘을 직접 목격하고 싶다면 직장이든 가정이든 자신의 생태계 안에 있는 한 사람을 선택해서 일주일 동안 잘못은 접어두고 잘한 것에 대해서만 칭찬을 하자. 이 방식에는 또 다른 장점이 있다. 칭찬하는 사람도 긍정적인 느낌을 받게 된다는 것이다! 5장에서 살펴보았듯이 우리 두뇌는 집중하는 것을 반복한다. 따라서 새로운 칭찬 거리를 적극적으로 찾는 과정에서 우리가 갖고 있던 상대의 이미지는 점차 긍정적인 쪽으로 이동하게 될 것이다. 그러면 자연스럽게 그 사람의 단점보다 장점이 눈에 더 많이 띄게 될 것이다.

▎ 장점을 칭찬하기

다른 사람의 장점을 발견하고 칭찬하면 놀라운 일이 벌어진다. 도요타의 북미 지역 부품센터의 54개 팀에서 일하는 직원 400명을 대상으로 1년 동안 장점과 성과를 축하하는 프로그램을 실시한 결과, 업무 생산성은 6퍼센트 높아졌다. 일반적으로 이 센터의 연간 생산성 편차가 −1퍼센트에서 1퍼센트 사이인 점을 감안할 때, 상당히 획기적인 변화라 하겠다. 게다가 칭찬 프로그램을 더 집중적으로 실시했던 두 팀에서는 6개월 만에 생산성이 9퍼센트 향상되었다.[17]

65개 조직을 대상으로 한 메타분석 결과 역시 장점과 성공을 칭찬했을 때 소속감과 생산성이 연 단위로 크게 성장한 것을 보여주었다. 그 경제적 가치는 직원 1인당 1,000달러가 넘는 것으로 추산된다. 다시 말해 직원 수가 1,000명인 기업에서 연간 100만 달러의 이익이 발생한 셈이다. 또한 연구에 참여한 기업들은 평균 540만 달러 이상의 이익을 확인했다.

플로리다주에 있는 세인트루시메디컬센터St. Lucie Medical Center는 연구를 통해 이러한 접근방식이 이직률을 낮춤으로써 비용 절감에 실질적인 도움을 준다는 사실을 입증해보였다. 세인트루시메디컬센터에 근무하는 직원 700명을 대상으로 칭찬 프로그램을 2년간 실시했을 때 이직률은 50퍼센트나 감소했다. 그리고 환자 만족도를 기준으로 한 병원의 평가 역시 160퍼센트나 개선된 것으로 나타났다.[18]

그러나 안타깝게도 많은 기업이 지금까지 오랫동안 직원의 역량을 개발하는 과정에서 개인의 약점에 집중했다. 5장에서 논의했듯 경영자들은 주로 개선이 필요한 사항을 확인하고, 여기에 집중해서 교육 프로그램을 실시했다. 그러나 이러한 접근방식은 문제를 해결하기보다 오히려 더 심각하게 만들고 말았다. 그 이유가 뭘까? 직원들이 스스로를 개선해야 할 대상으로 바라보도록 함으로써 경영자들의 의도와는 달리 인적 에너지를 잘못된 방향으로 흘러가게 만들었다. 이를테면 프레젠테이션 기술 교육에 참석한 직원은 자신의 프레젠테이션 실력이 형편없다고 인식하게 된다. 그리고 무의식적으로 그런 인식을 점점 더 강화하는 방식으로 행동한다.

이처럼 우리 모두는 자기 이미지와 조화를 이루는 방식으로 행동하려는 성향을 보인다. 심리학자들은 이러한 현상을 '인지부조화'라는 개념으로 설명한다. 인지부조화를 피하려는 인간의 욕구는 행동 변화에서 여러 번의 교육 프로그램보다 훨씬 강력한 힘을 발휘한다.

이러한 점에 비춰볼 때 최근 많은 기업이 직원의 '단점을 개선'하기보다 '장점을 축하'하기 위해 많은 노력을 기울이고 있다는 사실은 어쩌면 당연한 일이라 하겠다. 오프라가 소유한 방송 채널인 OWN에서 행복을 주제로 새로운 온라인 프로그램을 맡게 되었을 때, 나는 맥킨지앤컴퍼니McKinsey & Company에서 교육 및 개발 업무를 담당하는 애슐리 윌리엄스Ashley Williams를 우리 집에 초대하여 인터뷰를 했다. 윌리엄스는 내가 지금까지 업무 교육 분야에서 만난 사람 중 가장 창조적이고 영향력 있는 리더 중 하나다. 그럼에도 그녀는 대단히 겸손하고 자신의 성공을 언제나 팀원들에게 돌린다(진정한 프리즘의 역할이다).

인터뷰를 하는 동안 윌리엄스는 세계적인 경쟁력을 갖춘 맥킨지가 악명 높은 성과 평가 방식인 '파괴와 구축bash and build'을 도입한 뒤 장기적인 성과가 떨어지고, 스트레스는 높아지고, 인재를 잃어버리게 되었다는 이야기를 자세히 들려주었다.

데이터 기반 접근방식에 자부심을 갖고 있던 맥킨지는 이후 어떤 평가 방식으로 대체해야 할 것인지를 놓고 실험을 수행했다. 그 결과, 약점보다 장점에 집중하는 접근방식이 고객 만족도와 인재 확보, 파트너 참여 점수에서 더 효과적이라는 사실을 깨달았다. 그러나 문제는 기존 평가 방식인 '파괴와 구축'이 조직 문화에 깊이 뿌리를 내리고 있다는 사실이었다. 특히 오랫동안 조직에서 성장한 파트너 집단에서는 더욱 심했다. 이에 맥킨지는 직원의 장점을 칭찬하는 과정에서 모범 사례를 보여준 우수한 파트너들과 함께 영상을 제작했다.

나는 그 영상이 특히 두 가지 측면에서 마음에 든다. 첫째, 조직 안에 깊이 뿌리내린 접근방식도 얼마든지 제거할 수 있다는 가능성을 보여주었다. 둘째, 변화에 대한 전망을 직원들에게 생생한 이미지로 전달함으로써 성과를 축하하는 방법을 더 잘 이해하도록 했다. 맥킨지 영상은 두 가지 전략을 조합한 성공적인 사례다.

관리자나 인사부 직원만 성과를 축하할 수 있는 것은 아니다. 한 달에 한 번 점심으로 함께 피자를 먹으면서 팀의 성과를 자축하는 일은 누구나 할 수 있다. 혹은 바쁜 한 주를 외식으로 마무리하면서 모든 팀원의 노력을 축하할 수 있다. 이러한 축하는 모두의 환영을 받는다. 축하 전략의 장점은 칭찬의 대상과 방법을 쉽게 발견하고 선택할 수 있다는 것이다.

| 의미를 축하하기

이탈리아 롬바르디아주의 코모 호수 근처에 사는 조지 클루니는 이런 말을 했다.

"이탈리아인의 삶은 미국인의 삶보다 낫다. 이탈리아인은 오랜 역사에 걸쳐 만찬을 즐기는 법을 배웠다. 그러나 미국인은 어떻게든 빨리 식사를 마치기에 급급하다."[19]

클루니의 지적은 일리가 있다. 미국인은 종종 일과 삶의 바쁜 소용돌이 속에서 맛있는 음식이 선사하는 단순한 즐거움을 잊어버리곤 한다. 나는 클루니의 말에 이렇게 덧붙이고 싶다. 즐거움의 원천이 몸에 영양을 공급하는 음식에만 국한될 필요는 없다. 마음과 영혼을 살찌우는 의미도 함께 즐겨야 한다.

나는 예전에 보스턴에 있는 유매스메모리얼메디컬센터UMass Memorial Medical Center에서 5,000명의 중환자를 돌보는 간호사를 대상으로 강연한 적이 있다. 나중에 앤 위버Anne Weaver라는 간호사는 내 강연을 듣고 나서, 중환자를 돌보며 겪는 어려움 속에서 발견한 의미를 축하하는 법을 이해하게 되었다고 말했다. 앤은 세 명의 간호사와 함께 행복위원회를 설립했다. 그 위원회가 개발한 가장 기발한 성과물은 '당신을 칭찬합니다. 나를 칭찬합니다'라는 이름의 게임이었다. 게임 규칙은 간단하다. 중환자 관리실에서 일하는 모든 간호사는 다른 동료와 자신이 했던 의미 있는 행동을 종이에 적는다. 앤은 이렇게 적었다.

"샤론은 바쁜 시간에도 짬을 내서 내가 부탁한 것을 가르쳐주었다. 그리고 나는 유머를 활용하여 두려움에 떨고 있던 환자 부모의 마음을 차분히 가라앉혀주었다."

이들이 적어낸 메모에서 한 달 동안 가장 많이 이름이 언급된 간호사는 상금으로 100달러를 받는다(그들은 그렇게 받은 상금을 모아 지역의 식량 배급소에 기부했다).

이러한 칭찬 프로그램은 조직을 하나로 묶어줄 뿐 아니라 다른 중요한 혜택까지 가져다준다. 메모를 적는 30초 동안 사람들은 동료와 자신의 칭찬할 만한 행동을 떠올려본다. 자신을 칭찬하는 일은 다른 사람의 성과에 대한 축하만큼이나 중요하다. 자신을 진심으로 축하하지 못하면 빅 포텐셜에 이를 수 없다.

지금까지 우리는 성공과 잠재력이 긴밀하게 얽혀 있고, 주변 사람의 성공을 돕는 과정에서 우리 자신의 성공 가능성을 높일 수 있다는 사실을 살펴보았다. 비행기를 타면 사고가 났을 때 본인이 먼저 산소마스크를 써야 한다는 안내방송이 나온다. 그래야만 하는 이유가 있다. 내가 먼저 호흡하지 못하면 주변 사람도 도울 수 없기 때문이다. 빅 포텐셜도 마찬가지다. 자신의 에너지가 고갈되면 주변 사람을 도울 수 없다.

축하는 빅 포텐셜에 이르는 여정에서 산소 같은 존재다. 빅 포텐셜의 힘을 오랫동안 유지하려면 축하의 산소를 끊임없이 들이마

셔야 한다. 어느 자리에 있든 우리에게 축하할 가치가 있는 변화를 이끌어낼 힘이 있다는 사실을 기억해야 한다. 더 많이 축하할수록, 우리 삶은 더 많은 의미로 넘쳐난다. 그리고 우리 삶에 의미가 넘쳐날수록 축하할 일은 더 많이 생긴다. 이렇게 우리는 또 하나의 선순환을 시작하게 된다.

맺음말   **우리의 삶에 부디**
다른 사람의 포스가 함께하기를

숨겨진 조화가 드러난 조화보다 더 낫다.
– 헤라클레이토스, 기원전 500년

역사적으로 강하고 똑똑한 집단으로 알려진 케냐의 마사이 전
사들은 안부를 물을 때 "잘 지내세요?"라고 하지 않고 이렇게 말한
다. "아이들은 잘 지내나요?" 그러면 아이가 없는 사람도 이렇게 답
한다. "모두 잘 지냅니다."[1]

이들의 안부 인사는 **공동체 모두가 행복하지 않으면 개인의 행복**
은 의미가 없다는 마사이 부족의 오랜 믿음에서 비롯되었다. 긍정
심리학도 이런 생각에 동의한다. 우리는 자신의 안위만 걱정해서는
안 된다. 주변 사람 모두가 행복한지 관심을 기울여야 한다.

나는 처음에 하버드에서 신학을 공부했다. 특히 기독교와 불교
의 윤리를 집중적으로 파고들었다. 나는 믿음 체계가 사람들의 행

동에 어떤 영향을 미치는지에 관심이 많았다. 오랫동안 다양한 종교 전통을 연구하면서 많은 차이에도 불구하고 모든 종교가 비슷한 문제로 씨름하고 있다는 사실을 깨달았다. 그 질문은 이러한 것이었다.

'왜 이기심은 사랑을 가로막는가? 상실과 좌절 뒤에 어떻게 기쁨을 발견할 수 있는가? 삶의 의미란 무엇인가?'

그러나 수많은 신학자와 철학자가 3,000년 넘게 고민해온 이 존재론적 질문은 지금도 해결되지 않은 채 남아 있다. 한편으로 의아한 생각이 든다. 인류는 3,000년 동안 이러한 질문에 대답을 내놓을 수 있을 만큼 충분히 진화하지 못한 걸까?

나는 기업과 학교, 개인의 차원에서 오늘날 세상을 바라보며 똑같은 혼란을 느낀다. 그동안 많은 경영자를 만났다. 그들은 조직에 동기를 부여하기 위해 많은 노력을 했지만, 결과는 신통치 못했다. 조금이라도 나아가기 위해 안간힘을 쓰다가 얼마 후 오히려 후퇴하고 말았다는 사실을 깨닫는다. 병원과 비영리단체의 많은 리더는 피로와 동정심의 감퇴를 극복하는 방법을 주제로 매년 똑같은 컨퍼런스에서 똑같은 이야기를 나누어야 한다는 사실에 좌절한다. 그리고 많은 부모는 자녀에게 최고의 사랑을 퍼붓지만, 아이가 사춘기로 접어들면서 갑작스럽게 불안감을 느낀다.

변화를 창조하고 오랫동안 이끌어갈 수 있는 실질적인 해법은 없을까? 전문가로서, 부모로서, 세상의 신비에 호기심을 가진 사람으로서 우리 인간은 역사의 굴레를 벗어날 수 없는 것인가? 나는 그렇게 생각하지 않는다. 오늘날 우리가 느끼는 혼란은 더 나은 미래를 추구하려는 욕망, 그리고 변화의 본질에 대한 잘못된 이해로부터 비롯되었기 때문이다.

10년간 연구를 통해 깨달은 것이 있다면, 변화는 결코 한 번의 도전으로 완성되지 않는다는 것이다. 오늘 목욕을 했다고 1년 동안 목욕을 하지 않아도 되는 것은 아니다. 오늘 한 번 운동했다고 몸이 완성되는 것은 아니다. 사실 우리는 내일 다시 운동하기 위해 오늘도 운동하는 것이다. 소중한 것이 세월에 따라 무너지고 사라지지 않도록 우리는 매일 같이 갈고 닦아야 한다.

개인, 조직, 사회가 필요로 하는 것은 단번의 해결책이 아니다. 중요한 것은 긍정성의 힘을 오랫동안 꾸준히 지켜나가려는 노력이다. 스트레스와 문제는 우리 삶 곳곳에 널려 있다. 또 긍정적인 태도와 관계, 희망 역시 우리 삶 곳곳에서 발견할 수 있다.

성공, 잠재력, 행복과 마찬가지로 변화 역시 혼자서 일궈낼 수 없다. 그 규모를 떠나 진정한 변화를 일궈내기 위해서는 먼저 변화에 성공한 사람들의 도움이 필요하다. 그리고 회복탄력성이 필요하다. 어느 자리에 있든 리더십을 갖춰야 한다. 집단적 관성의 힘도 필요하다. 마지막으로 이러한 것을 얻기 위해서는 반드시 잠재력 생태계가 필요하다.

그렇다. 우리는 우리가 살아가는 우주에서 가장 중요한 존재다. 우리는 우리가 살아가는 세상의 중심이다. 따라서 우리가 살아가는 세상을 바꾸려면 그 변화는 먼저 우리 자신으로부터 시작되어야 한다. 그러나 혼자만으로 변화를 이끌 수 없다. 반드시 다른 사람과 관계를 맺어야 한다. 그래야만 모든 아이의 행복을 보장할 수 있다. 그리고 그 행복을 오늘만 아니라 내일도 지켜나갈 수 있다.

스몰 포텐셜을 쫓으면서 인생을 허비한다면, 영화〈매트릭스 The Matrix〉에 등장하는 모피어스가 얘기했듯이 '눈에 보이는 세상' 만을 살아가는 셈이다. 그러나 우리는 지금까지 빅 포텐셜의 위력을 확인했다. 나는 여러분이 빅 포텐셜의 관점으로 인생에서 중요한 질문에 대한 해답을 찾고, 삶과 세상에서 긍정적인 변화를 이끌어낼 수 있기를 바란다.

가치 있고 숭고한 인생의 여정에 부디 다른 사람의 포스가 함께하기를.

─── 머리말

1. http://www.nytimes.com/1991/08/13/science/a-mystery-of-nature-mangroves-full-of-fireflies-blinking-in-unison.html.

2. Moiseff, A., & Copeland, J. (2010). Firefly synchrony: a behavioral strategy to reduce visual clutter. Science 329 (July 9): 181. doi:10.1126/science.1190421.

3. http://www.nytimes.com/1991/08/13/science/a-mystery-of-nature-mangroves-full-of-fireflies-blinking-in-unison.html.

4. http://www.reed.edu/biology/professors/srenn/pages/teaching/web_2008/mhlo_site/index.html.

― 1장

1.   http://mentalhealthtreatment.net/depression/signs-symptoms/.

2.   http://www.aappublications.org/news/2017/05/04/PASSuicide050417.

― 2장

1.   Kester, E. (2012). *That Book About Harvard: Surviving the World's Most Famous University, One Embarrassment at a Time.* Naperville, Ill.: Sourcebooks.

2.   http://www.nature.com/articles/srep01174.

3.   Schnall, S., Harber, K. D., Stefanucci, J. K., & Proffitt, D. R. (2008). Social support and the perception of geographical slant. *Journal of Experimental Social Psychology* 44 (5): 1246–1255. doi:10.1016/j. jesp.2008.04.011.

4.   https://www.nytimes.com/2016/02/28/magazine/what-google-learned-from-its-quest-to-build-the-perfect-team.html?smid=pl-share&_r=0.

5.   Woolley, A. W., Chabris, C. F., Pentland, A., Hashmi, N., & Malone, T. W. (2010). Evidence for a collective intelligence factor in the performance of human groups. *Science* 330 (October 29): 686–688. doi:10.1126/science.1193147.

6.   Fowler, J. H., & Nicholas, C. A. (2008). Dynamic spread of happiness in a large social network: Longitudinal analysis over 20 years in the Framingham Heart Study. *BMJ* 337: a2338.

7. From an online interview: https://www.reddit.com/r/science/comments/5wvz03/science_ama_series_this_is_dr_jenna_watling_neal/.

8. https://psychcentral.com/news/2017/04/01/are-personality-traits-contagious/118486.html.

9. http://factmyth.com/factoids/edison-never-invented-anything/.

10. Jung, D. I. (2001). Transformational and transactional leadership and their effects on creativity in groups. *Creativity Research Journal* 13 (2): 185–195.

11. Carman, K. G. (2003). Social influences and the private provision of public goods: Evidence from charitable contributions in the work\-place. Stanford Institute for Economic Policy Research Discussion Paper 02-13 (January).

12. Leelawong, K., & Biswas, G. (2008). *International Journal of Artificial Intelligence in Education* 18 (3): 181–208.

13. http://ideas.time.com/2011/11/30/the-protege-effect/.

14. https://www.ted.com/talks/margaret_heffernan_why_it_s_time_to_ forget_the_pecking_order_at_work.

15. Wilson, D. S. (2007). *Evolution for Everyone: How Darwin's Theory Can Change the Way We Think About Our Lives.* New York: Delacorte Press.

16. https://news.uns.purdue.edu/html4ever/2005/050802.Muir.behavior.html. 사육 우리를 제거함으로써 문제를 해결하고자 하는 과정에서 발생한 부작용: 모든 닭을 개별 우리에 가뒀을 때 당연하게도 영토 분쟁은 없었다. 그러나 방목으로 전환했을 때 닭들은 더 많은 영토를 차지하기 위해 말 그대로 피 터지는 싸움을 벌였다.

17. https://evolution-institute.org/article/when-the-strong-outbreed-the-weak-an-interview-with-william-muir/.

18. https://www.nytimes.com/2016/02/28/magazine/what-google-learned-from-its-quest-to-build-the-perfect-team.html?smid=pl-share&_r=0.

19. Senge, P. M. (1990). *The Fifth Discipline: The Art and Practice of the Learning Organization.* New York: Doubleday/Currency.

—— **3장**

1. http://www.deseretnews.com/article/695226634/Statistically-speaking-BYU-study-shows-assists-teamwork-important-to-winning-on-court.html.

2. https://www.forbes.com/2010/08/05/teams-teamwork-individuals-leadership-managing-collaboration.html.

3. http://www.businessinsider.com/teams-more-productive-than-individuals-2013-8.

4. https://www.fastcompany.com/3020561/why-women-collaborate-men-work-alone-and-everybodys-mad.

5. Cross, R., Rebele, R., & Grant, A. (2016). Collaborative Overload, *New York Times* (Jan-Feb).

6. http://money.cnn.com/2017/05/19/technology/ibm-work-at-home/index.html?iid=ob_homepage_tech_pool.

7. https://www.wsj.com/articles/ibm-a-pioneer-of-remote-work-calls-workers-back-to-the-office-1495108802?mg=id-wsj.

8. https://qz.com/924167/ibm-remote-work-pioneer-is-calling-thousands-of-employees-back-to-the-office/.

9. Smith, T. W., et al. (2013). Optimism and pessimism in social con\-text: An interpersonal perspective on resilience and risk. *Journal of Research in Personality* 47: 553 – 562. doi:10.1016/j.jrp.2013.04.006.

10. Andersson, M. A. (2012). Identity crises in love and at work: Dispo\-sitional optimism as a durable personal resource. *Social Psychology Quarterly* 75: 290 – 309. doi:10.1177/0190272512451753; Heinonen, K., et al. (2006). Parents' optimism is related to their ratings of their children's behaviour. *European Journal of Personality* 20: 421 – 445. doi:10.1002/per.601.

11. Taylor, Z. E., Widaman, K. F., Robins, R. W., Jochem, R., Early, D. R., & Conger, R. D. (2012). Dispositional optimism: A psychological resource for Mexican-origin mothers experiencing economic stress. *Journal of Family Psychology* 26 (February): 133 – 139.

12. Duffy, R. D., Bott, E. M., Allan, B. A., & Torrey, C. L. (2013). Examin\-ing a model of life satisfaction among unemployed adults. *Journal of Counseling Psychology* 60 (1): 53 – 63.

13. https://hbr.org/2015/09/the-unexpected-influence-of-stories-told-at-work.

14. https://hbr.org/2017/03/teams-solve-problems-faster-when-theyre-more-cognitively-diverse.

15. https://hbr.org/2016/09/diverse-teams-feel-less-comfortable-and-thats-why-they-perform-better.

16. Granovetter, M. S. (1973). The strength of weak ties. *American Journal of Sociology* 78: 1360 – 1380.

17. Barabási, Albert-László. 2003. *Linked: How Everything Is Connected to Everything Else and What It Means for Business, Science, and Everyday Life.* New York: Plume.

18. https://hbr.org/2011/07/managing-yourself-a-smarter-way-to-network.

19. http://www.bmj.com/content/337/bmj.a2338.

20. https://hbr.org/2011/07/managing-yourself-a-smarter-way-to-network.

—— 4장

1. https://www.ted.com/talks/benjamin_zander_on_music_and_passion.

2. https://leaderchat.org/2009/03/17/leading-from-any-chair-in-the-organization/.

3. https://www2.deloitte.com/content/dam/Deloitte/ar/Documents/human-capital/arg_hc_global-human-capital-trends-2014_09062014%20(1).pdf.

4. https://www2.deloitte.com/content/dam/Deloitte/ar/Documents/human-capital/arg_hc_global-human-capital-trends-2014_09062014%20(1).pdf.

5. https://hbr.org/2016/04/culture-is-not-the-culprit.

6. http://www.securex.be/export/sites/default/.content/download-gallery/nl/
brochures/Gallup-state-of-the-GlobalWorkplaceReport_20131.pdf.

7. http://www.securex.be/export/sites/default/.content/download-gallery/nl/
brochures/Gallup-state-of-the-GlobalWorkplaceReport_20131.pdf.

8. https://hbr.org/2017/03/strategy-in-the-age-of-superabundant-capital.

9. https://txbbacareerservices.wordpress.com/2016/09/12/day-in-the-life-
ali-allstate-leadership-development-program/.

10. https://txbbacareerservices.wordpress.com/2016/09/12/day-in-the-life-
ali-allstate-leadership-development-program/.

11. Amar, A. D., Hentrich, C., & Hlupic, V. (2009). To be a better leader, give
up authority. *Harvard Business Review* 87 (December): 22 – 24.

12. Amar, A. D., Hentrich, C., Bastani, B., & Hlupic, V. (2012). How managers
succeed by letting employees lead. *Organizational Dynamics* 41 (1): 62 – 71.

13. http://www.huffingtonpost.com/entry/surgeon-general-happiness-vivek-
murthy_us_564f857ee4b0d4093a57c8b0.

— 5장

1. Hom, H., & Arbuckle, B. (1988). Mood induction effects upon goal setting
and performance in young children. *Motivation and Emotion* 12 (2): 113.

2. https://hbr.org/2015/09/why-more-and-more-companies-are-ditching-
performance-ratings.

3. https://qz.com/587811/stanford-professor-who-pioneered-praising-effort-sees-false-praise-everywhere/.

4. Meneghel, I., Salanova, M., & Martinez, I. (2016). *Journal of Happiness Studies* 17 (February): 239–255.

5. http://www.espn.com/college-football/story/_/id/18418243/alabama-crimson-tide-coach-nick-saban-teams-play-best-championship-games.

── 6장

1. Engert, V., Plessow, F., Miller, R., Kirschbaum, C., & Singer, T. (2014). Cortisol increase in empathic stress is modulated by social closeness and observation modality. *Psychoneuroendocrinology* 7 (April): 192–201.

2. Friedman, H. S., & Riggio, R. E. (1981). Effect of individual differences in nonverbal expressiveness on transmission of emotion. *Journal of Nonverbal Behavior* 6 (2): 96–104. http://link.springer.com/article/10.1007%2FBF00 987285?LI=true.

3. Dalton, P., Mauté, C., Jaén, C., & Wilson, T. Chemosignals of stress influence social judgments. *PLOS ONE* 8 (2013): e77144.

4. Gielan, M. (2015). *Broadcasting Happiness: The Science of Igniting and Sustaining Positive Change*. Dallas: BenBella Books.

5. http://www.independent.co.uk/life-style/health-and-families/fea\-tures/teenage-mental-health-crisis-rates-of-depression-have-soared-in-the-past-25-years-a6894676.html.

6. https://hbr.org/2011/07/managing-yourself-a-smarter-way-to-network.

7. http://www.hbs.edu/faculty/Publication%20Files/16-057_d45c0b4f-fa19-49de-8f1b-4b12fe054fea.pdf.

8. http://www.huffingtonpost.com/entry/michelle-gielan-broadcasting-happiness_55d3b320e4b055a6dab1ee4b.

9. http://www.huffingtonpost.com/entry/michelle-gielan-broadcasting-happiness_us_55d3b320e4b055a6dab1ee4b.

10. https://sleep.org/articles/ways-technology-affects-sleep/.

11. http://jamanetwork.com/journals/jamapediatrics/article-abstract/2571467.

12. https://medium.com/time-dorks/distractions-are-a-nuisance-but-infinity-pools-are-the-real-problem-e84122d62c0c#.sjt2befmd.

13. http://www.amazon.com/Before-Happiness-Achieving-Spreading-Sustaining/dp/0770436730.

14. https://www.inc.com/rebecca-hinds-and-bob-sutton/dropbox-secret-for-saving-time-in-meetings.html.

15. Chancellor, J., Layous, K., & Lyubomirsky, S. (2014). Recalling posi\-tive events at work makes employees feel happier, move more, but interact less. *Journal of Happiness Studies* 16: 871 – 887.

16. http://www.amazon.com/Broadcasting-Happiness-Igniting-Sustaining-Positive/dp/1941631304.

17. https://hbr.org/2015/12/the-busier-you-are-the-more-you-need-

mindfulness.

18. https://hbr.org/2016/06/resilience-is-about-how-you-recharge-not-how-you-endure.

19. Crum, A. J., Salovey, P., and Achor, S. (2013). Rethinking stress: The role of mindsets in determining the stress response. *Journal of Personality and Social Psychology* 104 (4): 716.

20. Haimovitz, K., & Dweck, C. (2016) Parents' views of failure predict children's fixed and growth intelligence mind-sets. *Psychological Science* 27 (6): 859 – 869. Article first published online April 25, 2016.

21. http://www.projecttimeoff.com.

22. www.projecttimeoff.com/resources.

23. www.projecttimeoff.com/resources.

24. Achor, S. (2012). Positive intelligence. *Harvard Business Review* (Jan – Feb). https://hbr.org/2012/01/positive-intelligence.

25. https://hbr.org/2014/02/when-a-vacation-reduces-stress-and-when-it-doesnt/.

26. Segerstrom, S. C., & Nes, L. S. (2006). When goals conflict but people prosper: The case of dispositional optimism. *Journal of Research in Personality* 40: 675 – 693. doi:10.1016/j.jrp.2005.08.001.

— 7장

1. http://www.cnn.com/2017/04/13/living/cnn-heroes-teaching-tool/index. html.

2. http://www.cbsnews.com/news/487-days-at-camp-david-for-bush/.

3. Holmes, E. A., James, E. L., Blackwell, S. E., & Hales, S. (2011). They flash upon that inward eye. *The Psychologist* 24: 340 – 343.

4. Nicklaus, J., & Bowden, K. (1974) *Golf My Way*. New York: Simon & Schuster. Quote first read on http://biovisualfocus.com/member/ar\-ticles/ where-the-focus-comes-from/.

5. http://psycnet.apa.org/psycinfo/1962-00248-001.

6. Moulton, S. T., & Kosslyn, S. M. (2009). Imagining predictions: Mental imagery as mental emulation. *Philosophical Transactions by the Royal Society B: Biological Sciences* 364: 1273 – 1280.

7. Blackwell, S. E., et al. Optimism and mental imagery: A possible cognitive marker to promote well-being? *Psychiatry Research* 206 (1): 56 – 61.

8. Sharot, T., Riccardi, A. M., Raio, C. M., & Phelps, E. A. (2007). Neural mechanisms mediating optimism bias. *Nature* 450: 102 – 105.

9. Stöber, J. (2000). Prospective cognitions in anxiety and depression: Replication and methodological extension. *Cognition & Emotion* 14: 725 – 729; Holmes, E. A., Lang, T. J., Moulds, M. L., & Steele, A. M. (2008). Prospective and positive mental imagery deficits in dysphoria. *Behaviour Research and Therapy* 46: 976 – 981.

10. Libby, L. K. (2007). Picture yourself at the polls: Visual perspective in mental imagery affects self-perception and behavior. *Psychological Science* 18: 199 – 203.

11. Mathews, A. (2013). Feels like the real thing: Imagery is both more realistic and emotional than verbal thought. *Cognition & Emotion* 27: 217 – 229; Holmes E. A., & Mathews, A. (2010). Mental imagery in emotion and emotional disorders. *Clinical Psychology Review* 30: 349 – 362. doi:10.1016/j.cpr.2010.01.001.

12. Senge, P. M. (1990). *The Fifth Discipline: The Art and Practice of the Learning Organization.* New York: Doubleday/Currency.

13. King, L. A. (2001). The health benefits of writing about life goals. *Personality and Social Psychology Bulletin* 27: 798 – 807.

14. Layous, K., Nelson, S. K., & Lyubomirsky, S. (2013). What is the optimal way to deliver a positive activity intervention? The case of writing about one's best possible selves. *Journal of Happiness Studies* 14 (2): 635. doi:10.1007/s10902-012-9346-2.

15. https://www.ncbi.nlm.nih.gov/pmc/articles/PMC5241224/.

16. https://www.amazon.com/Give-Take-Helping-Others-Success/dp/0143124986.

17. Clifton, D. O., & Harter, J. K. (2003). "Investing in Strengths." In *Positive Organizational Scholarship*, edited by Cameron, K. S., Dutton, J. E., & Quinn, R. E., 111 – 121. San Francisco: Berrett-Koehler; Connelly, J. (2002). All together now. *Gallup Management Journal* 2 (1): 13 – 18.

18. Black, B. (2001). The road to recovery. *Gallup Management Journal* 1: 10 – 12.

19. http://www.azquotes.com/quotes/topics/celebrate.html.

— 맺음말

1. 스티브 펨버튼Steve Pemberton이 미셸 오바마와 나눈 인터뷰 기사에서 이 이야기를 처음으로 접했다. 다음을 참조. http://www.worldcat.org/title/masai-of-africa/oclc/45890326.

잠재력의 한계를 깨는 최강의 관계 수업

빅 포텐셜

1판 1쇄 발행 2019년 2월 25일
1판 6쇄 발행 2022년 8월 12일

지은이 숀 아처
옮긴이 박세연
펴낸이 고병욱

기획편집실장 윤현주 **책임편집** 장지연 **기획편집** 유나경 조은서
마케팅 이일권 김도연 김재욱 이애주 오정민 **디자인** 공희 진미나 백은주 **외서기획** 김혜은
제작 김기창 **관리** 주동은 **총무** 문준기 노재경 송민진

펴낸곳 청림출판(주)
등록 제1989-000026호

본사 06048 서울시 강남구 도산대로 38길 11 청림출판(주) (논현동 63)
제2사옥 10881 경기도 파주시 회동길 173 청림아트스페이스 (문발동 518-6)
전화 02-546-4341 **팩스** 02-546-8053
홈페이지 www.chungrim.com
이메일 cr1@chungrim.com
블로그 blog.naver.com/chungrimpub
페이스북 www.facebook.com/chungrimpub

ISBN 978-89-352-1265-1 03320